杭州海关年鉴

2023

《杭州海关年鉴（2023）》编纂委员会　编

中国海关出版社有限公司
·北京·

图书在版编目（CIP）数据

杭州海关年鉴. 2023/《杭州海关年鉴（2023）》编纂委员会编. —北京：中国海关出版社有限公司，2024. 5

（中国海关史料丛书）

ISBN 978 - 7 - 5175 - 0802 - 1

Ⅰ. ①杭…　Ⅱ. ①杭…　Ⅲ. ①海关—杭州—2023—年鉴　Ⅳ. ①F752. 55 - 54

中国国家版本馆 CIP 数据核字（2024）第 096602 号

杭州海关年鉴（2023）

HANGZHOU HAIGUAN NIANJIAN（2023）

作　　者：《杭州海关年鉴（2023）》编纂委员会

责任编辑：文珍妮

责任印制：王怡莎

出版发行：中国海关出版社有限公司

社　　址：北京市朝阳区东四环南路甲 1 号　　邮政编码：100023

编 辑 部：01065194242 - 7504（电话）

发 行 部：01065194221/4238/4246/5127（电话）

社办书店：01065195616（电话）

https://weidian.com/?userid = 319526934（网址）

印　　刷：北京中科印刷有限公司　　经　　销：新华书店

开　　本：889mm × 1194mm　1/16

印　　张：20　　字　　数：450 千字

版　　次：2024 年 5 月第 1 版

印　　次：2024 年 5 月第 1 次印刷

书　　号：ISBN 978 - 7 - 5175 - 0802 - 1

地图审图号：GS 京（2022）1441 号

定　　价：200.00 元

海关版图书，版权所有，侵权必究

海关版图书，印装错误可随时退换

《杭州海关年鉴（2023）》编纂委员会

主　任　王　伟

副主任　孙荣燕　王继蓬　张秉龙　孙向阳　彭海雄　周荣球　倪洪中

委　员　（按机构序列排序）

陈光明　周健青　张　列　陈健松　程忠权　张　军
陈羡荣　余　斌　张祖舜　郝　跃　李　胄　汪　茂
陆海生　王一晨　魏　伟　潘志明　姚亚良　蒋宇峰
杨中杰　王国军　徐兴忠　骆旭红　温端庆　陈云法
李　星　邵树坚　何晓华　单　军　边　靖　张晓峰
徐哲谆　陈明环　兰　磊　王　俊　严卫星　沈　亮
姜承松　楼柳燕　梁　升　吕　期　朱风华　孔先利
杨　骏　应　雷　王　杨

#《杭州海关年鉴（2023）》
编辑部

总　　编　孙向阳　彭海雄

副 总 编　杨中杰　张　列　陈健松　温端庆

执行主编　陈绍清

执行副主编　林伊丽　诸江虹　徐颖轶

编辑部成员

管　庆　张建国　楼　成　骆寅生　黄　涛　殷者正
沈　航　江　丽　曾靖涵　高　恒　吴　桐　李上莹
汤　辉　王卓君　黄茫茫　王　凯　宋鸿昌　王素清
赵敬谦　孙英麒　蔡璐璐　齐亚萍　邹晓斐　方向明
周　旭　郭忠伟　张　宇　沈　欣　高海焘　丁　帅
赵章羽　刘志华　徐寅之　范耀丹　张淑敏　凌　缀
虞小青　查婵娟　蒋鹏程　黄　虎　俞羽童　林炜杰
程　珏　郑龙仙　叶　航　李均悦　赵　鹏　濮家佳
苏晓春　谢　桦　蒋雨哲　周宇宇　毛　柯　楼黎霞

编辑说明

一、《杭州海关年鉴》由杭州海关组织编纂，是全面、客观、系统记载杭州海关发展历程的编年史料，是集权威性、综合性、实用性为一体的资料性工具书，每年出版一卷，本卷为第二卷。

二、《杭州海关年鉴（2023）》以马克思列宁主义、毛泽东思想、邓小平理论、“三个代表”重要思想、科学发展观、习近平新时代中国特色社会主义思想为指导，坚持辩证唯物主义和历史唯物主义的立场、观点和方法，全面、系统地记述和反映2022年度杭州海关工作的基本情况，包括杭州海关改革发展的重要举措、重大事件以及成绩和经验，以资政育人、凝心聚力，为建设社会主义现代化海关提供精神动力和史实支撑。

三、《杭州海关年鉴（2023）》记述时限为2022年1月1日至12月31日，个别需综合反映杭州海关发展的内容则适当上溯。

四、《杭州海关年鉴（2023）》记述范围为杭州海关及所属职能处室、隶属海关单位、企事业单位和群众团体管辖事务。

五、《杭州海关年鉴（2023）》采取分类编辑法，设类目、分目、条目3个层级，有特载、专记、大事记、政治建设、业务建设、政务及后勤保障、隶属海关、事业单位、荣誉·名录9个类目，以条目为基本记述单元，卷首设专题图片，卷末附索引。

六、根据行文需要，文中省、部属单位名称使用浙江省政府办公厅印发的规范化简称和排序。

七、《杭州海关年鉴（2023）》统计数据和单位名称以及标点符号均按国家有关规定执行，计量单位采用国家法定计量单位和国际单位，技术规范、专业名词从规范要求，统计数据部分因四舍五入及小数进位等原因可能存在分项之和与合计不等的情况。

前　言

2022年，杭州海关始终坚持以习近平新时代中国特色社会主义思想为指导，坚决落实党中央、国务院重大决策部署，在海关总署党委的坚强领导和浙江省委、省政府的大力指导下，坚定走好“第一方阵”，持续建设“多彩杭关”，党建工作、队伍管理、业务执法、运行保障等各项工作有序推进、成果丰硕，担负起“为现代化海关建设积极探路”的新使命。

“治天下者以史为鉴，治郡国者以志为鉴。”杭州海关历来重视海关历史研究工作。《杭州海关年鉴（2023）》（以下简称“本年鉴”）采用“类目—分目—条目”三层结构法，全面完整系统记述2022年杭州海关工作的基本情况、年内发生的重大事件、取得的重要成果及经验。本年鉴严守政治关、史实关、特色关和服务关，是杭州海关对外展示形象的重要窗口，也为各级行政部门决策提供了完整的业务数据和丰富的历史资料，是一本资料翔实的工具书。

本年鉴是在杭州海关党委的关心下，在全关各部门、各单位的支持下，在百余名撰稿人的直接参与下完成的。在此谨向各部门、单位以及付出辛勤劳动的全体编纂人员致以诚挚的谢意！由于经验不足、水平受限，加之时间紧迫、工作量大，不足和错讹之处在所难免，恳请专家和读者指正，提出宝贵意见。

图 例

	直属海关单位	◉廷布	外国首都		地级市界
	隶属海关		自治州行政中心 地区、盟行政公署驻地		县（区、市）界
	派出机构	⊙东城区	县（区、市）政府		铁路
	海关特殊监管区域	○庞各庄镇	乡（镇）政府、街道办事处	S30	高速公路及编号
	口岸	北京首都国际机场	机场		国道
	铁路口岸	青水尖 1526	山峰　高程		省道
	水运口岸		国界		其他道路
	航空口岸		未定国界	咸	河流　湖泊
	公路口岸		地区界		沟渠
	境外口岸		军事分界线		桥梁　渡口
◎北京市	首都		省界		港口　码头
◉石家庄市	省政府		未定省界		长城
◎廊坊市	地级市政府		特别行政区界		珊瑚礁

注：本书中的关境图，不包括香港，澳门，台湾、澎湖、金门、马祖单独关税区。

海关专题图片

领导活动

2022年9月14日，海关总署署长俞建华（左四）在浙江调研，会见时任浙江省委书记袁家军（左五），并见证海关总署与浙江省政府合作备忘录签署 （胡元勇　摄）

> 2022年8月8日，海关总署副署长王令浚（左二）在杭州海关所属舟山海关鼠浪湖矿石中转码头调研 （张旭东 摄）

< 2022年11月7日，海关总署副署长孙玉宁（中）在义乌国际商贸城调研市场采购等新业态发展情况 （宋银涛 摄）

> 2022年8月26日，浙江省副省长卢山（中）一行到杭州海关调研 （宋银涛 摄）

^ 2022年1月26日，杭州海关工作会议以视频形式召开，关长王伟（中）、副关长孙荣燕（右三）、副关长王继蓬（左三）、政治部主任彭海雄（右二）、纪检组组长周荣球（左二）、副关长倪洪中（右一）、一级巡视员钱葵（左一）参加会议（陈颖　摄）

^ 2022年1月26日，杭州海关召开2022年全面从严治党工作会议（陈颖　摄）

2022年3月3日，杭州海关关长王伟（左二）在绍兴综合保税区调研（李宁洁 摄）

2022年6月23日，杭州海关副关长孙荣燕（左二）参加杭州海关联合浙江省经信厅共同打造的“助企纾困”中小企业专场直播（陈颖 摄）

2022年11月24日，杭州海关副关长王继蓬（左三）赴金华某企业调研（陈洁 摄）

2022年6月15日，杭州海关政治部主任彭海雄（前排右三）在缉私局调研浙江省反走私智慧综治应用平台建设工作（范耀丹　摄）

2022年8月2日，杭州海关党委纪检组组长周荣球（右二）在台州开展“三走进”“三找准”专项调研和“十地百团助千企”精准服务活动（王海滨　摄）

2022年6月23日，杭州海关副关长倪洪中（右二）在杭州海关所属湖州海关开展“三走进”“三找准”专项调研和“十地百团助千企”精准服务活动（谢颖　摄）

党的建设

^ 2022年1月14日，杭州海关开展隶属海关党委书记述职述廉述党建活动（陈颖　摄）

^ 2022年1月18日，杭州海关举行新录用公务员与导师"青蓝结对"仪式（陈颖　摄）

2022年2月16日，杭州海关团委组织举办第三期“青口讲”活动（龚倩　摄）

2022年5月20日，杭州海关举办以“政治机关建设之我见”为主题的杭关工作讲坛（第三期）（陈颖　摄）

2022年5月31日，杭州海关团委组织举办“青春心向党‘杭’行新时代”主题宣讲活动（陈颖　摄）

^ 2022年6月30日，杭州海关开展"战疫之星"表彰活动（陈颖 摄）

^ 2022年6月30日，杭州海关组织开展"传承荣光 喜迎二十大""七一"主题活动（陈颖 摄）

^ 2022年10月16日，杭州海关组织收看中国共产党第二十次全国代表大会开幕会实况转播（陈颖　摄）

> 2022年10月27日，杭州海关党委书记、关长王伟参加所在支部党的二十大精神专题学习会（陈颖　摄）

^ 2022年11月1日，杭州海关召开专题党委会学习贯彻党的二十大精神（陈颖　摄）

^ 2022年11月15日，杭州海关举行党委理论学习中心组（扩大）学习暨处级主要负责同志学习贯彻党的二十大精神培训班（陈颖　摄）

^ 2022年11月23日，杭州海关举行2022年度授衔仪式 （陈颖　摄）

^ 2022年11月24日，杭州海关开展党的二十大精神基层宣讲活动，杭州海关党委委员、副关长王继蓬（左二）在杭州海关所属金华海关保税监管二科党支部开展宣讲 （陈洁　摄）

业务建设

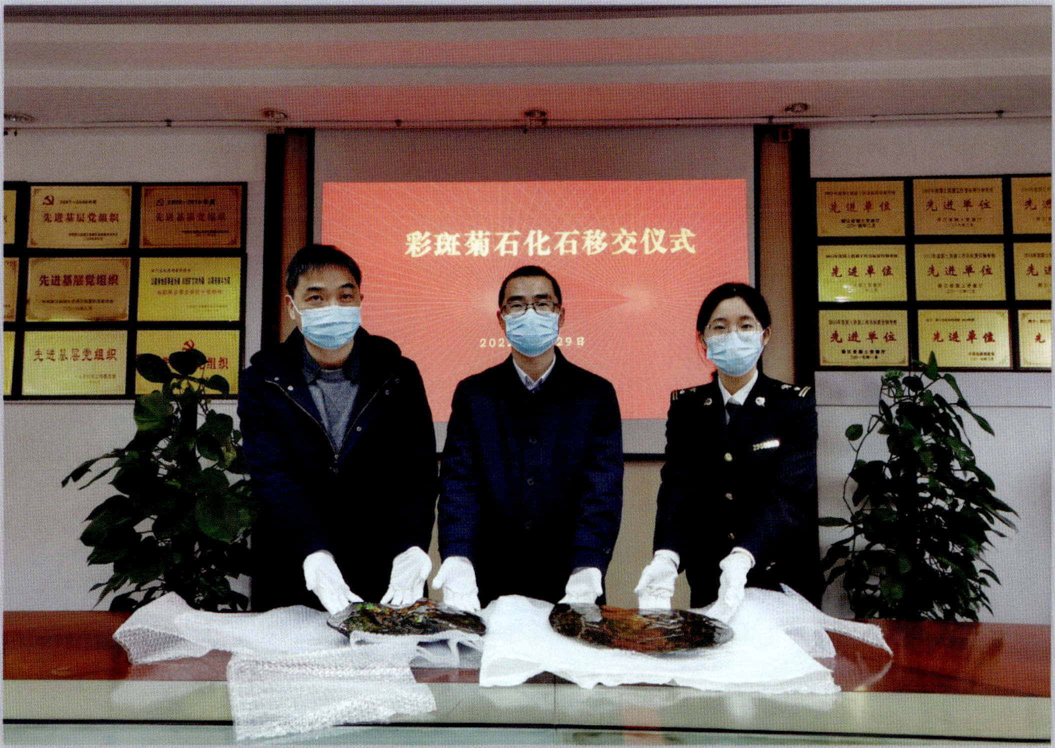

∧ 2022年1月29日，杭州海关向杭州市规划和自然资源局移交古生物化石制品2件（王晓芸　摄）

> 2022年2月17日，杭州海关助力关区出口草编制品企业抢抓《区域全面经济伙伴关系协定》（RCEP）机遇扩大出口（黄龄颉　摄）

^ 2022年3月5日，首架自乌克兰撤侨包机CA702航班落地杭州，现场关员引导撤侨旅客快速通关 （张腾超　摄）

^ 2022年3月15日，杭州海关严密疫情内部防控，组织开展全员核酸检测 （陈颖　摄）

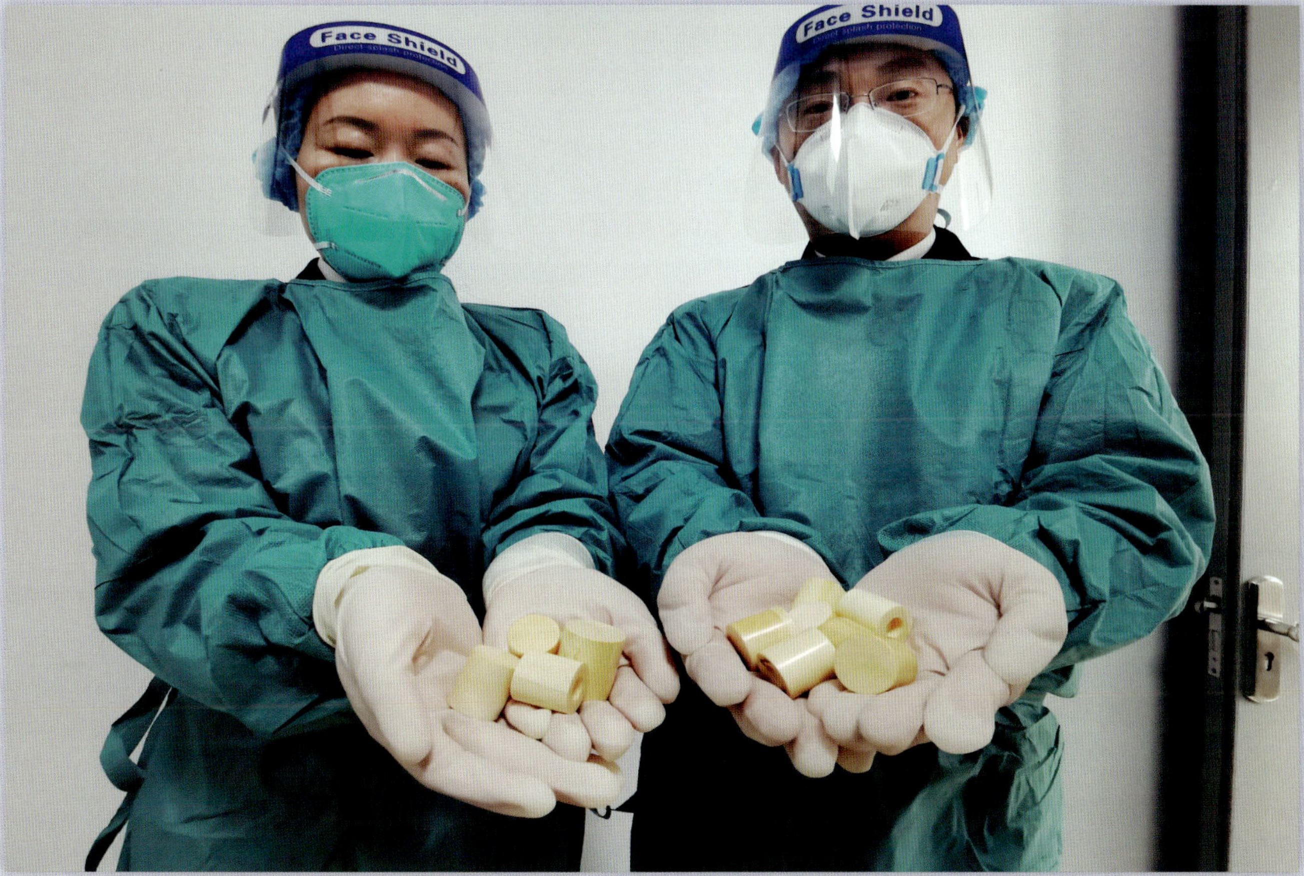

^ 2022年4月6日，杭州海关在邮递渠道查获一批象牙制品（寿海赞　摄）

^ 2022年5月11日，杭州海关开展法检目录外产品监督抽查（陈蓓　摄）

∧ 2022年5月19日，杭州海关精准施策，促进市场采购出口预包装食品试点业务快速增长 （龚姗姗　摄）

∧ 2022年5月23日，杭州海关“边验边装”助力方舱CT机快速投产 （李宁洁　摄）

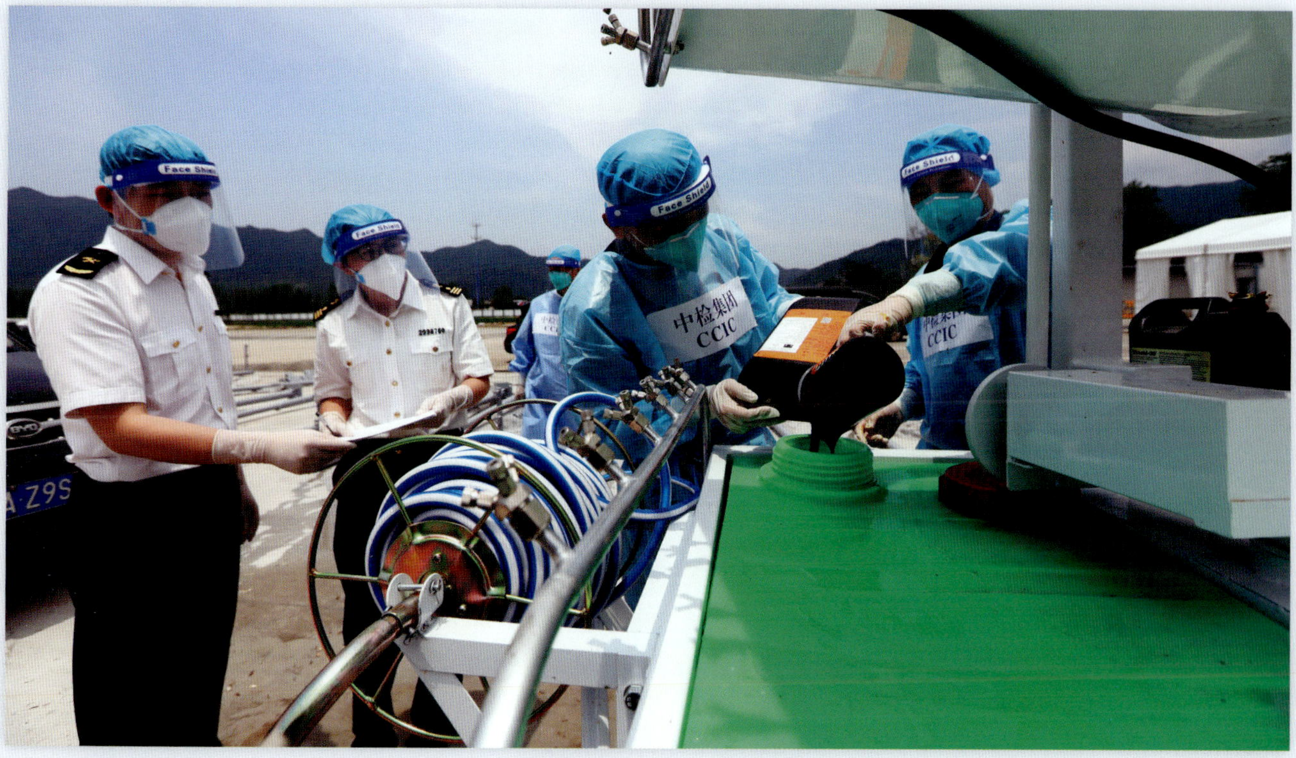

^ 2022年5月27日，杭州海关启动亚运会马术项目测试赛检疫监管测试工作（周敏伟　摄）

^ 2022年5月27日，杭州海关关员在嘉兴港一、二期码头海关监管作业场所开展现场作业（王轶星　摄）

2022年6月2日，杭州海关关员在桐庐马术中心现场核对入境参赛马信息（周敏伟　摄）

2022年6月14日，杭州海关帮扶梅农建立健全杨梅生产质量控制体系，助力仙居杨梅出口量价齐升（黄龄颉　摄）

^ 2022年6月27日，杭州海关监管驶向“一带一路”共建国家（地区）的出口货轮 （吴桐　摄）

^ 2022年7月15日，杭州海关联合浙江省商务厅、浙江省贸促会举办“RCEP惠浙企”百场万企系列政策宣讲启动仪式 （陈颖　摄）

∧ 2022年7月20日，杭州海关监管金东平台2022年第400列中欧班列，标志着金东平台再添输欧新线路（姚聪　摄）

> 2022年7月22日，杭州海关以"早一天也好"为目标加快木材检疫放行（王轶星　摄）

^ 2022年8月9日，杭州海关承办海关总署2022年“8·8”海关法治宣传日主题宣传活动并参加模拟法庭展演（蔡胜男　摄）

^ 2022年8月18日，杭州海关关员在浙江自由贸易试验区油品企业开展现场监管（张旭东　摄）

^ 2022年8月24日，杭州海关关员在企业开展出口危险品及包装现场检验（葛正烨　摄）

^ 2022年8月29日，杭州海关举办“数字化改革之我见”杭关工作讲坛（第四期）暨“口岸疫情防控在线”“最多填一次”系统正式交接仪式（陈颖　摄）

^ 2022年8月30日，杭州海关开展口岸监管环节涉枪爆反恐应急处置演练 （庞有龙　摄）

^ 2022年8月30日，杭州海关全力保障进口煤炭快速通关，助力“迎峰度夏”电力供应 （王轶星　摄）

^ 2022年9月1日，杭州海关关员现场检疫监管输欧盟盆景（钱建伟　摄）

^ 2022年10月12日，杭州海关关员清点待销毁侵权货物（赵猛　摄）

^ 2022年10月31日，“双11”首个高峰到来，杭州海关24小时验放跨境电商商品超6亿元 （严驰 摄）

^ 2022年11月18日，杭州海关关领导在杭州萧山机场口岸封管区工作区域开展跟班作业 （周雨亮 摄）

隶属海关风采

钱江海关▼

2022年5月25日，杭州海关所属钱江海关帮扶出口啤酒企业拓宽“一带一路”市场（戴行斌　摄）

2022年6月16日，杭州海关所属钱江海关关员对关区游艇开展现场监管（钱建伟　摄）

> 2022年7月7日，杭州海关所属钱江海关开展准军直接负责人集训（戴行斌　摄）

^ 2022年8月18日，杭州海关所属钱江海关关员到关区天然橡胶轮胎生产企业指导开展海关总署加贸单耗管理改革试点（孙加庆　摄）

杭州萧山机场海关▼

2022年7月1日，杭州海关所属杭州萧山机场海关举办封闭一周年表彰大会（凌缀 摄）

2022年7月22日，杭州海关所属杭州萧山机场海关试运行“中心+现场”作业模式（周春雅 摄）

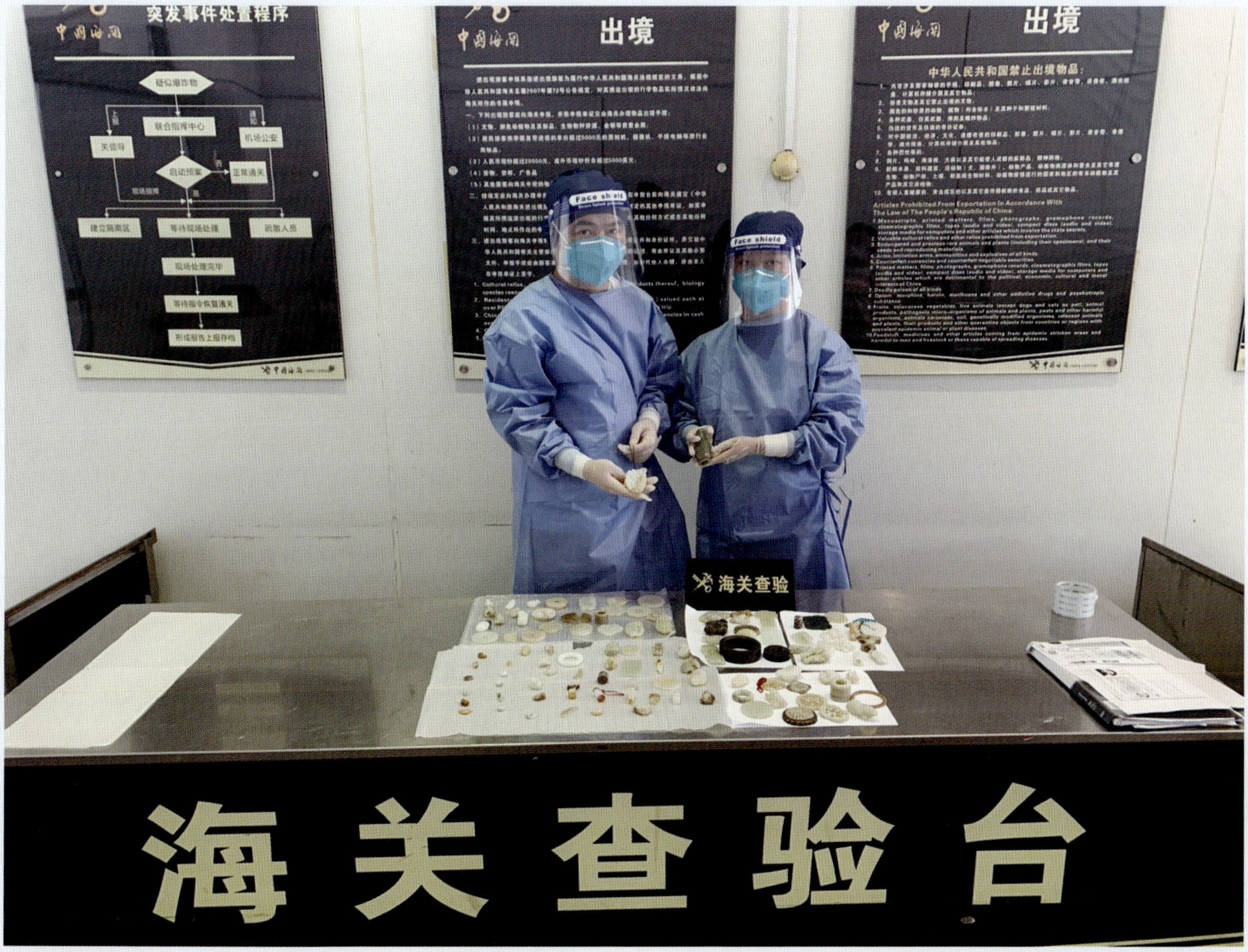

2022年8月24日，杭州海关所属杭州萧山机场海关查获禁限文物94件（俞一婷　摄）

2022年8月30日，杭州海关所属杭州萧山机场海关关员查验出口活沙蚕（甘韫文　摄）

^ 2022年4月15日，杭州海关所属温州海关开展国门生物安全宣传活动（潘云峰 摄）

^ 2022年8月1日，杭州海关所属温州海关开展主题党日活动，参观马鞍岩革命交通站展示馆（郑无忌 摄）

^ 2022年8月8日，杭州海关所属温州海关缉私分局举行"330303"缉私艇列装暨百日攻坚"清江行动"启动仪式（毛雅威　摄）

^ 2022年9月21日，杭州海关所属温州海关与温州市鹿城区政府签订战略合作备忘录（周振宇　摄）

舟山海关▼

^ 2022年6月13日，杭州海关所属舟山海关关员在一票出口货物中查获一批伪瞒报夹藏危险品（骆跃江 摄）

v 2022年7月13日，杭州海关所属舟山海关开展“党旗下的海关人 初心日记”主题党日活动（张旭东 摄）

^ 2022年9月22日，杭州海关所属舟山海关关员对一艘超万标箱集装箱轮实施现场监管（骆跃江　摄）

^ 2022年11月25日，杭州海关所属舟山海关关员对一批进境种牛实施监管（高苏榕　摄）

^ 2022年7月12日，杭州海关所属台州海关关员对出口越南的货物进行监管验放（杨奔　摄）

^ 2022年8月24日，杭州海关所属台州海关举行纪律作风强化月现场考评（吴江晨　摄）

^ 2022年9月20日，杭州海关所属台州海关关员在温岭宝利特鞋业开展RCEP政策宣讲（罗滢倩 摄）

^ 2022年9月26日，杭州海关所属台州海关关员在某柑橘加工厂对出口蜜橘进行检验检疫（黄龄頔 摄）

∧ 2022年2月11日，杭州海关所属嘉兴海关落实“进境种苗附条件提离”便利化措施，做好年宵花后续监管（蔡加阳　摄）

∧ 2022年5月5日，杭州海关所属嘉兴海关开展准军事化队列训练（王轶星　摄）

^ 2022年6月20日，杭州海关所属嘉兴海关启用核酸小屋，对全体关警员开展核酸检测 （王轶星　摄）

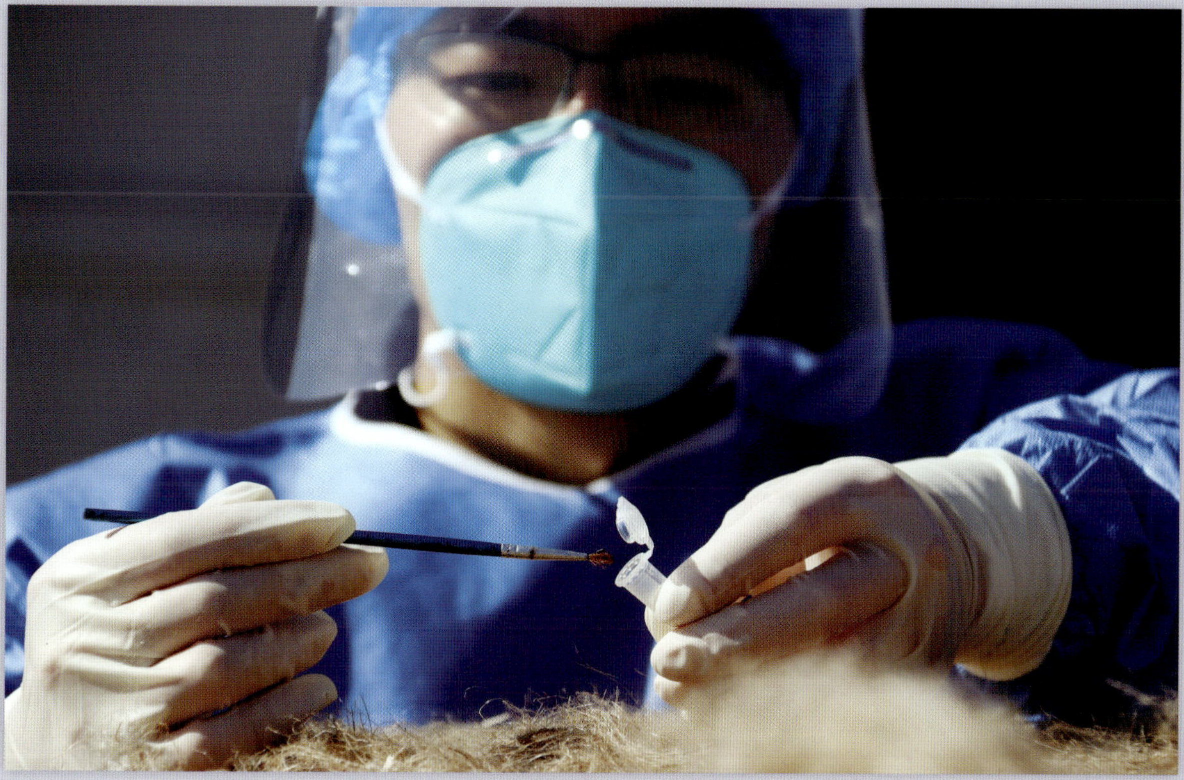

^ 2022年7月29日，杭州海关所属嘉兴海关关员对入境集装箱中截获的有害生物进行取样 （吴晓茵　摄）

绍兴海关▼

2022年2月11日，杭州海关所属绍兴海关关员在关区黄酒企业宣传介绍RCEP政策 （李宁洁 摄）

2022年8月5日，杭州海关所属绍兴海关结合纪律作风强化月部署，开展“锻铁军、明场景、振作风”系列活动（叶挺 摄）

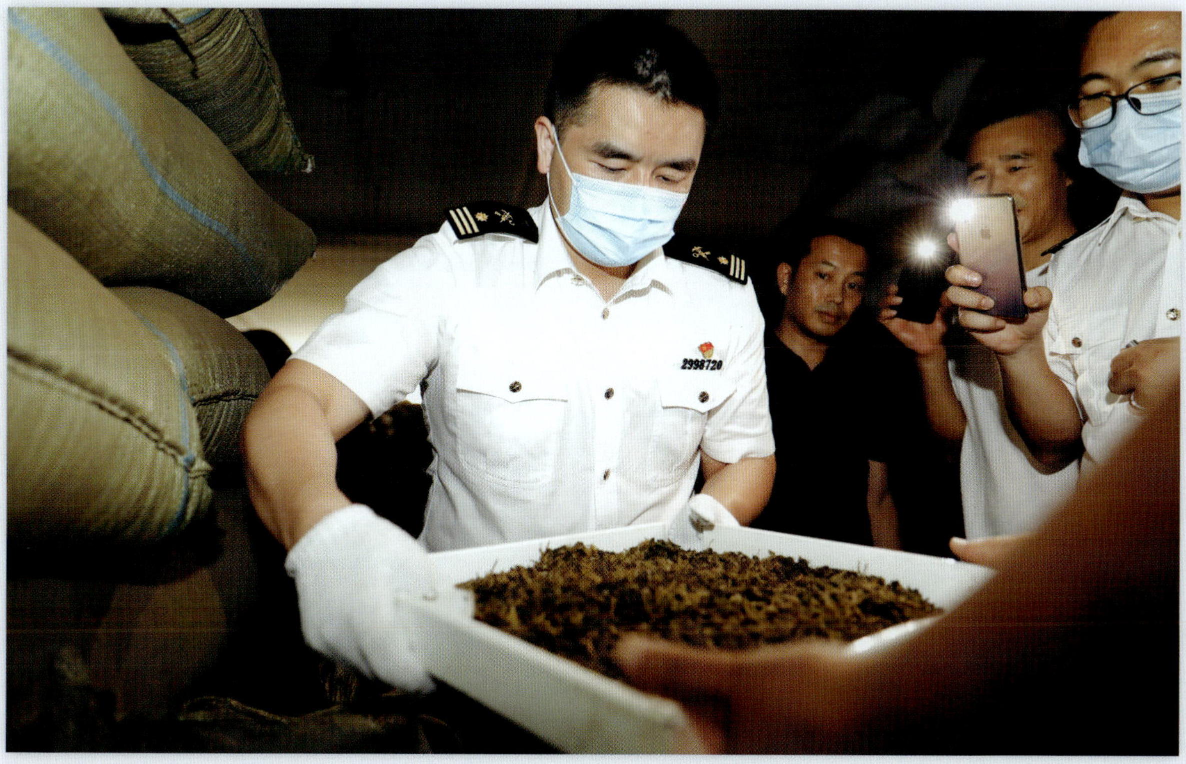

^ 2022年8月25日，杭州海关所属绍兴海关“十地百团助千企”精准服务活动走进绍兴茶叶企业 （李宁洁　摄）

v 2022年11月18日，杭州海关所属绍兴海关保障中欧班列（义新欧）“柯桥号”首发 （吴晓峰　摄）

^ 2022年1月6日，“吴兴织里港”海关监管作业场所首单通关（谢颖　摄）

^ 2022年3月4日，杭州海关所属湖州海关开展“3·5”学雷锋纪念日志愿服务（谢颖　摄）

^ 2022年4月29日，杭州海关所属湖州海关关员在湖州重点产业锂电池出口企业开展查验（谢颖　摄）

^ 2022年6月20日，杭州海关所属湖州海关关员在德清保税物流中心（B型）开展监管工作（谢颖　摄）

∧ 2022年4月30日，杭州海关所属金华海关组织队列训练（高东波 摄）

∧ 2022年5月16日，杭州海关所属金华海关关员在水果集散中心开展实蝇监测（李沛忆 摄）

∧ 2022年10月7日，杭州海关所属金华海关关员在东阳海关监管场所内为车辆施封放行（杨刚　摄）

∧ 2022年10月26日，杭州海关所属金华海关关员在金义综合保税区跨境电商企业仓库检查货物（吴莉莉　摄）

^ 2022年1月28日，杭州海关所属衢州海关开展RCEP政策宣传（徐国群　摄）

^ 2022年6月8日，杭州海关所属衢州海关试点首票真空包装等高新技术货物一体化布控查验（韩直勋　摄）

^ 2022年9月9日，杭州海关所属衢州海关组织岗位练兵人员集中模拟测试（胡智明 摄）

^ 2022年10月14日，杭州海关所属衢州海关关员开展危险化学品现场查验（吴晟 摄）

2022年6月24日，杭州海关所属丽水海关关员赴某企业实地查看产品生产车间（陈蓓　摄）

2022年11月1日，杭州海关所属丽水海关关员现场查验第五届侨博会首批展品（陈蓓　摄）

∧ 2022年12月6日，杭州海关所属丽水海关帮扶特色产品里白叶出口（陈蓓　摄）

∧ 2022年12月7日，杭州海关所属丽水海关关员在关区食用菌企业开展现场调研（陈蓓　摄）

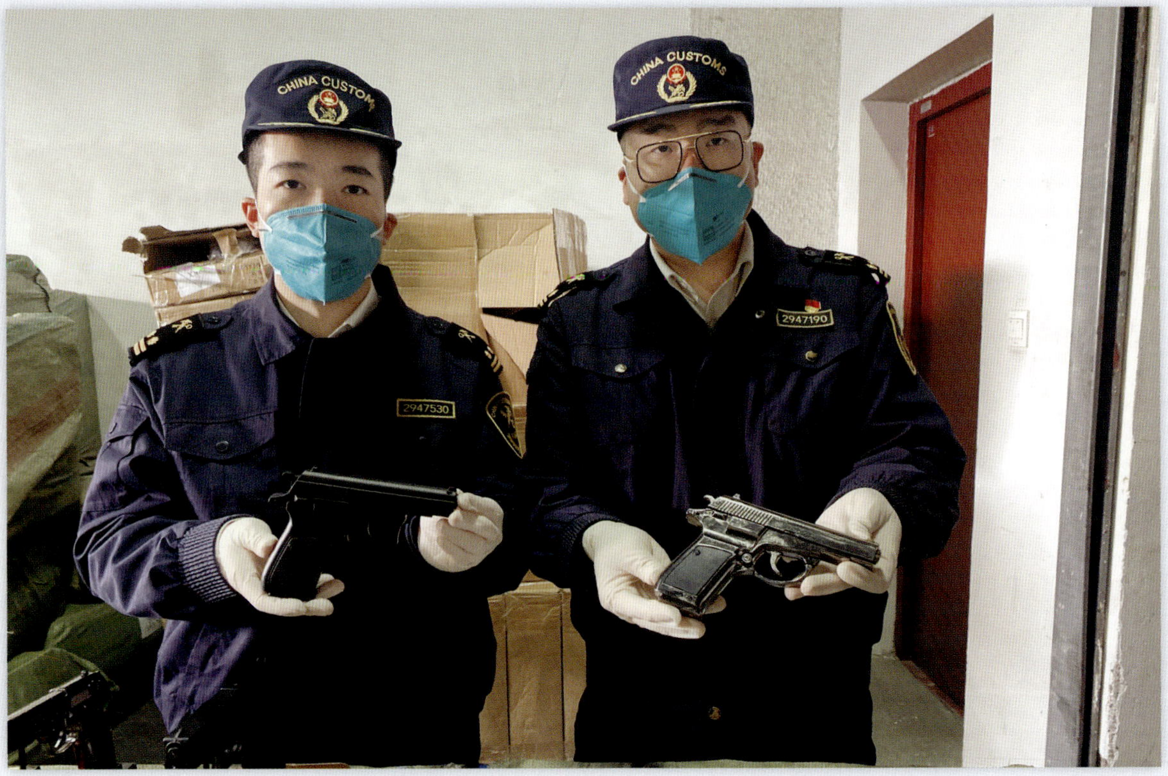

^ 2022年4月18日，杭州海关所属义乌海关查获一批仿真枪 （杜晶晶 摄）

^ 2022年4月21日，杭州海关所属义乌海关查办的侵权手机配件案获评中国海关知识产权保护典型案例 （王昊齐 摄）

^ 2022年4月21日，杭州海关所属义乌海关开展准军事化队列训练（虞华盛 摄）

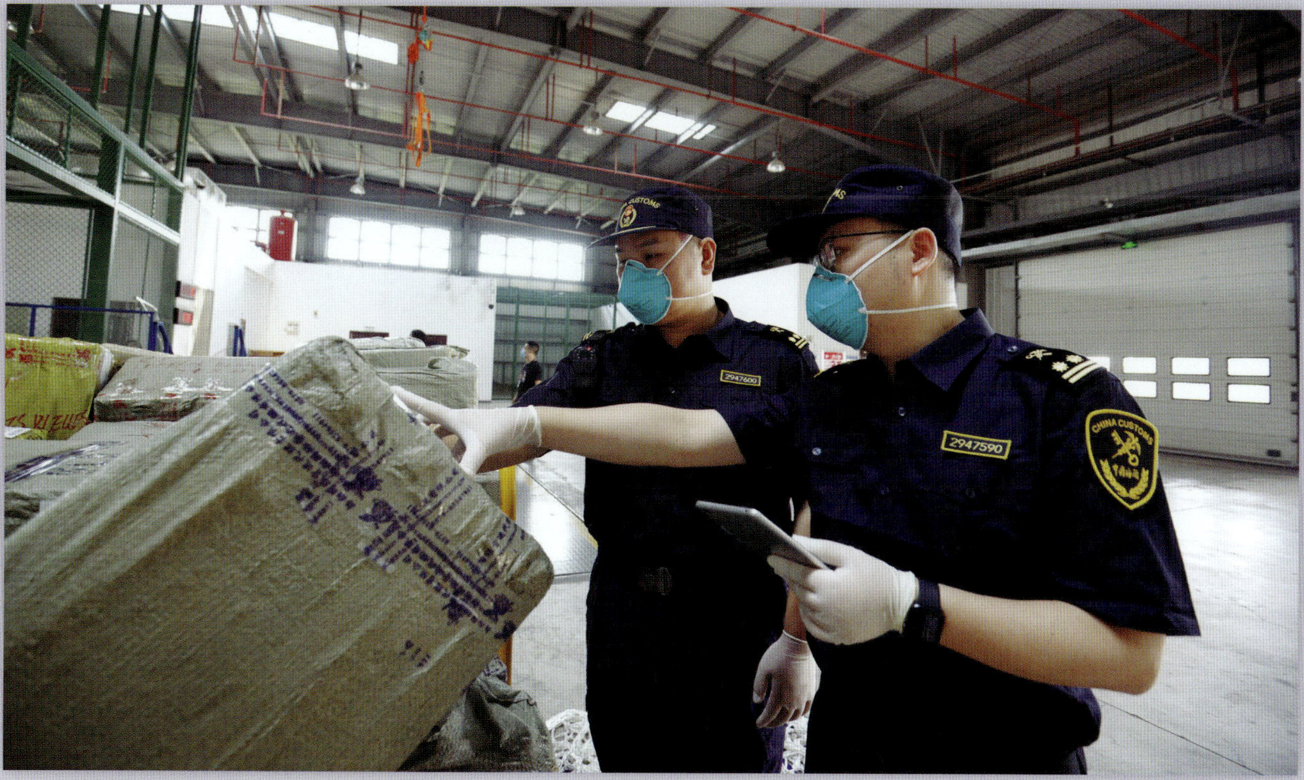

^ 2022年8月2日，杭州海关所属义乌海关完成全省首票"市场采购+空空转关"出口业务（汪孜 摄）

^ 2022年4月1日，杭州海关所属嵊泗海关组织首期“支部书记夜谈”，通过定期研讨交流倾听基层支部声音，推动海岛思政工作新高地建设走深走实（赵鹏　摄）

^ 2022年6月17日，杭州海关所属嵊泗海关在宝武马迹山港开展智慧监管项目现场测试（赵鹏　摄）

^ 2022年7月20日，杭州海关所属嵊泗海关助力关区水产品出口连续3年创历史新高（毛思跃 摄）

^ 2022年8月25日，杭州海关所属嵊泗海关监管马迹山港进口铁矿石（赵鹏 摄）

目　录

第六篇　政务及后勤保障

第八篇　事业单位

第九篇　荣誉·名录

附　录

索　引

“中国海关史料丛书”编委会

Contents

Chapter 7　Subordinate Institutions

Chapter 8　Institutions

Chapter 9　Glory Directory

Appendix

Index

第一篇

特载

在 2022 年杭州海关工作会议上的讲话

杭州海关关长、党委书记　王伟

（2022 年 1 月 26 日）

同志们：

这次会议的主要任务是：以习近平新时代中国特色社会主义思想为指导，深入贯彻党的十九大和十九届历次全会精神，增强“四个意识”、坚定“四个自信”、做到“两个维护”，认真落实全国海关工作会议、全国海关全面从严治党工作会议部署，总结工作、分析形势、理清思路，研究安排 2022 年工作，谱写奋力打造社会主义现代化海关“重要窗口”新篇章。

一、2021 年工作回顾

2021 年，是党和国家历史上具有里程碑意义的一年，也是我们奋力打造社会主义现代化海关“重要窗口”的“启动实施年”。在海关总署党委坚强领导和浙江省委、省政府关心指导下，我们全关上下坚定不移“从更高起点、更高层次、更高水平去思考和做好海关工作”，因势而谋、顺势而为、乘势而上，下先手棋、打主动仗，以坚定走好“第一方阵”的自信自觉，跑出了发展加速度，干出了事业节奏感。无论在大事、要事和急难险重任务考验面前，还是在日常工作中，我们广大干部职工一起担当、一起奉献、一起收获、一起精彩，用一张张优异成绩单、高分报表，展现着杭关人守正初心、唯实惟先、善作善成、和合共进的文化特质，用全面建设“多彩杭关”生动实践，精心勾勒“五关”建设的独特杭关风景，企业群众纷纷点赞，署省领导普遍好评。回望过去的一年，精彩纷呈，令人难忘。

一年来，我们传承红色基因，政治建关坚实有力。深入学习贯彻习近平新时代中国特色社会主义思想，忠实守护习近平同志在浙江工作期间留给我们的宝贵财富，完善党委理论学习中心组集中学习制度，举办习近平总书记“七一”重要讲话精神、党的十九届六中全会精神专题读书班，忠诚捍卫“两个确立”、坚决做到“两个维护”。强化号令意识，严格执行“第一议题”制度，不折不扣落实习近平总书记重要指示批示精神。坚决把牢外防输入关口，在全国口岸检出首例德尔塔变异毒株；口岸现场查获进境固体废物 8784.67 吨；查获走私象牙及其制品 9.06 千克；统计分析研究成果获省部级以上领导批示 31 篇次。组织庆祝建党 100 周年系列活动，扎实推进党史学习教育，强化“红船边的海关”使命担当，深入开展“我为群众办实事”实践活动，形成为民办实事长效机制10项，两级党委完成重点民生项目368个；3个便企利民项目入选海关总署“百佳项目”。深入推进政治机关建设，持续开展政治机关意识教育，强化垂直领导，落实意识形态工作责任制。坚持不放过、不贰过，从严落实巡视、审计整改，97项海关总署党委巡视阶段性整改任务、22个国家审计立行立改问题全部整改完成。全面加强党的领导，深化“强基提质工程”，开展党建基本问题“清零”行动，加强“四强”党支部建设，已成功打造4个全国海关基层党建示范品牌。

一年来，我们营造绿色环境，改革强关成效显著。争取海关总署政策赋权，与宁波海关合力推动署省对接事项落实，大力支持宁波舟山港打造世界一流强港，“10+22”项措施落地见效。助力“一带一路”重要枢纽建设，助推“义新欧”中欧班列同比增长36.1%。牵头搭建长三角区域海关风险防控“云擎”站点，推进“陆路航班”等措施落地。积极推进浙江自贸试验区建设，大力支持浙江绿色石化基地建设，推进液化天然气（LNG）纳入保税船用燃料范畴，推动保税燃料油跨关区直供无纸化，促成全国首票保税油品仓单质押融资业务，实施支持杭州、金义片区建设34项措施。推动综合保税区健康发展，指导温州、义乌、绍兴综合保税区一期和金义综合保税区二期通过验收，促成台州综合保税区获批。支持温州、嘉兴等地新开跨境电商零售进出口业务，率先建立跨境电商全口径统计机制，推动全国第一个跨境电商超期退货仓落户杭州；助力台州、绍兴、湖州等地市场采购贸易业务发展，市场采购贸易方式出口预包装食品检验监管新模式获海关总署自贸试验区创新成果备案。打造“FTA金钥匙”品牌，原产地签证量保持全国首位；保障68.99万吨远洋捕捞水产品安全入境，位居全国首位；落实国家税收优惠政策，为企业减负204.89亿元。新增知识产权保护备案保持全国首位。统筹推进杭州亚运会筹备保障工作，指导支持桐庐马术场馆、无疫区等项目建设。持续推进跨境贸易便利化，巩固压缩整体通关时间成果，助力浙江口岸整体通关时间继续领跑长三角。

一年来，我们守护金色关徽，依法把关全面加强。深入推进税收征管制度改革，强化综合治税，两税入库676.44亿元，属地纳税人管理试点经验全国推广，3项税政调研建议被国务院关税税则委员会采纳。推进全领域、全渠道、全链条一体化风险防控。增强综合监管效能，筑牢国门安全屏障，全年监管进出口货运量2.27亿吨，同比增长5.6%；截获进境植物检疫性有害生物2065种次、非法入境外来物种419种次，同比分别增长7.8%、2.4倍；加强进出口食品安全监管，获评“全国食品安全先进集体”；检出不合格工业产品1009批，查获出口防疫物资质量安全不合格涉案物资1674万件；严格落实安全生产责任。加强专项稽查，强化数据安全，严控不实贸易。深入开展“国门利剑2021”等专项行动，保持打击走私高压态势，刑事立案133起、行政立案1250起；跨境电商进口走私“断链刨根”专项整治行动综合成效位居全国海关前列。法治保障能力提升，参与署、省立法48部；国务院行政备案制度改革试点稳步推进；保持“复议零撤销，诉讼零败诉”；中国海关知识产权保护展示中心（义乌）被命名为浙江省法治宣传教育基地。

一年来，我们勇立蓝色潮头，科技兴关势头强劲。落实“三智”理念，确立“数字—数智—数治”整体智治工作思路，基本完成“1+4+1”杭州海关整体智治框架设计，“四横四纵”基础设施启动建设，数据中台初步建成。坚持“监管过程上链，服务对象赋码”，实施数字赋能，疫情防控在线、跨境电商进口退换货数字化监管、大华未来工厂数字化驾驶舱、浙江省反走私智慧综治平台等应用场景加快建设。创建“机关智治”平台，推进“最多报一次”，初步实现机关内部政务服务事项“一个入口、集成办事”。新版政务网上线运行。运用数字化思维推进业务领域改革创新，监控指挥中心应用能力提升，联网审像、“互联网+稽核查”全面推广，报关单位注销业务数字化改革方案获海关总署批复，AEO企业培育系统、查管系统移动端商标智能识别应用、跨境电商商品质量安全风险评估应用系统上线运行，高新技术货物布控查验协同试点、报关单位备案“全程网办”、转关审放自动化等顺利实施。科技支撑作用显著增强，承担国家重点科技计划项目1项、省部级科研项目2项，7项科研项目通过海关总署验收；全国首家国家出入境濒危物种检疫鉴定重点实验室获批筹建，海关总署进口废电子电器属性鉴定区域中心实验室（杭州）通过验收初评；技术中心首次获得CNAS（中国合格评定国家认可委员会）“检验机构”认可评审。

一年来，我们强化本色担当，从严治关纵深推进。压紧压实管党治党责任，落实党委主体责任清单制度，加强对“一把手”和领导班子监督；完善党建工作机制，强化党委班子自身建设，健全两级党委工作制度，严格落实重大事项请示报告制度，落实民主集中制和“三重一大”议事决策制度；制定实施机关党建日常工作责任清单，认真开展述责述廉述党建。突出政治标准，坚持“用成绩单说话”，强化领导干部选拔任用，出台高职级公务员管理办法，建立卫生、关税、外事等专门人才库。强化内务规范，完成集中集训，持续锻造准军事化纪律部队。组织“传承荣光奋斗新征程”主题活动，首次获颁海关扎根艰苦地区边关工作荣誉章。建立容错纠错机制。精准务实强化干部培训，搭建“杭关工作讲坛”，比干劲、亮招数、晒成绩，营造“人人有平台，个个能发展”的良好氛围。做细做好老干部工作，获评浙江省老干部工作先进集体。推进养老保险改革落地。完成事业单位岗位聘用工作。推进清廉海关建设，坚决落实中央八项规定及其实施细则精神，严格规范领导干部配偶、子女及其配偶从业行为，组织开展“裸官”、违规兼（任）职等专项整治，扎实开展“现场监管与外勤执法权力寻租”专项整治。严肃案件查办，立案6起，给予党纪政务处分5人，涉嫌严重违纪违法移交地方纪委监委1人。

与此同时，文明创建深入开展，群团工作有效加强，新增全国巾帼文明岗、全国青年文明号各1家。外事工作稳步推进，与比利时列日海关新型关际合作进展顺利。成功承办“全国食品安全宣传周”海关总署主题日活动。综合保障得到加强，财务保障能力明显提升，企业脱钩工作按期完成，后勤管理服务持续改善，民生工程深入扎实。行政运行更加顺畅高效，精文简会效果不断强化，值班应急、政务公开、信息宣传、文秘档案、督查督办等工作保持领先，12360海关热线与12345政务热线互联互通，做好机要保密工作，获评全国海关系统保密先进集体；理论研究扎实有力，完成12项署级课题，海关学会等工作取得新进展。

这些成绩的取得，是习近平新时代中国特色社会主义思想指引的结果，是海关总署党委坚强领导和各有关方面大力支持的结果，凝聚着全关广大干部职工的辛勤劳动和汗水。在此，我代表关党委，向全关广大干部职工和离退休老同志，向支持我们工作的各级党委、政府和有关部门及社会各界表示衷心的感谢，向所有奋战在口岸疫情防控一线的同志们致以亲切慰问和崇高敬意！

二、深化认识，准确把握奋力打造社会主义现代化海关“重要窗口”的新要求

习近平新时代中国特色社会主义思想是我们观大势、谋全局、抓根本，做好全部工作的思想指引。习近平同志在浙江工作期间对杭州海关的指导要求，是我们必须始终坚决守护好的最宝贵财富。全关上下要始终沿着习近平总书记为我们指引的路子走下去，坚定不移“从更高起点、更高层次、更高水平去思考和做好海关工作”，站位大局大势，扛牢使命担当，更加坚定、更加积极、更加有效地奋力打造社会主义现代化海关“重要窗口”，自觉当好习近平新时代中国特色社会主义思想的坚定信仰者和忠实实践者。

（一）坚定不移从更高起点，扛牢“红船边的海关”使命担当，忠诚捍卫“两个确立”、坚决做到“两个维护”

党的十九届六中全会强调，党确立习近平同志党中央的核心、全党的核心地位，确立习近平新时代中国特色社会主义思想的指导地位，反映了全党全军全国各族人民共同心愿，对新时代党和国家事业发展、对推进中华民族伟大复兴历史进程具有决定性意义。“两个确立”体现了历史经验、历史选择、历史结论的高度统一，政治成果、实践成果、理论成果的高度统一，过去时、现在时、将来时的高度统一。在中华民族伟大复兴进入关键时期和世界百年未有之大变局加速演进的复杂形势下，党和国家事业取得历史性成就、发生历史性变革，根本在于有习近平总书记作为党中央的核心、全党的核心掌舵领航，根本在于有习近平新时代中国特色社会主义思想的科学指引。现在，党团结带领中国人民踏上新的赶考之路，只有做到“两个维护”，才能把全党全国人民的思想意志、智慧力量凝聚起来，万众一心、勠力奋斗，朝着全面建成社会主义现代化强国的第二个百年奋斗目标奋勇前进。

立足党的百年历史新起点，作为身处“中国革命红船起航地”的海关，我们必须坚持从更高起点，扛牢“红船边的海关”使命担当，不断提高政治判断力、政治领悟力、政治执行力，学深悟透、对标对表，以高度的思想自觉、政治自觉、行动自觉，忠诚捍卫“两个确立”、坚决做到“两个维护”。要旗帜鲜明讲政治，做到总书记有号令、党中央有部署、署省有要求、杭关见行动。始终牢记海关是政治机关，认真学习贯彻习近平新时代中国特色社会主义思想，在学懂弄通做实上下功夫，以“钉钉子”的精神，确保习近平总书记重要指示批示精神和党中央决策部署不折不扣落实到位，做到在思想上高度信赖核心、感情上衷心爱戴核心、政治上坚决维护核心、组织上自觉服从核心、行动上始终紧跟核心。要在政治层面强化业务工作，

以实际行动为党中央站好岗、放好哨、守好土、尽好责。党中央赋予了海关守卫国门、为国把关的神圣职责。我们必须站位大局大势，心怀“国之大者”，始终把海关工作放到政治高度、国家外交外贸全局和舆情民意中思考与谋划，准确把握党中央、国务院重大决策部署的战略意图，从政治层面强化业务工作，经常开展对标对表，切实把讲政治从外部要求转化为内在主动，实现政治效果和业务效果相统一。

（二）坚定不移从更高层次，扛牢统筹发展和安全使命担当，全力服务高水平开放高质量发展

习近平总书记强调，越是开放越要重视安全，要坚持统筹发展和安全，在发展中更多考虑安全因素，努力实现发展和安全的动态平衡。对外开放是我国的基本国策，中国的开放大门不会关闭，只会越开越大。面对更趋严峻复杂和不确定的外部环境，习近平总书记指出，无论国际风云如何变幻，我们都要坚定不移做好自己的事情，主动对标高标准国际经贸规则，以高水平开放促进深层次改革、推动高质量发展。针对经济运行稳中有变和外部环境的新问题新挑战，中央经济工作会议强调，坚持稳字当头、稳中求进，再次指出稳中求进工作总基调是治国理政的重要原则，也是做好经济工作的方法论。围绕党中央决策部署，海关总署党委要求全国海关增强大局意识、强化历史担当、全面履职尽责，全力做好6个方面24项重点工作，服务打造高水平、制度型对外开放格局，在社会主义现代化强国建设中展现新作为；浙江省作出深度参与共建“一带一路”、大力推进海洋强省、高标准建设自贸试验区、加快宁波舟山港世界一流强港建设等一系列部署，这些工作都与海关工作密切相关，对我们强化监管优化服务提出了更高的要求。

推动高水平开放高质量发展，我们必须坚定不移从更高层次，扛牢统筹发展和安全使命担当，坚决把思想和认识统一到党中央对当前形势的分析判断上来，严格按照海关总署党委部署，围绕开放发展需求，强化监管优化服务，持续精准发力，建设让党中央放心、让人民群众满意的社会主义现代化海关。要坚持系统观念。围绕中央战略决策部署和重大工作安排，把握好调整政策和推动改革的时度效，在法治的轨道上同步强化监管优化服务，全面提升整体工作效能，防止局部合理叠加起来造成负面效应，做到既保安全、又促发展。要坚持底线思维。始终牢记监管是海关最基本、最重要的职责，落实总体国家安全观，准确把握国家安全形势变化新特点新趋势，强化垂直领导意识，发扬斗争精神，敢于斗争、善于斗争，牢牢守住安全底线，确保“决不能在根本性问题上出现颠覆性错误”。要持续深化对稳字当头、稳中求进的认识。没有稳，进无从谈起，要将落实稳字当头、稳中求进作为政治任务，始终围绕“稳”这个主基调、这个大局，始终绷紧这根弦，全面做好各类安全风险隐患的排除梳理和防控工作，全力保障2022年北京冬奥会、杭州亚运会顺利举办，全力为党的二十大胜利召开创造安全稳定环境。同时，要充分发挥海关作为国内国际双循环“交汇枢纽”作用，落实“六稳”“六保”部署，多措并举稳住外资外贸基本盘，助力打造高水平开放平台，服务外贸产业升级和新业态创新发展，提升贸易便利化水平，以公正监管保障公平竞争，努力促进浙江外贸稳进提质、实现高质量发展。

（三）坚定不移从更高水平，扛牢整体智治先行关使命担当，全力为海关制度创新和治理能力建设贡献杭关智慧

习近平总书记强调，我们要主动应变、化危为机，深化结构性改革，以科技创新和数字化变革催生新的发展动能。2021 年 2 月 9 日，习近平主席在中国—中东欧国家领导人峰会上提出“智慧海关、智能边境、智享联通”重大倡议。海关总署党委严格落实习近平总书记重要指示要求，全面推进“三智”建设，将提升科技创新应用作为社会主义现代化海关建设的重要方面，并作出“加快海关数字化转型，统筹运用数字化思维和数字化技术提升海关整体智治水平”的部署。倪岳峰署长明确要求杭州海关“把地方在政府数字化转型、科技创新等方面的优势转化为海关优势”。浙江省干在实处、走在前列，争创社会主义现代化先行省，全面推进数字化改革，有力推进了省域治理体系和治理能力现代化。

我们必须坚决听从习近平总书记的号令，严格落实海关总署党委期望要求，充分发挥垂直管理和身处浙江的优势，坚定不移从更高水平谋划和推进数字化改革，顺势而为，借势成事，当仁不让扛牢整体智治先行关使命担当。要牢固树立数字化思维。通过不断加强学习、探索实践、思考总结，跳出固有思维定势和路径依赖，不断加深对数字化改革本质的理解和把握，从数字化视角谋划推进改革创新，全面抓好、逐步推进、持续深化，实现从经验决策向数据决策的转变，使数据在提升管理水平和监管服务能力方面充分发挥作用。要把数字化改革作为全面深化改革的总抓手和关键路径。以数字化改革引领、撬动、赋能改革创新，实现数字化改革向海关监管服务全流程、改革发展全过程穿透，通过“小切口”实现“大应用”，不断迭代升级，由量变到质变，推动实现体制机制、组织框架、方式流程、手段工具的全方位、系统性重塑。要当好海关整体智治试验田和测压器。将数字化改革置于海关总署党委关于整体智治的设计部署的框架下，把数字化改革作为现代化海关建设的“船”和“桥”，结合自身实际和特点，找准改革创新关键部位、监管通关难点堵点，积极争取海关总署更多赋权试点，深化系统高效协同、多跨协同，以重大需求牵引实现重大成果，“一处先行、全面共享”，激发乘数效应，集成经验成果，为推动实现海关制度创新和治理能力现代化持续贡献杭关智慧。

“审度时宜，虑定而动，天下无不可为之事。”面对新形势新任务新要求，我们要坚定不移“从更高起点、更高层次、更高水平去思考和做好海关工作”，深入推进“五关”建设，努力提高坚定走好“第一方阵”的加速度，不断提升全面建设“多彩杭关”的鲜艳度，持续增强奋力打造社会主义现代化海关“重要窗口”的辨识度，在稳进提质中争先进位，在开拓创新中争当样板，在精益求精中争做一流，凝聚杭关之彩，展现意境之美。具体来说，要进一步丰富内涵、拓展外延，着力做到“四个持续提升”：

——持续提升实践参与度。增强坚定走好“第一方阵”的信心决心，拓展“多彩杭关”建设实践深度，倡导“揭榜挂帅”，推行“赛马机制”，干部为事业担当，组织为干部担当，崇尚创新、鼓励探索，为有理想、有激情的人递话筒、搭舞台，提供成就精彩的机会。

——**持续提升发展平衡度**。锚定坚定走好“第一方阵”的战略定位，尊重差异，每个单位、每个部门都能找准、找到位置，创新载体、打造品牌，以各自之“特”展现“多彩”之美，以盆景之众汇聚杭关风景之“靓”，美人之美、美美与共，形成特色互补、协调发展的生动局面。

——**持续提升成果共享度**。强化坚定走好“第一方阵”的行动自觉，加大“多彩杭关”共建共享力度，注重人文关怀，增进文化认同，激励干部职工在干事创业中体验奋进的快乐，在成果分享中收获稳稳的幸福，让“我为杭关奉献、我与杭关共成长”蔚然成风。

——**持续提升事业开放度**。践行坚定走好“第一方阵”的职责使命，坚持“人民海关为人民”，深度融入经济社会发展大局，统筹协调，积极作为，增强工作节奏感，彰显海关的社会影响力和美誉度，营造奋力打造社会主义现代化海关“重要窗口”的良好外部环境。

三、踔厉奋发，高标准做好2022年工作

2022年将召开党的二十大，做好今年工作，意义非凡，责任重大。关党委研究决定，将2022年作为杭州海关奋力打造社会主义现代化海关“重要窗口”的“丰富拓展年”，全年工作的总体要求是：以习近平新时代中国特色社会主义思想为指导，深入贯彻党的十九大和十九届历次全会精神，弘扬伟大建党精神，深入学习领会“两个确立”的决定性意义，全面加强党的领导，增强“四个意识”、坚定“四个自信”、做到“两个维护”，坚持稳中求进工作总基调，坚定不移“从更高起点、更高层次、更高水平去思考和做好海关工作”，统筹发展和安全，强化监管优化服务，统筹口岸疫情防控和促进外贸稳增长，持续深入推进“五关”建设，更加自觉地坚定走好“第一方阵”、全面建设“多彩杭关”，以突破性进展、标志性成果，谱写奋力打造社会主义现代化海关“重要窗口”新篇章，服务打造高水平、制度型对外开放格局，以优异成绩迎接党的二十大胜利召开。重点做到“八个精准发力”：

（一）在强化“红船边的海关”使命担当、持续打造政治建关高地上精准发力

深入学习贯彻习近平新时代中国特色社会主义思想，不折不扣落实习近平总书记重要指示批示精神，坚决执行“第一议题”制度，扎实开展捍卫“两个确立”、做到“两个维护”、强化政治机关建设专项教育活动，推动各级党组织和广大党员干部树牢政治机关意识。开展学习党的十九届六中全会精神处级以上干部全员轮训和党员干部系统培训，做好迎接党的二十大宣传引导和二十大精神学习贯彻。弘扬伟大建党精神，传承红色基因，赓续红色血脉，推动党史学习教育常态化长效化。全面加强党的领导，落实意识形态等领域工作责任制，严格落实重大事项请示报告制度，落实民主集中制和“三重一大”议事决策制度，严格执行党建述职评议考核制度，认真开展述责述廉述党建，加强重大部署、重要任务、重点工作组织领导，充分发挥党委把方向、管大局、保落实的作用。强化对重大政治风险的分析研判和防控，守住防范三大风险基本盘，切实防范单项风险上升为综合性风险、局部风险演化为系统风险、一般风险演化为政治风险。

（二）在严格依法行政、筑牢国门安全屏障上精准发力

科学精准抓好口岸疫情防控。严格执行海关总署疫情防控各项要求，积极落实多渠道监测预警机制和智慧化多点触发机制，强化考核监督，确保规定动作100%落实到位，坚决守牢外防输入关口。严格对入境客运航空器终末消毒工作的监督，压紧压实企业主体责任。加强对机组人员、船舶船员的精准检疫。加大进口冷链食品、农产品源头管控力度，严格实施进口冷链食品、农产品和高风险非冷链集装箱货物监测检测和预防性消毒监督工作。从严就高做好安全防护，加强免疫接种，严格执行一线高风险岗位人员封闭管理，强化抗疫工作人财物保障。同步强化口岸其他重点关注传染病防控，防止疫情叠加。健全口岸公共卫生体系，积极参与地方联防联控，提高口岸核心能力建设水平，加快推进杭州萧山国际机场创建国际卫生机场。

提升业务风险防控效能。加强跨领域、跨部门的风险联合防控体系建设，完善关区风险地图和风险监测指标体系，实现货、邮、快、跨、旅风险防控全覆盖。推进现场即决式布控，完善现场查发快速反馈机制和查发绩效评估机制，提升风险防控的精准性。强化长三角区域海关合作，推动建立执法统一、协同处置、情报共享的风险防控模式。

提高税收征管水平。依法科学征管，高质量完成年度税收指导性目标。优化行邮、跨境电商等新业态征管模式。完善税收征管制度建设，推进应税进口全链条管理。提高属地纳税人管理水平，细化管理底账和“双特”价格台账，提升差别化税收管理服务措施成效。

增强综合监管效能。规范口岸检查作业，发挥现场见人见货优势，提升查发能力。认真落实贸易管控措施，强化口岸监管环节反恐、防扩散和出口管制。深化监管装备智能化应用，加强各类监管场所和指定监管场地运行管理。抓好安全生产监管，巩固提升安全生产专项整治三年行动成效。积极构建以信用为基础的新型监管机制。深化稽查改革，发挥贸易调查先导作用，加大涉检、涉税安全准入领域的稽查力度，提高查发率。推进核查业务改革，开展重点领域核查行动，加强出口商品生产企业跨部门联合抽查。强化属地查检，规范执法作业。强化知识产权保护。

强化重大动植物疫情和外来入侵物种口岸防控。推进国门生物安全防御体系建设。完善重大动植物疫情和外来物种监测网络。坚持人病兽防、关口前移，严格进出境高风险动植物及产品全链条监管和非洲猪瘟、高致病性禽流感、红火蚁等重大疫病疫情防控，做好种牛进口检疫保障。开展“国门绿盾2022”行动，助力生物多样性保护，强化外来入侵物种口岸防控。

严格进出口食品安全监管。落实食品安全“四个最严”要求，推进进出口食品安全管理办法等实施，完善进出口食品安全监管制度。落实境外食品企业全面注册工作，加大进口食品源头管控力度。促进多元共治，严防重大食品安全事件发生。持续开展进口食品“国门守护”行动。提升进出口食品智慧管理能力。巩固市场采购贸易方式出口预包装食品检验监管创新成果。

严把进出口商品质量安全关。持续完善进出口商品质量安全风险预警和快速反应体系。

深化商品检验模式改革，推进检验结果采信，按照海关总署部署探索推进扩大矿产品“先放后检”实施范围。聚焦“安全卫生健康环保”，加强进口能源矿产、再生资源等大宗商品及重点敏感消费品、危险化学品及其包装、“两高”产品等检验监管。

保持打击走私高压态势。加强全员打私，开展“国门利剑2022”联合专项行动，聚焦重点区域、重点领域、重点商品，严厉打击象牙等濒危物种及其制品、“洋垃圾”、农产品、冻品及成品油等走私，持续打击武器弹药、毒品走私及涉检违法犯罪行为。提高缉私警察专业保障能力，强化执法规范化建设。加快推进浙江省反走私智慧综治平台建设，纵深推进反走私综合治理。

加强法治海关建设。积极参与《中华人民共和国海关法》等修订完善；对已公布的规范性文件实行后评估。制定杭州海关权责清单。深入推进行政备案制度改革试点。强化规范性文件合法性审查。精简行政许可事项，深化“双随机、一公开”监管。规范执法行为。做好行政复议应诉工作，更好发挥公职律师法律顾问作用。组织实施“八五”普法规划，推进国门安全法治教育基地建设。

（三）在强化履职担当、全力促进开放发展上精准发力

全力保障北京冬奥会、杭州亚运会顺利举办。提高政治站位，全力做好北京冬奥会、冬残奥会通关保障和安全保卫工作。积极争取海关总署指导支持，紧密与亚组委沟通协调，统筹监管资源，形成保障杭州亚运会、亚残运会工作合力；指导马术项目隔离场及场馆建设，严密参赛马匹全流程检疫监管；优质高效做好重要外宾、参赛人员、食品、货物及其他进出境物资的监管服务保障。制订完善工作方案、应急预案，加强应急演练，全力提升应急处突能力。

支持高水平开放平台建设。强化海关监管制度创新，助力长三角自贸试验区联动发展，支持舟山大宗商品战略储运基地建设。巩固“10+22”项措施落地成果，全力支持宁波舟山港打造世界一流强港。用好综合保税区发展绩效评估结果，精准推动综合保税区高质量发展。支持义甬舟开放大通道建设。助力打造长三角中欧班列集结中心。促进沿海集装箱业务发展，支持杭州、湖州等内河港口建设。打造“杭州—列日空中快速走廊”。助推海铁联运、水水中转、空运国际联程及“陆路航班”等多式联运业务做大做强。

支持外贸促稳提质。落实“六稳”“六保”部署，坚持适当靠前发力、精准施策，切实破解制约外贸发展各类因素，多措并举稳住外资外贸基本盘。加强原产地管理，用好RCEP政策机遇，帮扶企业优选协定、享惠便利。精准落实国家减税降费政策，强化税政调研。推进市场采购贸易、跨境电商持续健康发展。支持先进技术设备、关键零部件、紧缺资源进口。深入实施出口知识产权优势企业培塑计划。深化加工贸易监管改革，构建以合同、企业、企业集团为单元的多层次加工贸易监管模式。加大境外推荐注册力度。持续深化“多证合一”改革。推动AEO认证工作高质量发展。推行高新技术产品转属地海关查验模式。做好技术性贸易措施通报评议、预警。

持续优化口岸营商环境。参与口岸营商环境评估体系建设，实施2022年度促进跨境贸易便利化专项行动，深化通关便利化改革，巩固压缩整体通关时间成效，进一步精简整合报关单申报项目。深化“单一窗口”应用。支持杭州市营商环境创新试点城市建设。支持口岸开放，指导舟山普陀山机场开放验收。推动口岸标准化体系建设。

提高政策研究及统计工作水平。优化分析研究机制，加强数据融合分析，常态化监测重要商品进出口和业务运行异动。认真落实杭州海关“十四五”相关实施方案。强化政策研究，探索杭关特色智库建设。推进统计现代化改革，创新统计调查方法，强化统计监督，探索业务指标体系建设，完善统计制度，优化统计作业流程，加强数据质量管控。

（四）在全面推进数字化改革、持续打造标志性成果上精准发力

加快推进整体智治。加快出台整体智治建设总体方案，完善“1＋4＋1”整体智治框架体系。强化数据收集和挖掘利用，推动实现数据全生命周期的闭环管理，加快大数据应用，推进数据治理。积极打造智能数据平台，持续推进风险模型优化迭代与实战应用。构建重大需求、多跨场景应用、重大改革和重大风险等“3＋1”清单底账。试点落地机关智治和疫情防控在线、跨境电商进口退换货数字化监管、大华未来工厂数字化驾驶舱、油气一体化监管等集成应用，打造一批高辨识度的标志性成果。

注重数字赋能业务改革。运用数字化思维和技术，扎实推进全业务领域一体化，强化业务结合部协调配合，优化检查异常处置机制，加快推进属地查检与口岸监管、稽核查工作执法联动。进一步发挥监控指挥中心作用，提升联网审像中心应用能力。认真开展“两步申报＋区块链”试点。大力提升企业备案“全程网办”“一网通办”便利度，加快企业注销“一键查询”试点应用。全面对接海关总署业务系统，推进系统集成、互联互通。

加强科技支撑保障。加快推进信息化改造工程建设，进一步优化整合信息系统。加强科技设备装备配备和研发应用，提升监管装备设备的智能化网络化水平。开展新一代网络技术应用研究。强化网络和信息系统运维管理，健全海关网络安全和数据安全防护体系。探索自贸试验区内实验室检测一体化布局，争取国家铁矿检测重点实验室建设规划项目。推动特殊物品集中监管服务平台建设。加快国家出入境濒危物种检疫鉴定重点实验室建设，建立多学科融合的濒危物种鉴定技术平台。完善技术体系，加强技术检测和科研攻关能力建设。

（五）在推进党建工作高质量发展、锻造准军事化纪律部队上精准发力

巩固深化“强基提质工程”。建立基础工作常态化检视机制，探索推进基层党组织标准化、规范化建设。持续抓好“四强”党支部建设，深入开展基层党组织星级评定，重点培树一批战斗堡垒作用明显、示范引领力强、辨识度高的党建品牌。用好“智慧党建”系统。注重基层支部书记能力提升，加强基层党务培训。开展“两优一先”、身边典型培树宣传。

扎实推进准军事化纪律部队建设。深化内涵学军，立足标准化、规范化，严抓日常管理，强化内务规范，抓好经常性、实战性岗位练兵和技能比武，锻造政治坚定、业务精通、令行禁止、担当奉献的准军事化纪律部队。

加强海关文化建设。践行社会主义核心价值观。持续加强全国文明单位、全国青年文明号等创建。探索建立杭州海关文化工作机制，发挥文化浸润功能，持续凝聚守正初心、唯实惟先、善作善成、和合共进文化特质。推进海关史研究。打造海关文化精品，建好海关党建文化、关史陈列“双展厅”。强化文体设施建设，不断丰富群众性文化体育活动。充分发挥群团组织作用。用心用情、精准服务，做好老干部工作。

（六）在加强队伍建设、激发干事创业热情上精准发力

科学选人用人。落实“20字”好干部标准，加强政治素质考察考核，始终坚持“用成绩单说话”，做到以事择人。推进跨条线、跨部门交流，增强班子整体功能。抓好后继有人这个根本大计，分级分类建立年轻干部库，在重要岗位和一线艰苦岗位蹲苗锻炼干部，大力培养选拔优秀年轻干部，持续改善领导干部年龄结构和专业结构。注重执法一线科长能力全方位提升。有序开展公务员职级晋升。稳步推进事业单位改革。强化干部监督管理，严格落实领导干部个人有关事项报告制度。

加强高素质专业化人才队伍建设。以“雏鹰孵化、英才培育、头雁培养、人才储备”4项计划为载体，统筹实施党政领导人才培养、海关专家人才培养、行政执法人才队伍建设、专业技术人才队伍建设和青年英才培养选拔5项工程，多渠道发现、培养、锻炼人才，建成一支数量充足、结构合理、素质优良、充满活力的高素质专业化人才队伍。持续关爱防疫一线人员、艰苦边关干部，激励担当作为。优化教育培训方式方法，聚焦实际需求精准施训，大力加强政治训练、业务训练、执法训练，增强教育培训实效。

（七）在严肃纪律作风、推动全面从严治党走深走实上精准发力

认真贯彻十九届中央纪委六次全会精神，坚持严的主基调不动摇，压紧压实主体责任和监督责任，坚持不懈把全面从严治党向纵深推进。坚持以党的政治建设为统领，严明政治纪律和政治规矩，提高党内政治生活质量，深化政治体检，及时检视整改政治建设方面存在的不足。研究出台政治监督具体化常态化举措，构建全方位监督体系，突出加强对“关键少数”特别是“一把手”和领导班子的监督。持续巩固“现场监管与外勤执法权力寻租”专项整治工作成果。充分发挥派驻监督“抵近”优势。提高督察审计水平，健全查发问题整改长效机制，举一反三，堵塞漏洞；深化内控节点岗位清单制管理，争创内控科室“样板间”，进一步用好内控监督系统；加强重大政策落实情况的督察，实施执法评估清单制管理，加大对企事业单位的审计监督力度。坚决落实中央八项规定及其实施细则精神，紧盯重要节点，深挖细查“四风”问题隐形变异表现。强化警示震慑，建立典型案例通报分析制度，持续引导党员干部严守纪律底线。巩固海关总署党委巡视、国家审计整改成果。高质量完成巡察全覆盖任务。深化运用监督执纪“四种形态”，推进打私反腐“一案双查”，从严案件查处、执纪问责，一体推进不敢腐、不能腐、不想腐。

（八）在加强统筹协调、持续提升保障能力上精准发力

提高机关运行效能。深入推进机关智治，深化“最多报一次”改革。严格执行公文办理和审核把关制度，持续精文简会，提高办文办会办事水平。加强调查研究，提升工作质效。

强化新闻中心功能发挥，讲好杭关故事，凝聚杭关力量。优化值班应急管理，提高督查检查实效，提升舆情监测水平，认真做好人大建议政协提案办理、外事、政务信息、机要保密、档案管理、政务公开和信访等工作。

强化财务后勤保障。有序推进杭州海关指挥服务中心、隶属行政中心、直属事业中心和生物安全基地“三中心一基地”建设。坚持“过紧日子”，严格控制和压减一般性支出。优化预算执行效能。规范政府采购和涉案财物管理。探索建立中央财政、地方财政、事业创收“三位一体”预算保障机制。盘活用好闲置资产。继续推进事业单位绩效管理改革，支持事业单位业务做大做强。加强后勤保障，创建绿色机关。

实施民生暖心工程。持续推进办公环境提升和民生项目建设，加大集体福利设施、食堂设施等投入力度。探索建立民生发布制度。用心把握广大干部职工的脉搏，用情找到解决问题的办法，尽力把事情做深做细、做实做好，做到广大干部职工的心坎上，落细关爱服务，以看得见的变化回应广大干部职工期盼。

四、笃行不怠，在实干中成就精彩

习近平同志在浙江工作期间讲过，“抓而不实，等于白抓”。“致广大而尽精微”是成事之道。在此，我对各单位、各部门主要负责同志提三点希望：

一要从大处着眼。“不谋全局者，不足谋一域。”干事业做工作大方向要正确，重点要明确，战略要得当，心怀“国之大者”，自觉把本单位、本部门工作放在党和国家事业大局中、放在人民群众期盼中来考量，深刻把握政治与业务、监管与服务、程序与结果等辩证关系，善于“抬头看路”，把握大势、融入大局，听令而行、闻令而动，以坚定走好“第一方阵”的铿锵步伐，既为一域争光、更为全局添彩。

二要在细处出彩。“尽小者大，慎微者著。”抓落实见成效必须把控好细节，做到操作中细致精当，防止因为“细节中的魔鬼”损害大局，全面把握本单位、本部门工作与众不同之处，深入分析自身特有优势与不足，深刻洞察其中蕴含的普遍规律，发扬工匠精神，细化工作方案，做好特色文章，下足绣花功夫，以恰如其分之举实现最佳成效，以“小事”之精成就“大事”之美，以全面建设“多彩杭关”的生动实践，集中诠释“五关”建设的丰富内涵。

三要以实干成事。“空谈误国，实干兴邦。”坚持“三严三实”，坚决反对不担当、不作为、装样子、搞花架子、盲目铺摊子，党委带头、层层落实，各级负责、上下同心，力戒形式主义、官僚主义，力戒急功近利，深入实际、调查研究，从基层群众中汲取智慧和力量，以求实的精神、务实的作风和好用实用管用的举措，担当作为、埋头苦干，抓铁有痕、踏石留印，说一件、干一件、成一件，逐步积小胜为大胜，以奋力打造社会主义现代化海关“重要窗口”的高分报表，共同绘就杭关事业高质量发展精彩画卷。

同志们，举目已是千山绿，宜趁东风扬帆起。让我们以习近平新时代中国特色社会主义思想为指导，在海关总署党委的坚强领导和浙江省委、省政府的大力指导下，守正初心、唯实惟先、善作善成、和合共进，一起向未来，谱写新篇章，努力为社会主义现代化海关建设和浙江经济社会高质量发展做出新的更大贡献，以优异成绩迎接党的二十大胜利召开！

在2022年杭州海关全面从严治党工作会议上的讲话

杭州海关党委书记、关长　王伟

（2022年1月26日）

同志们：

这次会议的主要任务是：以习近平新时代中国特色社会主义思想为指导，深入贯彻党的十九大和十九届历次全会精神，认真学习十九届中央纪委六次全会精神，贯彻落实2022年全国海关工作会议、全国海关全面从严治党工作会议部署，回顾2021年杭州海关全面从严治党、党风廉政建设和反腐败工作，部署2022年主要任务。下面，我代表关党委，讲3个方面意见。

一、2021年工作回顾

2021年，在海关总署党委坚强领导下，全关各级党组织坚守“政治机关”定位，坚决扛起管党治党政治责任，一以贯之、坚定不移全面从严治党、从严治关，为推进事业发展提供坚强政治保障。

一是政治机关建设深入推进。坚持把学习贯彻习近平新时代中国特色社会主义思想作为首要政治任务，以扎实业绩隆重庆祝建党百年，努力从党的百年奋斗重大成就和历史经验中汲取智慧和力量，忠诚捍卫“两个确立”、坚决做到“两个维护”。把党史学习教育作为重大政治任务，发挥党委理论学习中心组的龙头作用，组织专题学习和读书班，广泛开展主题党日活动、党史知识竞赛，举办专题宣讲会及“学史·铸魂”红色讲坛，务实推进“我为群众办实事”实践活动，使全体党员干部受到了一次全面深刻的政治教育、思想淬炼、精神洗礼。严格落实“第一议题”制度，贯彻落实习近平总书记重要指示批示精神态度坚决、行动有力。毫不放松抓实抓牢抓细常态化疫情防控工作，在全国口岸检出首例德尔塔变异毒株。保持打击象牙等濒危动植物及其制品、“洋垃圾”、海上成品油等走私违法活动态势不减、力度不变。全力支持中国（浙江）自贸试验区建设发展，助推宁波舟山港打造世界一流强港。扎实开展巡视整改，聚焦巡视反馈4方面38个问题，细化制定103项整改措施，97项阶段性整改任务全部完成，6项中长期整改任务取得阶段性成效并持续推进。

二是主体责任不断压紧压实。牢牢牵住主体责任这个“牛鼻子”。学习贯彻海关总署党委关于加强对“一把手”和领导班子监督的实施意见，制定党委、党委书记、党委委员监督责任3张清单，推动各级“一把手”照单履责。关党委定期专题研究全面从严治党工作，开展党风廉政建设形势分析。加强党建述职评议考核工作，5位隶属海关党委书记现场述责述廉述党建并接受评议。制定责任清单，推动党委委员认真落实“一岗双责”。贯彻落实海关总署党委关于落实全面从严治党主体责任情况通报要求，推动各单位（部门）找差距补短板。下发重点任务分工方案，细化58项具体任务纵深推进全面从严治党。注重压力传导，用好约谈和问责利器，约谈“一把手”11人次，对3起案件开展问责调查，推动主体责任层层压紧压实。

三是组织建设不断巩固夯实。坚持抓党建提质效，关党委认真研究部署党建工作，明确重点任务。深化“四强”党支部建设，评选五星级党组织52家，获评全国海关基层党建示范品牌4个、培育品牌1个。发挥党支部和党员在疫情防控等重点工作中的战斗堡垒和先锋模范作用，涌现了“建设清廉机关，创建模范机关”工作先进集体、浙江省先进基层党组织、“浙江省担当作为好支书”等集体和个人；大力开展关区“两优一先”评选，80名个人和31个集体受到表彰。2个隶属海关被列入全国文明单位培育名单，为冲刺关区全国文明单位全覆盖奠定坚实基础。坚持党管干部，突出政治标准，加大年轻干部培养力度，持续优化各级领导班子结构。坚持以实绩论英雄，实行“3＋2”考核机制，亮单上榜，推动各级班子和党员干部上赛道跑起来。坚持聚人心提士气，组织抗疫一线关员代表座谈，发放防疫临时性工作补助，多种形式开展群团活动和关心慰问，积极推进解决养老保险改革等群众急难愁盼问题。举办“传承荣光，奋斗新征程”等主题活动，充分调动广大党员干部的主动性、积极性，群众获得感、幸福感不断增强，干部队伍精气神持续提振。

四是纪律作风建设走深走实。落实中央八项规定及其实施细则精神，坚持反“四风”树新风，结合实际制定深入治理违反中央八项规定突出问题任务举措17类45条，立案查处违反中央八项规定精神问题3起，处分3人。开展形式主义、官僚主义整改落实情况“回头看”，整治文风会风，三、四类会议经费和数量实现双减，切实减轻基层负担。强化准军事化纪律部队建设，开展“严纪律、树形象、以优良作风庆祝建党100周年”活动，组织全员队列训练，加强会风会纪检查，常态化开展内务督察、流动红旗评比。严格执行疫情防控动态管控、重要节假日“一把手”平安报备等制度，强力纠治酒驾醉驾。持续改善行风政风，优化12360海关热线服务，强化外出执法廉政监督，妥善处置行风投诉，推进海关政务服务“好差评”，年度好评率保持100%。

五是权力运行监督不断加强。参与国务院行政备案制度改革试点，实现规范性文件100%合法性审核。拓展“制度＋科技”运用，充分应用海关内部控制与监督系统，持续推进权力行为进系统、标准化、留痕迹、可追溯。落实内控节点岗位清单制，对全关内控节点进行梳理。深化非执法领域风险防控，强化招标采购、基建工程、实验室管理等重点环节管控，优化涉案财物管理模式，开展涉案财物处置。接受国家审计，推进审计整改工作。开展对7个隶属海关单位领导干部的任期经济责任审计。完成2轮19个党组织的常规巡察，覆盖率达

77%。规范领导干部配偶、子女及其配偶从业行为，组织关区2027名处科级领导干部进行自查，抽查681人。积极发挥家庭助廉作用，强化“八小时外”管理。

六是监督执纪问责从严从实。强化监督保障执行作用，持续加强对习近平总书记重要指示批示精神落实情况的监督检查，开展新冠疫情防控、打击“洋垃圾”进境等专项监督34次，发现并督促整改问题106个。深入推进“现场监管与外勤执法权力寻租”专项整治工作，制定整改措施229项，建立完善各类制度机制39项。召开关区宣讲会，全年运用“第一种形态”处理202人次，数量是2020年的6倍。开展警示教育月活动，编发警示教育案例46个，通报“身边人”违纪违法案例17起，组织“基层书记组长谈责任”专题访谈22人次。发挥以案促改标本兼治作用，对6件已查结案件开展以案促改，落实整改措施32条。开展领导干部任前廉政法规制度考试和廉政谈话。依纪依规从严执纪，立案6件，给予党政纪处分5人，涉嫌严重违纪违法移交地方纪委监委1人，释放了强大的震慑力。

二、新形势新要求

习近平总书记在十九届中央纪委六次全会上指出，要保持反腐败政治定力，不断实现不敢腐、不能腐、不想腐一体推进的战略目标。我们必须清醒认识到，腐败和反腐败较量还在激烈进行，并呈现出一些新的阶段性特征，防范形形色色的利益集团成伙作势、“围猎”腐蚀还任重道远，有效应对腐败手段隐形变异、翻新升级还任重道远，彻底铲除腐败滋生土壤、实现海晏河清还任重道远，清理系统性腐败、化解风险隐患还任重道远。我们要保持清醒头脑，永远吹冲锋号，牢记反腐败永远在路上。只要存在腐败问题产生的土壤和条件，腐败现象就不会根除，我们的反腐败斗争也就不可能停歇。

一年来，关区全体党员干部切实将习近平总书记的殷殷嘱托转化为现实动能和全新作为，认真落实海关总署党委关于全面从严治党工作的部署要求，坚决扛起“红船边的海关”的使命担当，坚定走好践行“两个维护”第一方阵，全面从严治党的宝贵政治优势充分展现。一年来，我们始终坚持以更高标准、更严要求锻造准军事化纪律部队，不断深化“内涵学军”，在抗疫斗争等急难险重任务中坚决做到闻令而动、令行禁止，有效履行把关服务职能，筑牢口岸监管防线，垂直管理一贯到底的显著体制优势更加凸显。一年来，党委班子高度重视党的建设，围绕建设“多彩杭关”强基提质，党建工作基础更加扎实，在斗争一线考察识别干部、在一线发展优秀分子入党，干部队伍作风更加过硬，推动全面从严治党的良好自身优势愈加出彩。一年来，浙江在忠实践行“八八战略”和奋力打造“重要窗口”上展现更大作为，从省域层面展示出习近平新时代中国特色社会主义思想的真理力量和实践伟力，深厚的政治理论实践营造出浓厚的党建氛围。浙江大数据产业基础雄厚、数字经济发展领跑全国，整体智治有序推进，为我们以数字化手段赋能全面从严治党提供了优越环境，我们强党建提效能的鲜明地域优势持续深化。

关区全体干部职工要时刻牢记我们是“红船边的海关”，坚定不移推进杭州海关全面从严治党工作向纵深发展。要弘扬开天辟地、敢为人先的首创精神，全面彰显我关党组织和党员干部开拓进取、守正创新的坚强决心。全面深化杭州海关各领域改革，着力“制度＋科技”运用，进一步规范执法行为，强化非执法领域监管，充分发挥各级党组织和党员干部的主动性和创造性，在推动杭州海关坚定走好“第一方阵”中展现党建引领成效。要弘扬坚定理想、百折不挠的奋斗精神，始终铆足我关党组织和党员干部干事创业、勇毅前行的不懈韧劲。强化本色担当，持续推进从严治关，加强政治机关建设和理想信念教育，引导各级党组织和党员干部始终保持如履薄冰的心态，坚定必胜信心，直面急难险阻，将特擦亮、变长为强、化好成优，为全面推进“多彩杭关”建设提供坚强政治保障。要弘扬立党为公、忠诚为民的奉献精神，充分展示我关党组织和党员干部为国把关、服务发展的家国情怀。坚持人民至上，各级党组织和党员干部要从党的百年奋斗历史经验中汲取精神力量，强化宗旨意识和服务意识，公正执法、廉洁用权，为高质量发展、建设共同富裕示范区和社会主义现代化海关“重要窗口”交出一份杭州海关高分答卷。

三、2022 年主要任务

2022 年杭州海关全面从严治党工作总体要求是：以习近平新时代中国特色社会主义思想为指导，全面贯彻党的十九大和十九届历次全会精神，深入贯彻十九届中央纪委六次全会精神，全面加强党的领导，增强“四个意识”、坚定“四个自信”、做到“两个维护”，坚持稳中求进工作总基调，立足新发展阶段，完整、准确、全面贯彻新发展理念，加快构建新发展格局，推动高质量发展，自觉运用党的百年奋斗历史经验，弘扬伟大建党精神，永葆自我革命精神，坚持全面从严治党战略方针，一体推进不敢腐、不能腐、不想腐，持续深化清廉海关建设，深入推进政治建关、改革强关、依法把关、科技兴关、从严治关，持续为杭州海关坚定走好“第一方阵”、全面建设“多彩杭关”、奋力打造社会主义现代化海关“重要窗口”提供坚强保障，以优异成绩迎接党的二十大胜利召开。重点做好 6 个方面工作：

一是全面加强政治建设。海关首先是政治机关，全面从严治党首看政治，站在建党百年的重要历史节点上，我们要坚定不移把“两个确立”真正转化为坚决做到“两个维护”的思想自觉、政治自觉、行动自觉。要进一步坚定政治信仰。把学懂弄通做实习近平新时代中国特色社会主义思想作为首要政治任务，抓好宣传贯彻党的十九届六中全会精神处级以上领导干部全员轮训，分期分批对党员干部进行系统培训。认真落实党中央部署要求，扎实做好党的二十大精神的学习宣传贯彻。巩固拓展党史学习教育成果，建立常态化、长效化制度机制。大力加强对党忠诚教育、党性教育和海关职业操守教育，评选表彰一批关区先进集体、先进工作者等先进典型。要更加坚决做到“两个维护”。深刻认识“两个维护”是坚持党的全面领导的关键，全面落实好“第一议题”制度，真正悟透党中央大政方针，强化督促检查，持续跟踪问效，确保执行不偏向、不变通、不走样。做到慎终如始抓好常态化疫情防控、全力以赴做好 2022 年杭州亚运会保障，坚定迅速做到总书记有号令、党中央有部署、署省有要求、杭关见行动，坚定走好践行“两个维护”“第一方阵”。要始终坚持政治建关。坚决扛起“红船边的海关”的使命担当，扎实开展捍卫

"两个确立"、做到"两个维护"、强化政治机关建设专项教育活动，使每名党员干部深刻认识到"没有脱离政治的业务，也没有脱离业务的政治"，任何工作都要从政治上看，把讲政治的要求始终体现到忠诚履职、把好国门的具体实践中。要不折不扣严守政治规矩。严格落实重大事项请示报告制度，凡重大问题、重要事项、重要工作进展情况，都必须按规定及时请示报告。深化落实巡视巡察上下联动，建立健全巡视巡察整改长效机制，动真碰硬做好巡视整改"后半篇文章"。持续提高民主生活会和组织生活会质量，强化对下级党组织民主生活会的监督检查，让风清气正的良好政治生态成为建设社会主义现代化海关"重要窗口"的鲜亮色彩。

二是全面加强组织建设。加强党的组织建设，根本的是把党建设成坚强的领导核心，充分发挥党的组织优势。要完善制度基础，继续深化"强基提质工程"，不断巩固深化基层党建基本问题清零工作成果，系统梳理杭州海关党建基本制度，提升关区党建工作制度化规范化水平。严格抓好对党员干部的日常教育管理监督，建立基础工作常态化检视机制，从严落实党建制度规定。要积极培树典型，依托"杭关智治"平台，进一步完善党支部分类定级管理，统筹推进"四强"党支部和星级党支部评定，以提高党支部书记抓党建能力为主攻方向，开展案例式、沉浸式党务培训，强化党建品牌建设，形成上下共建、层层带动的党建品牌矩阵，选树一批堡垒作用明显、示范引领突出的先锋党支部，切实做到"支部强在科上"。要突出政治标准，倡导关键时刻看担当、严峻考验辨德才，在工作一线鲜明亮出干部优劣标尺，坚持"用成绩单说话"，强化人才储备和专业支撑，激励广大党员干部当先锋、打头阵、作表率，着重培育党建强、业务专的复合型基层党支部书记，营造"良才善用、能者居之"的干事创业氛围，真正把想干事、能干事、干成事、不出事的干部选出来用起来。

三是全面深化纪律作风。纪律严明、作风优良是海关准军事化纪律部队的鲜明特征和独特优势。要强化准军事化纪律部队建设，严格落实中央八项规定及其实施细则精神，高度关注"四风"隐形变异问题。坚持"过紧日子"，厉行勤俭节约，严肃制止餐饮浪费行为。抓好岗位练兵、能力培训，切实提高队伍战斗力。要严抓日常管理，强化内务规范，强力纠治酒驾醉驾，持续深化"内涵学军"。坚持严管厚爱，严格执行疫情防控动态管理等机制，发挥考核"指挥棒"作用，激励担当作为，激发干事创业生机活力。要持续深化行风政风，坚持人民立场，严肃纠治处理漠视群众利益、不担当不作为乱作为等问题。弘扬求真务实作风，持续推动机关智治改革，切实减轻基层负担。推进文明单位创建，用好12360海关热线、海关政务服务"好差评"系统等平台，妥善处置投诉举报，全面提升服务质效。

四是全面规范权力运行。海关是执法单位，强化风险防控、规范权力运行，是全面从严治党的长期课题。要加大执法领域风险防控力度。深入贯彻习近平法治思想，积极参与《中华人民共和国海关法》等修订完善，加强规范性文件合法性审查，编制权责清单。要顺应新兴业态发展，进一步完善业务管理模式、运行流程，同步做好内控机制构建，开展查验、稽查、缉私案管等领域运行效果分析评估，有效规范权力运行。要提高非执法领域风险防控水平。健全财务、科技管理制度，规范政府采购、涉案财物、招投标、基建等的管理。完善企事业单位管理监督机制，落实协管员队伍管理制度。深化内控节点岗位清单制管理，发挥内控监督系统大数据平台作用，完善海关业务风险协同防控机制和各业务领域专项联防联控工作机制。建立健全覆盖财务、审计、人事、政工、巡察、监察、督查等的风险“大防控”工作格局，提高工作系统性、整体性、协同性。

五是全面推进反腐倡廉。准确把握“惩、治、防”辩证统一关系，加大“惩”的力度，完善“治”的举措，提升“防”的效果。要保持高压态势，持续减存遏增。紧盯突出问题，实施精准治理，巩固“现场监管与外勤执法权力寻租”专项整治成果，在工程建设、信息化建设、实验室建设、装备购建、疫情防控保障项目等领域深入开展专项整治；持续防范廉政风险，构建亲清政商关系；继续加强对管钱管事管人部门的监督，发生问题严肃倒查追责，做到执纪力度更大、节奏更快、尺度更严。要善用“第一种形态”，注重方法效果。深化运用“第一种形态”，两级党委要带头做、经常做，通过抓早抓小和让咬耳扯袖、红脸出汗成为常态，不让小错误变成大问题。要突出精准施教，深化以案促改。及时剖析关区发生的典型案件，找管理漏洞，找制度空隙，找责任缺位，推进标本兼治。将以案促改纳入巡察、派驻监督等重要内容，加强对受处分党员的回访教育，推动惩处、监督、教育贯通融合。加强党纪国法学习教育，抓实警示教育月活动，点名道姓通报典型案例，用“身边事”警醒“身边人”，用“案中人”惊醒“梦中人”，引导党员干部自觉做到知敬畏、存戒惧、守底线。

六是全面压紧压实责任。全面从严治党关键在领导干部，关键在“一把手”带头履行主体责任，“一把手”和领导班子必须知责于心、担责于身、履责于行。各级党委要履行全面从严治党主体责任，突出加强对“关键少数”特别是“一把手”和领导班子的监督。持续开展述责述廉述党建，用队伍建设综合管理平台对履责情况精准画像，加强检查考核，全面强化监督。严格落实问责条例，对不抓不管、失职失责的党组织和党员领导干部严肃问责。基层党组织要担负起教育管理监督党员的直接责任，要强化基层党支部书记的主责意识，发挥好党支部纪检委员作用，提高发现和解决“最后一公里”问题的能力和水平。纪检监察机构要认真履行监督责任，盯住重点人重点事，协助党委推进全面从严治党工作。派驻纪检组要聚焦对基层一线的监督，充分发挥“派”的权威和“驻”的优势。职能部门要坚决扛起抓落实责任，以“钉钉子”精神提高抓落实的质量和效果，加大跟踪问效力度，增强督查合力，强化问责倒逼责任落实，确保全面从严治党各项任务在关区不折不扣落实到位，推动全面从严治党向纵深发展、向基层延伸。

同志们！全面从严治党永远在路上。让我们更加紧密地团结在以习近平同志为核心的党中央周围，继续推进新时代党的建设新的伟大工程，埋头苦干、勇毅前行，坚定不移推进全面从严治党、党风廉政建设和反腐败斗争向纵深发展，为杭州海关坚定走好“第一方阵”、全面建设“多彩杭关”、奋力打造社会主义现代化海关“重要窗口”提供坚强政治保障，以优异成绩迎接党的二十大胜利召开。

第二篇

专记

杭州海关学习宣传贯彻党的二十大精神

2022年，杭州海关坚持把学习宣传贯彻党的二十大精神作为首要政治任务，按照党中央部署安排，紧紧围绕海关总署党委提出的“铸忠诚、担使命、守国门、促发展、齐奋斗”要求，持之以恒在全面学习、全面把握、全面落实上下功夫，第一时间组织党员干部全程收听收看大会盛况；第一时间传达学习党的二十大精神；第一时间成立工作领导小组；第一时间制订实施工作方案，全领域、全方位、全场景掀起学习宣传贯彻党的二十大精神热潮，切实将全关党员干部的思想统一到党的二十大精神上来，把力量凝聚到党的二十大确定的各项任务上来，奋力推动党的二十大精神在杭州海关落地生根、开花结果。

一、坚持“学深悟透”，抓实“六学联动”，着力在全面、系统、深入学习上走在前列

（一）聚焦“关键少数”，抓实“领导干部专题学”

关党委连续召开党委会、党委（扩大）会、理论学习中心组学习会，认真学习党的二十大重要文件和习近平总书记重要讲话精神；举办杭州海关党委理论学习中心组（扩大）学习暨处级主要负责同志学习贯彻党的二十大精神培训班，其间，关党委委员、各部门（单位）主要负责人通过分组研讨、交流发言等形式全面准确学习领会党的二十大精神，全关共有580余名党员干部通过视频会议参与培训班学习；各隶属海关单位充分发挥党委理论学习中心组领学促学作用，围绕党的二十大精神组织学习研讨，全年共召开党委会学习和党委理论学习中心组学习85次。

▲2022年10月24日，杭州海关组织参加全国海关学习宣传贯彻党的二十大精神视频会议　（陈颖　摄）

（二）聚焦“支部引领”，抓实“党员干部示范学”

各党支部迅速将党的二十大精神纳入支部集中学习计划，依托“三会一课”和主题党日活动，组织党员干部原原本本、逐字逐句地完整学习党的二十大报告和党章，安排党支部书记和党员代表领学，全面配发并运用好《党的二十大报告辅导读本》《党的二十大报告学习辅导百问》等辅导材料，围绕党的二十大提出的重大理论和实践课题，以及海关总署党委提出的“15字”“12个必”“38个深入思考”开展集体研

讨和学习交流，切实保证学习时间、质量和效果。全年关区共开展党支部学习1340余次。

（三）聚焦“多样形式”，抓实“线上线下全员学”

深入开展“七个一”系统活动，在高标准组织好个人自学、学习交流会、学习培训、学习论坛等线下学习的基础上，依托属地教育培训资源，扩大学习外延，积极开展联学联建特色活动；同时充分兼顾基层一线人员业务场所分散、倒班作业、防疫封闭管理，以及老干部老党员行动不便等情况，积极运用共产党员网、“学习强国”等线上资源，整理推送党的二十大学习资料，广泛开展如“视频联学会”“每日一学”“每日金句”“每天十分钟”“指尖打卡”“小程序答题”等“云学习”活动，丰富学习形式，确保学习全员覆盖。

（四）聚焦“青春味道”，抓实“青年群体创新学”

切实发挥青年理论学习小组、主题团日活动、青年文明号等“青”字号载体、品牌作用，组织参加全国海关办公室系统青年理论学习小组联学共建活动，广泛开展青年学习会、青年读书会、知识竞赛、“学习感悟听我说”等面向青年群体的学习活动，引导青年在深学、细悟、笃行党的二十大精神上下功夫，以扎实的学习成果，争做有理想、敢担当、能吃苦、肯奋斗的新时代好青年。

（五）聚焦“情景润心”，抓实“‘追随足迹’现场学”

详细整理习近平总书记在浙江工作期间调研指导过的地方，列明“足迹”清单，组织各基层党组织结合自身实际，重走故地、重忆故事、重温嘱托，同时紧密联系党的二十大精神和海关工作，在嘉兴南湖、安吉余村、义乌国际商贸城、诸暨枫桥、温州三垟湿地榕园等鲜明地标处，开展主题党日活动、现场教学、情景式党课等，深入挖掘习近平总书记有关重要论述、重要指示批示精神在浙江生动实践的丰富成果。

（六）聚焦“以写促学”，抓实“思想溯源研讨学”

组织广大党员干部围绕党的二十大提出的新思想新观点新论断，联系海关总署党委提出的“15字”工作要求及具体工作内容撰写心得体会和理论文章，积极开展重大理论问题和重大实践问题研究。全年关区共撰写心得体会1600多篇。关长王伟撰写的理论文章《深入学习宣传贯彻党的二十大精神　奋力打造社会主义现代化海关“重要窗口”》被海关总署学习宣传贯彻党的二十大精神专刊第34期刊发。

二、坚持“凝心聚力”，构建“两大支柱”，着力在全面、准确、生动宣传上走在前列

（一）聚焦“多维合力”，构建“上下贯通”大宣讲格局

坚持领导带头深入基层、走到一线，宣讲党的二十大精神；基层党支部书记在本党支部面向党员干部开展宣讲；利用“杭关工作讲坛”“杭关大讲堂”等平台开展特色宣讲；党工团妇各司其职、同向发力，面向不同群体、各有侧重组织专题宣讲。关长王伟深入义乌保税物流中心报关现场，为义乌海关保税监管一科党员干部作专题宣讲；在封闭管理工作期间，参加杭州萧山机场海关“学习二十大奋进新时代”学习贯彻党的二十大精神主题分享会。关党委委员分别以普通党员身份到所在党支部和分管领域作专题宣讲。全年两级党委委员宣讲41人次，党支部书记宣讲139人次，青年群体宣讲77人次。

▲2022 年 11 月 8 日，杭州海关党委书记、关长王伟赴义乌海关保税监管一科开展党的二十大精神宣讲活动 （陈颖 摄）

（二）聚焦“氛围营造”，构建“两网两号”大宣传阵地

充分运用杭州海关政务网、杭州海关党建网的阵地作用，建设杭州海关“深入学习宣传贯彻党的二十大精神”网站专栏，设置“图片信息”“文件精神”“理论拓展”“学习动态”“学习体会”子版块，开辟“工作周报”“学习大家谈”“关长学习交流”等栏目，及时刊载不同层面的学习心得体会和经验做法。积极发挥“杭州海关发布”“关潮”微信公众号的平台功能，开辟“学习会客厅”“学习笔记”“支部潮声”等栏目，积极打造具有“新时代旋律”“红船味”“浙江元素”“杭关色彩”的宣传精品。

三、坚持“知行合一”，突出“三个结合”，着力在全面、细致、有效贯彻上走在前列

（一）聚焦“使命担当”，在主动扛责担责尽责中展现贯彻落实成效

立足杭州海关工作实际，坚持学思用贯通、知信行统一，以强烈的政治担当和责任意识，将党的二十大精神落实到杭州海关改革发展各个方面，落实到各岗位工作具体实践中。紧扣“红船边的海关”使命担当，坚决拥护“两个确立”，坚决做到“两个维护”，坚定走好“第一方阵”；紧扣“数字化改革”关键抓手，坚持向数字要效益、向改革要效率，不断增强当好海关改革发展试验田和测压器的自信自觉；紧扣“战斗堡垒”重要责任，纵深推进全面从严治党，厚植“求实、扎实、朴实”海关文化，全力打造高素质干部队伍。

（二）聚焦“真抓实干”，在完成年度重点任务中展现贯彻落实成效

将贯彻落实党的二十大精神同抓好当前各项工作紧密结合起来，坚决落实“疫情要防住、经济要稳住、发展要安全”要求，做好海关总署党委提出的当前重点工作，全面盘点年度各项工作任务，对标各项绩效考核指标，加强与海关总署相关司局沟通联系，确保与海关总署步调一致，开足马力、奋力冲刺，确保年度计划任务圆满完成，交出全年工作的高分报表。

（三）聚焦“精准破题”，在谋划 2023 年工作思路中展现贯彻落实成效

紧紧围绕学习贯彻党的二十大精神主线，按照海关总署党委提出的“铸忠诚、担使命、守国门、促发展、齐奋斗”和“12 个必”“38 个深入思考”工作要求，归纳梳理 2022 年工作的主要成效、创新做法、薄弱环节，提炼总结一段时间以来的学习研究成果，认真谋划好 2023 年工作的思路举措，围绕“12 个必”“38 个深入思考”谋划 128 项举措，为 2023 年工作开好局、起好步打下坚实基础。

撰稿人

丁 屹

杭州海关口岸疫情防控工作

2022年，杭州海关坚决贯彻落实习近平总书记关于疫情防控系列重要讲话和重要指示批示精神，全面学习宣传贯彻党的二十大精神，深刻领会“两个确立”的决定性意义，严格落实党中央、国务院决策部署，认真落实署省部署和要求，坚持将抓好口岸疫情防控作为头等大事，坚持科学精准、严格规范，持续优化完善防控措施，成功实现疫情零输入、关员零感染的目标。对标对表，抓实落细疫情防控工作。严格按照海关总署和地方联防联控机制各项规定，动态优化调整防控策略，细化完善口岸疫情防控方案预案。坚持“多病共防”，严格落实海关总署要求，对入境人员开展猴痘、疟疾、埃博拉病毒病等传染病的排查处置和采样检测工作，防范多种疫情输入造成叠加风险。组织做好海关总署“百名科长百日督查”和党的二十大期间派驻督查迎检工作。按照海关总署部署，做好“关长走进口岸封管区”工作。做好人员安全防护，实施一线卫生检疫人员封闭管理。

一、完善机制，科学精准筑牢口岸检疫防线

2022年，杭州海关持续强化“横向到边、纵向到底”的疫情防控组织运行体系建设，形成上下同心、协同发力，“全关一盘棋，防控一张网”的疫情防控工作格局。

（一）强化优化统筹指挥机制

坚持主要负责同志靠前指挥，其他负责同志分兵把守，各部门明确责任分工，结合实际周密组织实施；定期召开口岸疫情防控和促进外贸稳增长工作指挥部会议、形势分析会、疫情防控例会，运用疫情防控重大事项、重要情况请示报告和督办落实、专题调研检查制度，强化指导督促、综合协调和落实解决。全年召开疫情防控指挥部会议33次，组织疫情防控例会50次。深入开展“关长走进口岸封管区”工作，关长王伟等5名总关领导、隶属海关24名关领导深入口岸封闭管理一线，现场跟班调研指导，靠前指挥，提振士气军心，推动解决疫情防控难点堵点问题，推动关心爱护疫情防控一线人员“十个到位”的30项措施落实落地。

（二）强化优化风险研判机制

健全杭州海关国境口岸公共卫生风险评估工作机制，成立关区口岸疫情防控风险评估专家库，针对口岸一线安全防护、区域设置、境外猴痘疫情等新形势及时开展风险评估，提出处置建议20项，持续提升关区口岸公共卫生风险管理水平；建立健全疫情信息监测和风险预警机制，组织开展风险研判，坚持“一机一策”

“一船一策”，实现重点交通工具、重点人员精准检疫；充分发挥疫情防控及“挑毛病”专家组作用，研究解决疫情防控中的难点、痛点、堵点问题，组织开展风险研判会商15次，为精准制定关区防控措施提供技术支持。

（三）强化优化安全防护机制

强化安全防护监督，建立运行口岸一线现场作业班组带班指挥员、专兼职安全防护监督员和“红袖章”三级立体监督矩阵制度。优化封闭管理机制，严格落实“四必须”“五件套”“六个不”封闭管理要求，对地方支援医护等人员实行“同区域、同政策、同管理”，强化防护监督，对发现问题及时提醒纠正并通报。关区参与封闭作业累计10轮次的有14人、11轮次的有12人。强化常态化培训和应急演练，组织开展一线疫情防控人员岗前培训94期、实操培训269期，累计培训3182人次；开展多轮职业暴露、进口货物核酸检测阳性处置等应急演练，夯实“基本功”。

（四）强化优化科技支撑机制

推动“杭州海关口岸疫情防控在线”实战实用，实现全局一屏掌控、政令一键智达、执行一贯到底、监督一览无余。旅客通关友好简便。持续推进完善“机器换人”，实现入境旅客凭海关健康申报码一码通关。推行“中心＋现场”检疫监管模式。指挥中心远程辅助开展登临检疫、流行病学调查、终末消毒监督等工作，减少一线人员投入数量，降低交叉感染风险。杭州萧山机场口岸入境航班卫生检疫作业时长控制在1小时左右，在全国主要机场口岸中名列前茅。在海港口岸开展入境交通工具无接触式检疫试点工作，利用科技设备实现远程检疫，最大限度减少船员与一线工作人员的接触。注重实验室核酸检测能力提升，加大检测人员和设备投入，推进基因测序检测实验室建设。开展课题研究，勇于“揭榜挂帅”，所承担的海关总署“入境旅客体温监测预警体系和突发公共卫生事件应急指挥体系建设”科研项目如期完成并顺利通过验收，出色完成“更加精准高效开展常态化疫情防控”相关课题研究任务，进一步提升口岸公共卫生治理水平。

▲2022年5月13日，杭州海关所属嘉兴海关关员开展登临检疫 （吴晓茵 摄）

（五）强化优化监督检查机制

每日开展视频监控检查。对现场作业情况进行监督检查，督促立行立改，及时通报疫情防控监控检查情况，并通过连线会商机制推进各项防控措施有效落实。每周开展重点自查督查。建立纵横结合、专项验证、滚动销账的口岸疫情防控每周自查督查机制。自3月11日该机制建立以来，全年开展视频监控检查1409次，每周自查督查43次，对隶属海关实现综合督查全覆盖。各隶属海关、保健中心共发现问题358个并全部完成整改。对所有发现的问题实行闭环管理和“回头看”，举一反三，做到“不贰过”。充分发挥巡察监察等监督合力，发现问题428个，编发疫情监督日报55期，向驻署纪检监察组报送疫情防控监督周报65期。

（六）强化优化联防联控机制

加强沟通协作，强化与联防联控机制成员单位协调对接，合力做好转运隔离、基因测序、流调溯源、新冠病毒疫苗出境保障等工作。共筑疫情防线，10月与浙江省卫健委、宁波海关签署强化口岸公共卫生安全合作备忘录，信息共享、技术协作、应急协同等方面合作更加紧密。与浙江省大数据局实现多维度数据交互共享，实现运用海关健康申报码开展入境旅客交接转运和入住登记，确保入境转运工作无缝衔接。协同推动优化措施落实，积极参与《浙江省商务等重点人员入境免隔离接待实施方案》制订，研提入境人员口岸卫生检疫、闭环出境等相关意见建议，确保全流程闭环管理。

二、慎终如始，持续开展口岸疫情防控工作

2022年，杭州海关共检疫入境航空器4266架次，入境船舶5489艘次；检疫入境人员321424人次（其中空港人员204583人次、海港人员116841人次）；在防范境外疫情输入专项考核中列系统第八；在入境人员中检出全省首例新冠病毒奥密克戎BA. 2. 12. 1、XBB、BQ. 1亚型变异株感染者，检出疟疾、流感等其他传染病11例。组织关区疫苗接种工作，截至2022年年底关区全员接种率达到97. 2%。

（一）持续强化口岸入境人员、交通工具疫情防控

健全完善防控制度机制。持续提高对疫情防控“外防输入、内防反弹”复杂性、严峻性、艰巨性的认识，迅速贯彻落实国家“二十条”、浙江省“二十三条”等措施，制定16项具体措施，不动摇、不走样抓好优化措施落实落地；及时制修订、更新完善常态化疫情防控和秋冬季、冬春季疫情防控等专项工作方案和应急预案，强化联防联控，全面落实疫情防控要求。

做好口岸疫情防控重点保障工作。顺利完成包括我国首架自乌克兰撤侨包机在内的共4架次981人次撤侨包机、24架次5095人次央企包机、47架次8680人次上海分流国际航班等各类重点航班入境检疫保障任务。圆满完成国庆节前后及党的二十大召开期间关区口岸疫情防控工作。指导处置入境船舶聚集性疫情9次。妥善应对口岸入境大客流疫情防控工作。

▲2022年7月19日，杭州海关所属杭州萧山机场海关保障女排团队快速通关　（庞有龙　摄）

严格落实各项检疫措施。及时组织学习海关总署最新版操作指南和规范，加强一线工作人员操作技能培训。严格落实海关总署关于入境旅客“三查三排一转运”“7个100%”的要求；对客机、货机机组人员实施封闭、分类、精准管理，严格做到核酸检测“应检尽检”，相关人员移交地方政府实施管控；加强国际航行船舶船员管理，保障各海港口岸船员正常换班与下地就医等需求。

优化场所设施建设。推动杭州萧山机场口

岸T4航站楼和温州机场口岸旅检通道改扩建。组织开展2022年度口岸公共卫生核心能力动态管理。杭州萧山机场口岸顺利通过海关总署口岸核心能力复核督查。

（二）持续强化进口冷链食品、高风险非冷链货物和进境空集装器新冠病毒核酸检测和预防性消毒

严格按要求做好进口冷链食品疫情防控工作。建立实施日检查、周汇报、月分析、季联合实地督查等系列制度，组建“物防”专家组，持续健全进口冷链食品疫情防控体系并确保指挥体系随时处于激活状态。全面整理检验检疫法规及国务院联防联控有关规定，清晰界定5个方面18项海关法定职责，圆满完成海关总署交办的进口冷链食品全流程法定职责梳理任务。修订进口货物或环境口岸环节新冠病毒核酸检测阳性应急处置预案2次，编发应急演练指导方案、应知应会、作业能力评估表、企业告知书等，及时优化调整风险监测、预防性消毒、封闭管理、人员防护、应急处置等疫情防控措施。组织涵盖从接受指令到应急处置阳性检出等8个环节的进口食品口岸环节新冠病毒核酸检测阳性应急处置观摩演练，开展进口冷链商品采样及防护技能培训，提升一线防控能力。整理11个方面28个关键环节形成42项检查要点，强化执行情况监督检查，先后“零问题”通过国务院联防联控进口冷链食品疫情防控专项督查和海关总署“百名科长百日督查”、国庆节前后实地督查。全年累计完成境外食品生产企业疫情防控检查、书面评审513家，检测进口冷链食品新冠病毒核酸样品121个，检验检疫监管进境冷链食品80余万吨、同比增长11%，对863批次、71759.96吨货物实施预防性消毒，查发退运未准入高风险货物3600余吨，协助地方政府紧急处置阳性检出货物19批、475.5吨。

继续做好口岸新冠疫情防控消毒。落实海关总署新冠疫情防控消毒要求，组织开展自查，对发现的问题情况督促隶属海关进行及时整改；持续优化入境客运航空器新冠疫情终末消毒监督，8月，优化环境消杀流程，及时调整入境客运航空器终末消毒监督对象，联合地方政府做好风险评估，科学精准做好疫情防控工作。按照“人、物、环境”同防要求，做好海关监管作业现场及人员封闭管理场所新冠病毒环境监测；规范垃圾废弃物监督管理，持续梳理垃圾收集、转运、储存、处置各过程要求，明确各方职责，做好垃圾处理监督；组织相关人员做好消毒监督培训。

加强进口非冷链物品新冠病毒监测。持续做好高风险非冷链集装箱货物新冠病毒核酸监测和预防性消毒监督工作。监督指导455批进口高风险非冷链工业产品新冠病毒核酸监测和预防性消毒监督工作。对地方联防联控发现的52起阳性案例进行研判，妥善处置1月杭州疫情中关于物品核酸检测阳性相关舆情。7月开始，按照海关总署进口非冷链物品口岸环节新冠疫情防控措施优化方案等要求，及时调整相关措施，严格按布控指令做好新冠病毒监测。

加强疫情防控监督指导。利用二级监控指挥中心强化对卫生检疫、个人安全防护、进口冷链食品和高风险非冷链集装箱货物采样消毒、登临检疫、封闭管理、终末消毒监督等工作的监控检查。全年累计开展视频监控检查1409次，发现并整改问题111个，制发通报38期。每季度派员赴隶属海关开展关区疫情防控安全防护及新冠病毒核酸检测和预防性消毒措施落实情况督查。

三、坚持系统观念，全力统筹疫情防控综合保障

2022 年，杭州海关坚持系统观念，持续推进科技、人力资源、物资、实验室建设等口岸疫情防控综合保障工作。

（一）强化数字赋能

上线并持续迭代“口岸疫情防控在线”，并推广应用至温州龙湾国际机场口岸，利用大数据提升疫情防控工作效率，开展 AI（人工智能）及机器人技术应用探索，首创防护服穿脱 AI 监督算法和应用机器人开展航空器登临检查。配合浙江省国际航班“一人一码”闭环管理服务工作实现海关健康申报码与省公共数据平台自动对接，通过与地方联防联控、机场、航空公司等单位多跨协同，形成全流程数据闭环，旅客入境通关、移交转运、隔离点入住凭海关健康申报码“一人一码”到底，旅客通关全过程零接触、零填报，境外输入确诊病例信息自动从地方回流海关，有效减少现场作业人员，提高旅客通关效率。

（二）强化人力资源保障

持续强化基础保障，努力引进卫生专业人才，全年通过考录、选调、接收军转干部等方式，新增卫生专业人员 9 人。提前谋划进境航班增加后人力资源保障需求，实施“人员分配、招录指标、临时支援”倾斜措施，为杭州萧山机场海关增配 12 人，抽调干部临时支援 11 人次。持续强化应急保障，根据新形势进一步完善口岸疫情防控人力资源保障应急工作预案，组建应急支援快速反应力量，系统构建特殊时期人员应急保障体系。持续加强关心关爱。制定进一步关心爱护疫情防控一线人员“十个到位”的 30 项措施，着力解决好一线干部急难愁盼问题。关区 8 名参与疫情防控满 12 个月、符合岗位晋升条件的事业单位专业技术人员经审批，突破本单位岗位结构比例限制，晋升岗位等级。强化激励功效，因疫情防控工作获集体、个人奖励在全年总量中的占比分别达 23%、86%。

（三）持续做好疫情防控保障

严格落实常态化疫情防控各项要求，积极争取安排防疫专项资金，及时组织采购应急储备防疫物资，规范防疫物资台账管理。全年累计统筹防疫经费 7007.79 万元、防疫物资 339.79 万件，确保口岸一线和内部防控需要；发放口岸一线人员临时性工作补助资金，把关党委的关心关爱传递到抗疫第一线。

（四）持续加强实验室建设

关区实验室全年完成入境人员新冠病毒核酸检测 19 万人份、内部工作人员新冠病毒核酸检测 40 万人次，完成进口非冷链货物商品新冠病毒核酸检测 9249 项次。修订杭州海关新冠疫情防控安全防护实施细则（第二版）和《杭州海关进口非冷链其他商品新冠病毒核酸检测阳性应急处置作业指引》。组织开展新冠病毒检测和猴痘病毒检测实验室技术培训。组织开展应急演练观摩活动，针对实验室突发样本溢洒事件开展实战应急处置。协调开展新冠病毒基因测序工作。研究制订“台州口岸进口水果检验检疫”解决方案。督导全省医学检测实验室完成猴痘病毒检测相关资质备案工作。

四、疫情防控工作得到高度肯定

2022 年，杭州海关疫情防控工作措施扎实有效，获得海关总署领导肯定。其中，杭州海

关呈报的《五项举措优化口岸国际客运航班恢复加密监管服务》获海关总署领导的肯定批示。

杭州海关疫情防控工作相关集体和个人获得省级荣誉。其中，杭州萧山机场海关、嘉兴海关“红船边的抗疫突击队”被通报表扬，嵊泗海关金涛获评全国海关系统先进工作者，叶定庄、陈震豪、李鹏、袁立获评浙江省青年岗位能手，周炯林获评2021年度浙江省稳外贸成绩突出个人。

撰稿人

宋鸿昌

杭州海关开展“十地百团助千企”精准服务活动

2022年6月，为进一步深化“我为群众办实事”“三走进”“三找准”专项调研，深入落实海关总署促进外贸保稳提质十条措施和浙江省经济稳进提质攻坚行动，更好服务企业，千方百计促进外贸保稳提质，杭州海关在关区范围开展走进“十个地市”、组建“百个团队”、精准帮扶“千家企业”的“十地百团助千企”精准服务活动。

活动围绕海关总署和浙江省委、省政府部署要求，高效统筹口岸疫情防控和促进外贸保稳提质，聚焦重大战略、重要平台、重大项目，突出新兴业态、小微企业，走进地方政府听取意见建议，走进服务对象解决急难愁盼，走进基层一线掌握群众关切，深入开展调研摸底，积极破解瓶颈难题，建立“关地企”政策直联、诉求直通、服务直达的工作机制，最大限度帮助企业享受政策优惠，下最大气力帮助企业保订单、保市场，最大限度减少企业停产减产损失，全力促进外贸保稳提质。

成立以党委书记、关长王伟为组长，其他关党委委员为副组长，各部门主要负责人为成员的杭州海关“十地百团助千企”精准服务活动领导小组。领导小组下设办公室，领导小组办公室主任由党委委员、副关长孙荣燕担任，办公室、综合处、企管处主要负责人任副主任，相关业务职能部门负责人为成员。日常工作由综合处负责，抽调骨干力量集中办公。领导小组办公室内设综合协调、诉求收集处理、新闻宣传3个工作组。综合协调组负责专班会议的筹备，与地方政府及部门、行业协会、企业等对接，联合组织开展重点行业企业恳谈会，协调推动解决跨部门企业诉求等，由办公室、企管处会同综合处、统计处组成。诉求收集处理组负责做好企业诉求的收集整理、研判处置和通报反馈等工作，由综合处会同企管处，协调相关职能部门组成。新闻宣传组负责制订专项宣传方案并组织实施，通过策划报道、新闻发布、拍摄专题宣传片、制作画册等多种形式，全方位报道活动进展情况、经验成果、典型案例等，塑造杭州海关打通海关总署促进外贸保稳提质系列举措实施落地“最后一公里”的舆论形象，由办公室会同综合处、企管处、机关党委组成。

活动明确“突出主题、统一品牌、统一口径”的工作总要求，各隶属海关结合实际，在杭州海关总体框架下，以杭州海关名义开展活动。明确杭州海关“关企互动平台”作为问题收集与处置的总枢纽，成立由各业务领域专家组成的“十地百团助千企急诊室”，快速处置、动态清零急难愁盼疑难杂症，开发上线“十百千问题处置在线”，依托数字化手段提升处置效率。

关党委成员带头先行，组建7个服务“示范团”，契合“三走进”“三找准”活动要求，面对面沟通各级地方政府、点对点了解企业情况，组合施策、协调解困。关长王伟调研杭州市萧山区、温州市，走访浙江省商务厅、省机场集团等单位；副关长孙荣燕与湖州市领导交流加强关地合作，与浙江省贸促会共赴特色产业集中地开展专场活动；副关长王继蓬深入舟山市、绍兴市多维度进行政策指导；政治部主任彭海雄以党建促服务为切入口，赴海康威视专题调研；党委纪检组组长周荣球赴基层联系点，开展针对性的帮扶活动；副关长倪洪中赴湖州市、绍兴市开展专项调研，代表杭州海关与台州市签订战略合作框架协议。

▲2022年6月23日，杭州海关副关长孙荣燕参加杭州海关与浙江省经信厅联合举办的“助企纾困”中小企业答疑直播活动 （陈颖 摄）

关区百余个助企服务团深入企业生产经营一线，解决实际困难，广泛惠及关区企业和重点特色行业。钱江海关明确197家重点企业，由5个党委成员服务团和7个办事处（现场）服务团分路走访；湖州海关直插最基层，与辖区61位分管外贸工作的副镇长（副主任）结对子常态化联系；温州海关党委成员除牵头党委成员服务团外，还牵头成立了专业服务团；嘉兴海关每一个专业服务团均提出了特色子品牌。

活动聚焦纾困解难，切实解决急难愁盼问题。关税处、综合处联合从税政调研、特殊通道分别考虑长短期解决办法，量身定制猪胰岛素出口通关遇阻解决方案。钱江海关把海关总署扩大真空包装等高新技术货物一体化布控查验模式试点政策送到企业，对集成电路“卡脖子”工程，量身定制通关监管方案，促成企业以业界最短时间、最低成本完成芯片制造关键设备的进口和安装调试。嵊泗海关提出“聚散为整”共建实验室的倡议，指导企业共建实验室，企业每年节省检测成本逾50万元。杭州萧山机场海关保障全国首架拓市场商务包机开航并常态化运作。台州海关积极沟通上海浦东国际机场海关，帮助企业减免1票退运进境货物税款9.75万元。

活动结合地区特色，扎实推动产业行业发展。舟山海关帮助企业用好海关总署优化原油、煤炭等产品取样送检政策，优化保税供油作业流程，为舟山港建设大宗商品战略中转基地、成为全球第五大供油港提供有力支撑。钱江海关采取海关总署“企业自我承诺＋产品风险评估”的审批模式，帮助浙江企业首批2080人份猴痘病毒检测试剂顺利通关，支持浙江生物医药行业抢抓国际市场商机。嵊泗海关发挥技术优势帮助企业建设实验室，解决小岛企业自检难题，“手把手”帮助企业完成申报、整改验收、对外注册推荐，助力贻贝出口30多个国家和地区，2022年嵊泗贻贝出口创历史新高。杭州海关食安处、衢州海关针对2022年欧盟新法规取消中国鱼子酱产品输欧资质情况，第一时间组织研究欧盟法规，协助海关总署与欧盟进行多次磋商和交涉，使欧盟恢复中国鱼子酱出口资质。杭州海关动植检处与嘉兴海关联合走进海宁开展进境种苗附条件提离专项调研，便利海宁种苗企业进口。丽水海关走进云和县木玩行业，支持当地木玩行业发展。金华海关走进永康市举行重点行业和企业恳谈会，支持“专精特新”企业发展。义乌海关走进综合保税区跨境电商新业态开展专场活动，推动跨境电商健康发展。绍兴海关发挥绍兴综合保税区特点，聚焦铜加工产业开展保税模式专项帮扶。

活动强化关地联动，携手构建帮扶多维矩阵。杭州海关卫检处与杭州市联合建立入境特殊物品联合监管机制及“白名单”制度，按照“属地政府主导、试点企业主责、多部门联合监管”的工作原则，解决生物医药企业特殊物品入境难问题。杭州海关关税处与浙江省发展改革委协作，成功使某生物制药公司价值623.5万欧元的进口冻干机享受减免税政策，进而解决了浙江同类内资企业外资项目享受有关进口税收优惠政策问题。杭州海关稽查处会同鞋靴、铜加工等行业协会，组织召开政策解读会，与企业面对面开展沟通交流，帮助8家企业消除“不敢开展、不会开展和不能开展跨关区企业集团加工贸易监管改革”的思想顾虑，相关企业加工贸易进出口增速高于全省外贸平均增速19.4个百分点。杭州海关综合处与浙江省经信厅建立重点产业链供应链“白名单”管理机制联络制度，杭州海关关税处联合浙江省商务厅、省贸促会举办“RCEP惠浙企”百场万企系列政策宣讲，杭州海关人事处、企管处会同钱江海关选派副处级领导干部参与浙江省“万名干部助万企”活动。

活动关注小微企业，大力支持新业态发展。关注中小微企业对新贸易业态的诉求，推动市场采购小额小批量出口检验检疫自动审单、快速签发电子底账纳入海关普惠管理措施，复制推广市场采购出口预包装食品检验监管新模式。组织细化“先查验后装运”监管模式试点业务需求和试点方案，解决中小微外贸企业出口货物拼箱的难点问题。杭州海关企管处联合浙江省经信厅开展“助企纾困”线上直播中小企业专场活动，数千家中小企业共11289人次在线观看直播并提问。

活动重视新闻宣传，全面展示海关形象。活动开展以来，杭州海关成立宣传专班，通过采写通稿、拍摄制作专题宣传片、组织媒体蹲点采访、召开通气会、新媒体矩阵联动、制作活动画册等多种形式，多角度反映海关总署促进外贸保稳提质十条措施在杭州海关落地实施成效，“杭州海关发布”微信公众号同步开设“十地百团助千企”“助力外贸保稳提质”“助企纾困”多个专栏，推送稿件60余篇，向社会各界生动讲好助企故事，形成“中央—省级—地市媒体”三级联动，打响“十地百团助千企”精准服务活动品牌，有力提升杭州海关影响力。同时，编发“十地百团助千企”活动信息通报17期，在政务网开设“十地百团助千企”“助企纾困走一线”“三走进三找准”等多个专题，通过文字、图片、视频等，图文并茂展现活动进程、典型案例、一线风采，传播正能量，为活动开展营造良好内部氛围。

截至2022年年底，杭州海关关区共组建助企服务团157个，走访关区10个地级市所有区县，调研企业2424家，解决地方和企业困难诉求1659个，活动得到时任浙江省委书记袁家军肯定，新华社以长篇通讯形式进行报道，累计在《光明日报》、《经济日报》、中央电视台、《浙江日报》、《浙江新闻联播》等省级以上媒体刊发相关报道165篇次。

在开展“十地百团助千企”精准服务活动的同时，杭州海关构建全过程、可核实的评估晾晒体系，让海关政策落地成效好不好由企业说了算、地方政府说了算。对610家企业、政府部门和行业协会的调研结果显示，94.07%的企业、97.14%的政府部门和行业协会对海关解决困难和诉求的结果表示满意。

撰稿人

蒋亦翔　俞　晶　齐亚萍

杭州海关数字赋能智慧海关建设

党的二十大提出了以中国式现代化全面推进中华民族伟大复兴的中心任务，做出了完善科技创新体系、加快实施创新驱动发展战略等部署。2022年4月，习近平总书记在中央全面深化改革委员会第二十五次会议上提出了“以数字化改革助力政府职能转变”的重要论述，对数字政府建设作出重大决策部署，明确了数字政府建设顶层设计和战略部署，为海关数字化改革工作提供根本遵循、指明前行方向、注入强大动力。

一、数字化改革的背景

（一）习近平总书记对数字化改革作出重要指示

2022年4月19日，习近平总书记主持召开中央全面深化改革委员会第二十五次会议，强调“加强数字政府建设”。会议指出，要把坚持和加强党的全面领导贯穿数字政府建设各领域各环节，坚持正确政治方向。要把满足人民对美好生活的向往作为数字政府建设的出发点和落脚点，打造泛在可及、智慧便捷、公平普惠的数字化服务体系，让百姓少跑腿、数据多跑路。要以数字化改革助力政府职能转变，统筹推进各行业各领域政务应用系统集约建设、互联互通、协同联动，发挥数字化在政府履行经济调节、市场监管、社会管理、公共服务、生态环境保护等方面职能的重要支撑作用，构建协同高效的政府数字化履职能力体系。要强化系统观念，健全科学规范的数字政府建设制度体系，依法依规促进数据高效共享和有序开发利用，统筹推进技术融合、业务融合、数据融合，提升跨层级、跨地域、跨系统、跨部门、跨业务的协同管理和服务水平。要始终绷紧数据安全这根弦，加快构建数字政府全方位安全保障体系，全面强化数字政府安全管理责任。

2022年11月16日，习近平主席在二十国集团领导人第十七次峰会上指出，要在数字产业化、产业数字化方面推进国际合作，要推动数字时代互联互通，采取有效措施提升全民数字技能和素养。

（二）国务院对数字化改革作出重要部署

2022年6月6日，国务院印发《国务院关于加强数字政府的指导意见》（国发〔2022〕14号），就主动顺应经济社会数字化转型趋势，充分释放数字化发展红利，全面开创数字政府建设新局面作出部署。

意见要求，要将数字技术广泛应用于政府管理服务，推进政府治理流程优化、模式创新和履职能力提升，构建数字化、智能化的政府运行新形态，充分发挥数字政府建设对数字经济、数字社会、数字生态的引领作用，促进经济社会高质量发展，不断增强人民群众获得感、幸福感、安全感，为推进国家治理体系和治理能力现代化提供有力支撑。

意见明确了数字政府建设在构建协同高效的政府数字化履职能力体系、构建数字政府全方位安全保障体系、构建科学规范的数字政府建设制度规则体系、构建开放共享的数据资源体系、构建智能集约的平台支撑体系、以数字政府建设全面引领驱动数字化发展、加强党对数字政府建设工作的领导 7 个方面重点任务。

意见要求，要坚持整体协同，强化系统观念，加强系统集成，全面提升数字政府集约化建设水平，统筹推进技术融合、业务融合、数据融合，提升跨层级、跨地域、跨系统、跨部门、跨业务的协同管理和服务水平，做好与相关领域改革和“十四五”规划的有效衔接、统筹推进，促进数字政府建设与数字经济、数字社会协调发展。

（三）浙江省全力推进数字化改革

浙江省政府先后成立省数据管理中心、省大数据局，梳理并建立了省级政务信息资源目录体系、共享交换体系，依托统一电子政务云平台，持续加强政府部门等公共数据的归集和共享应用，已建成 33 条“数据高铁”，涉及人社、民政、公安等 22 个省级部门，实现 11 个设区市全覆盖，共接入 678 类、269 亿条数据。

2022 年，浙江省政府以数字化改革引领系统性变革，全力推进数字政府、数字经济、数字社会、数字文化等建设。累计上线运行 143 个省级重大应用，涌现出“浙医互认”“浙警智治”“关键小事智能速办”等一批标志性应用成果。10 月 29 日，浙江省委改革办（省数改办）公布了 2022 年数字化改革“最系列”成果。该评选由浙江省委改革办（省数改办）会同省委政研室、省人大常委会法工委、省市场监管局和省大数据局共同开展，评选了“海外物流在线”“亚运在线”等最佳应用 104 项，“基层智治大脑”“杭州城市大脑”等最强大脑 15 项，以及最优规则 15 项、最响话语 15 项。

（四）海关总署高度重视数字化改革工作

2022 年 3 月 1 日，驻署纪检监察组组长、海关总署党委委员王林在杭州海关调研，听取杭州海关数字化改革应用“智慧监督”平台建设汇报，并给予肯定。8 月 15 日，海关总署副署长王令浚在杭州海关听取杭州海关以数字化改革推进智慧海关建设工作汇报，并实地调研“未来工厂”海关智慧监管项目，对项目取得的成效予以肯定。

2022 年 9 月 14 日，海关总署本届党委首个署省合作备忘录在杭州顺利签署，其中“发挥科技引领支撑作用，加大海关监管制度模式创新力度”为杭州海关提供了全新的机遇。9 月 15 日，海关总署署长俞建华听取杭州海关智慧海关建设专题报告，逐一听取了杭州海关“数字化改革整体架构”“党建统领整体智治”“口岸疫情防控在线”“智汇统计”“数字监管赋能未来工厂”汇报，对汇报给予充分肯定，并要求“杭州海关继续深化改革，为现代化海关建设积极探路”。

2022 年 11 月 16 日，海关总署副署长孙玉宁前往杭州萧山机场海关现场指挥中心等地实地调研，听取杭州海关数字化改革应用“杭州海关口岸疫情防控在线”的应用情况汇报，对该数字化改革项目予以肯定。

二、杭州海关数字化改革推进情况

2022年，杭州海关坚决落实海关总署“守国门、促发展”部署要求，按照署长俞建华“为现代化海关建设积极探路”的批示要求，坚定坚决当好试验田和测压器，以数字化改革引领、撬动、赋能改革创新，推进“监管过程上链、服务对象赋码”，加快多跨场景应用步伐，加快推进数字化改革的基层实践。

（一）深化数字化改革思想认识

2022年，杭州海关通过举办形势分析会、党委理论学习中心组扩大会、“杭关大讲堂”、数字化改革专题培训等多种方式，引导干部职工深化数字化改革认识，在全关上下进一步凝聚起数字化改革的思想共识。5月26日，杭州海关举办“杭关大讲堂·数字化改革”专题讲座，邀请浙江省大数据局副局长蒋汝忠，专题讲授浙江省开展数字化改革工作的理论、方法、路径与实践等。8月29日，举办“数字化改革之我见”专场杭州海关工作讲坛，总工程师陈光明、钱江海关关长兰磊等9位代表作数字化改革交流发言。

关长王伟多次就推进数字化改革提出明确要求。2月23日，关长王伟在1月形势分析及工作督查例会暨关务会上强调，数字化改革的核心要义在于解决问题、塑造变革，主战场是开发跑道，聚焦多跨应用；要强化学习，以数字化思维解决群众急难愁盼问题，将杭州海关的探索实践作为实现海关总署要求和社会期盼的“桥”和“船”，将数字化改革作为强化监管和优化服务的实现路径，提升杭州海关的“软实力”“巧实力”；要健全“揭榜挂帅”与“赛马机制”，挖掘好杭州海关自身的数据资源，打破数据壁垒，强化多跨场景应用，实现整体智治，打造并集成一批重大标志性成果。5月27日，关长王伟在4月形势分析及工作督查例会上强调，杭州海关数字化改革要从思维理念树立、思路框架设计的探索谋划阶段，进入深化实践求突破、打造数字化改革重大标志性成果的关键攻坚阶段；要进一步完善杭州海关整体智治的目标体系、工作体系、政策体系和评价体系，跑出杭州海关数字化改革加速度；要全面梳理重大需求清单、重大多跨场景清单、重大改革清单3张清单，排好时间表、挂好作战图，打造一批具有杭州海关特色的标志性成果，推动更多海关业务线上化、线上业务智能化，为海关系统数字化改革探路先行。6月10日，关长王伟听取杭州海关数字化改革场景建设情况汇报，详细了解“疫情防控在线”“跨电进口在线”“对外服务在线”3大应用场景总体架构及改革切口，对推进下一步改革提出要求：一是紧扣数字化改革理念，坚持系统思维，按照“提升两级想问题，下沉一级抓落实”的要求，细化“3＋1”清单（3张清单和风险清单），深入做好应用场景谋划及系统建设工作；二是要强化数字赋能，用算力换人力、用智能换效能，将传统监管中的“人找风险”模式转变为“风险找人”，实现精准监管、高效处置；三是做好改革成效的收集和整理，加强总结凝练，逐步推动领域内模式创新、制度创新，放大倍增改革成果，打造杭州海关“金名片”。

（二）构建杭州海关整体智治“141”体系架构

杭州海关充分利用身处浙江的地缘优势，

汲取浙江省数字改革成功经验，深刻理解把握数字化改革的方向、宗旨目标、推进路径和推进模式，坚持系统观念，强化顶层设计，构建了杭州海关整体智治“141”体系架构，以“四横四纵+两端”，搭建好基层改革创新的“四梁八柱”。第一个“1”是“一体化智能化平台+大脑”，是支撑改革的大脑中枢；“4”是与海关职能对应的4个综合应用系统，包括“党建统领整体智治”、国门安全、对外开放、综合治理；最后一个“1”是一套制度规范体系，是改革的基础保障。两端，是应用的入口，包括面向内部用户的“海关易服务”和面向政府、企业和个人的“掌上海关”。各应用场景在框架内统一规划建设，按照“大场景、小切口”的思路和“3+1”清单的方法，围绕重大需求梳理业务逻辑，谋划开发迭代重大应用，形成体系化规范化推进的新格局。

（三）增量建设一体化数字资源系统（IRS）

将相对分散的应用系统、数据资源、组件资源和算力存储资源整合为“应用账本”“数据账本”“组件账本”“资源账本”，形成数字资源“一本账”，解决数字资源底数不清、各类资源标准不统一等问题，实现数字资源的统筹协调、高效配置、快速供给，算力一体调度、数据一体配置、组件一体共享、应用一体管理、前端一体集成、安全一体监测。

（四）建立“专班+例会”的数字化改革推进机制

组建“党建统领整体智治”“口岸疫情防控在线”等7个数字化改革场景建设专班，运用多跨协同、量化闭环、系统集成的方法，坚持目标导向与需求导向，梳理“3+1”清单，通过顶层设计、增量开发、迭代升级的模式，持续完善形成杭州海关数字化改革“一本账”。

（五）开展“中心+现场”治理模式探索。

通过借力大数据、AI等技术应用，驱动数字资源、科技资源、监管资源的全面链接，为“中心”赋能、推动“一线”相关职能向“中心”后移，让海关监管更安全、更精准、更智慧、更高效。

三、杭州海关数字化改革应用场景建设情况

杭州海关坚持以数字化改革引领、撬动、赋能改革创新，推进“监管过程上链、服务对象赋码”，加快多跨场景应用步伐，按照“迭代一批、启动一批、谋划一批”的规划，持续推动“党建统领整体智治”“口岸疫情防控在线”“最多填一次”“数字监管赋能未来工厂”等31个场景应用建设，取得实战实效。

（一）“口岸疫情防控在线”迭代历程及应用成效

“口岸疫情防控在线”应用，通过与联防联控部门数据贯通，形成从企业到个人、从线下到线上、从现场到中心的全链条监管闭环。在全国海关率先实现“一码通关”新模式，旅客平均通关时间从20分钟压缩至9分钟左右。旅客入境全程“零接触”无缝衔接，“零填报”无阻通行，显著提升通关体验。在不增加现场监管人员的情况下有效应对3倍航班量增长。

2022年4月，增加蓝码检验开关配置、旅客信息库、航班预设模块，调整核验流程（兼容温州海关），刷证刷码模式兼容；根据关区号做数据隔离，实现第三方系统接口对接，第三

方接口异常时异步处理。5 月，增加采样医护端功能与新版放行功能，申报一体机接入申报查询和签字版知情同意书签名，优化城云平台和海康平台数据推送，优化推送数据到第三方平台异常后处理机制。7 月，对接第三方库，增加采样、流调、放行、移交等模块数据展示。8 月，更新舱单数据自动导入核验逻辑，更新同步旅通核验结果数据到本地，兼容温州海关相关调整；调整新版申报采样知情同意书签署业务逻辑（第九版）。9 月，二次复核放行闸机正常运行；T2 与 T4 数据隔离，对接大屏数据统计；兼容温州航班预设无航班日期情况。10 月，上线智能分流机等设备，实现旅客自助扫码分流。11 月，采样区叫号闸机开始试运行，在智慧卫检系统中增加重点旅客模块，对重点旅客赋黄码管理，卫检通道增加扫码模式，高低温一律调整为亮红灯；上线蓝码旅客申报信息自动修正功能，通过旅客舱单中的数据自动修正规则逻辑；对接短信平台，实现一键短信发送功能。12 月，对接 T4 数据推送接口（证件数据 + 申报数据），页面显示增加隐藏数据列功能，删除舱单操作增加日志说明。

（二）“数字监管赋能未来工厂”迭代历程及应用成效

“数字监管赋能未来工厂”应用，通过“一箱到一盘，一盘到一芯”的物料赋码与数据上链，将海关监管嵌入企业全产业链生命周期，监管无处不在又无事不扰，企业物流上线周转率提升 50% 以上。该应用被纳入杭州市首批营商环境创新试点改革事项、浙江自贸区重点工作任务，并被推荐参加 2022 年 12 月 11 日召开的首届全球数字贸易博览会“数字治理”应用场景展示。

2022 年 3 月，帮助浙江大华技术股份有限公司进出口供应链系统申报模块完成规范化改造，企业供应链数据实现自动生成报关数据；同月帮助浙江大华智联有限公司获得海关 AEO 高级认证企业资格，企业实现自动申报、智能申报，报关实现“零成本”“零差错”，据企业估算，一年可节约报关费用约 600 万元。4—6 月，先后启动自动申报、扫码入库、自动出库、远程盘库等模块优化升级改造。7—8 月，推动完成保税仓现场机器视觉及监管系统升级改造。10 月，实现数智保税仓货物远程盘库、远程查验、远程巡查一揽子智慧监管作业，海关监管效率提高，保障芯片等关键核心物料进口供应链安全顺畅，企业物料出库上产线时间从原先的平均 8 个小时压缩到 15 分钟。11 月，完成数字化保税仓建设准入、海关数字化监管相关标准和指引制定，为关区其他高科技企业设立数字化保税仓，为项目经验及模块复制推广提供相关标准和样板。大华数智保税仓全年实现入出库物料合计 5 亿美元，海关征收税款 2.23 亿元，同比分别增长 196% 和 172%。

（三）“一体化智能化平台 + 大脑”建设历程

2022 年，杭州海关以一体化智能化平台建设为抓手，不断提升科技支撑引领能力。2022 年 3 月，完成一体化智能化平台架构优化设计，并梳理 2022 年建设任务。4 月，确定一体化智能化平台 2022 年建设任务分工方案；完成 Hadoop 集群低性能服务器更换，推进大数据资源池扩容。5 月，完成分析及预警模块上线并开展试运行。6 月，完成事件中心基本框架搭建，并为多个上层应用提供支撑。7 月，完成数据中台数据模型设计规范、数据开发规范编制，健全平台标准规范体系。8 月，完成杭州海关非贸领域风险地图建设。9 月，完成 2021 年度关级信息化应用项目“杭关大脑 1.0”验收。11 月，完成一体化智能化平台一期项目建设方案编制及立项前论证。12 月，完成署级科研项目“基于边缘计算的海关监管视频结构化处理和联网应用研究”验收。

撰稿人

陈光明　杨　睿

2022年署省合作备忘录落实情况

2022 年 9 月 14 日，在海关总署、浙江省政府领导的共同见证下，《海关总署 浙江省人民政府共同推进浙江省高质量发展建设共同富裕示范区合作备忘录》（简称“《署省合作备忘录》”）在杭州签署。在海关总署党委坚强领导下，《署省合作备忘录》落实成效明显。

一、运行机制建立健全

落实联络员制度，海关总署办公厅、浙江省政府办公厅分别委派 1 名副主任，杭州海关、宁波海关各指定 1 名副关长担任联络员。根据海关总署办公厅制发的《署省合作备忘录》分工方案，杭州海关对照编制形成涵盖 15 个方面 58 条重点任务清单，强化协调对接，实施挂图作战，狠抓推动落实；同时，积极向署省领导汇报进展情况，中央政治局委员、时任浙江省委书记袁家军和海关总署署长、党委书记俞建华先后对杭州海关推动落实《署省合作备忘录》工作予以批示肯定。

二、具体事项加快落地

组织细化出口拼箱货物“先查验后装运”监管模式创新的业务需求和试点方案，并于 2022 年 12 月 29 日在义乌完成首单实单测试，有效解决浙江中小微企业出口拼箱难的问题，为外贸增长提供了新动能。

台州获批成为全国首个进口再生金属原料检验试点城市后，杭州海关已验放超 1 亿美元货值进口转关再生金属原料，有效助力台州世界进口再生金属重要集散中心建设。

舟山作为保留“两仓”功能整合试点地区，继续开展创新实践，进一步稳固浙江自由贸易试验区保税燃油供应全国第一、全球第五的地位。

推动海关总署司局深化实施《署省合作备忘录》。海关总署进出口食品安全局将在浙江开展特殊监管区进口食品检验检疫模式创新试点；海关总署自贸区和特殊区域发展司专程赴嘉兴、义乌指导综合保税区数字化改革。

与此同时，坚持“先立后破”，加快推进数字赋能智慧海关建设，努力当好智慧海关试验田和测压器。“党建统领整体智治综合应用”“数字监管赋能未来工厂”等 19 个场景应用加快迭代；“跨境电商进口商品质量安全治理在线”入选 2022 年浙江省数字政府系统首批优秀应用案例集（20 佳），并作为数字政府建设优秀实践案例上报国家信息中心；“亚运监管在线”启动实施。

撰稿人

张建国　沈　航

杭州海关践行新时代“枫桥经验”

2022年，杭州海关深入学习宣传贯彻习近平法治思想，根据海关总署相关部署及政策法规司工作要求，坚持和发展新时代“枫桥经验”，结合关区实际，进一步加强行政争议预防化解工作，努力建设“枫桥边的海关”。

一、坚持政治引领，走好新时代“枫桥经验”“第一方阵”

坚持和发展新时代“枫桥经验”，是深入学习宣传贯彻习近平法治思想的重要内容。2022年，杭州海关党委以政治建设为统领，全面加强践行新时代“枫桥经验”工作组织领导。杭州海关主要负责人在关长办公会、形势分析会等场合多次提出要求，锚定工作方向和路径；成立以分管关领导为组长、各相关部门负责人为成员的践行新时代“枫桥经验”工作专班；审议通过《杭州海关关于践行新时代“枫桥经验”加强行政争议预防化解工作的意见》和《杭州海关关于践行新时代“枫桥经验”加强行政争议预防化解工作实施方案》；立足3个方面，周密部署、压茬推进践行新时代“枫桥经验”工作，坚定走好“第一方阵”。

（一）立足于地缘优势，赓续红色基因

浙江是中国革命红船起航地、改革开放先行地、习近平新时代中国特色社会主义思想重要萌发地和新时代全面展示中国特色社会主义制度优越性的重要窗口，是“枫桥经验”的发源地，是正在加快建设法治中国的示范区。杭州海关立足于浙江新的历史方位和奋斗目标，积极借鉴地方治理经验，赴“五四宪法”历史资料陈列馆、“枫桥经验”陈列馆等学习调研，传承红色基因，弘扬法治文化，坚决扛起“枫桥边的海关”使命担当，把学习宣传贯彻习近平法治思想转化为新时代“枫桥经验”的生动实践。

（二）立足于核心要义，永葆本色初心

党建引领是新时代“枫桥经验”的政治灵魂，反映了新时代“枫桥经验”的本质特征。人民主体是新时代“枫桥经验”的核心价值，实现人民的利益是新时代“枫桥经验”的价值导向。杭州海关立足于新时代“枫桥经验”核心要义，坚持好、贯彻好党的群众路线，永葆本色、坚守初心，深化党建、业务融合发展，强化海关为民的宗旨意识，在践行新时代“枫桥经验”过程中旗帜鲜明地坚持党的领导、政治统领，在预防化解行政争议过程中毫不动摇地维护人民权益、增进人民福祉。

（三）立足于海关实践，擦亮金色关徽

作为承担国家进出境监督管理职能的重要执法部门，海关在口岸治理中处于关键地位，也是社会治理的重要力量。海关执法行为关系

当事人重大利益，对执法规范性的要求更高，引发行政争议的可能也更大。杭州海关立足于海关执法实践，以海关业务为切入点，以规范执法为着力点，聚焦争议多发的追补税、稽核查、跨境电商、市场采购、食品安全、行邮渠道等业务领域，从“谁执法谁普法”延伸到“谁执法谁化解”，运用协商、调解、复议等手段加大化解力度，在践行新时代“枫桥经验”工作中彰显海关元素、凸显海关特色。

二、注重系统谋划，擘画新时代“枫桥经验”“杭关方案”

杭州海关坚持系统观念和法治思维，严格规范公正文明执法，主动防范执法风险，通过培塑海关为民理念、创建“枫桥边的海关”品牌、完善一套制度、培养一支队伍，提高预防化解行政争议水平，做到发现在早、防范在先、处置在小，努力实现“小事不出科、大事不出关、争议不上交”，一般性争议100%就地化解，复杂、重大争议就地化解率不低于80%，擘画践行新时代“枫桥经验”“杭关方案”。

（一）搭建“2＋N”制度体系

在前期探索的基础上，将工作意见和实施方案作为指导关区践行新时代“枫桥经验”的2个纲领性文件，建立健全“三协三调一复议”机制规范、示范点培育规范等一系列配套规范，构成“2＋N”制度体系，为落细落实践行新时代“枫桥经验”提供指引。

（二）组建“两级中心”

组建杭州海关和隶属海关两级行政争议化解中心，作为预防和化解争议的“主阵地”。杭州海关行政争议化解中心设在杭州海关法规处，统筹指导关区行政争议的预防化解工作，对重大或者敏感争议进行书面审核或者集中调处。各隶属海关争议化解中心设在负责法规工作的科室或者工作室，承担争议解决、业务协调和宣传教育、队伍培训等工作，实现争议“一站式”接收、“一条龙”化解。

▲2022年8月9日，海关总署政策法规司领导为杭州海关总关及3个隶属海关行政争议化解中心揭牌　（陈颖　摄）

（三）构建“三协三调一复议”机制

按照“纠纷哪里来，协调哪里去”的基本原则，依托“两级中心”和“2＋N”制度体系，推进关企协商、关警协调、关地协作，开展一般纠纷就地调、复杂纠纷指导调、重大纠纷提级调，发挥行政复议化解行政争议主渠道作用，形成“协商、调解、申诉、复议、诉讼”有机衔接、相互协调的争议梯次化解体系。

（四）创建3个基层示范点

借鉴浙江改革开放先行地的典型经验，“依靠群众”，发挥基层首创作用，综合有关隶属海关法治工作基础、业务特点等因素，选取钱江海关、绍兴海关、义乌海关作为首批示范点创建单位。钱江海关聚焦跨境电商新业态，深化对电商平台企业的规范引导，加强跨境电商生态治理；绍兴海关充分发挥“枫桥经验”地缘优势，借鉴公检法司系统经验，先行探索海关践行新时代“枫桥经验”之路；义乌海关紧扣小商品进出口以及知识产权案件，着力化解市场采购新业态领域知识产权侵权纠纷，营造公平公正、合作共赢的外贸营商环境。

2022 年“8·8”海关法治宣传日活动期间，海关总署副署长王令浚赴杭州海关调研践行新时代“枫桥经验”工作，实地参观杭州海关践行新时代“枫桥经验”成果展、绍兴海关示范点和绍兴海关行政争议化解中心，对杭州海关创建工作成效予以充分肯定。海关总署政策法规司领导亲自为杭州海关和 3 个隶属海关行政争议化解中心揭牌。

▲2022 年 8 月 9 日，海关总署副署长王令浚参观绍兴海关行政争议化解中心　（陈颖　摄）

三、崇尚唯实惟先，深化新时代“枫桥经验”“杭关实践”

根据海关总署工作部署，杭州海关结合关区实际，本着务实精神，在近年来探索出“三先三早”工作法的基础上，全面深化实践，将新时代“枫桥经验”的治理优势转化为海关法治建设的生动实践。

（一）杭州海关统筹指导推进

法规部门发挥牵头抓总作用，强化组织协调，完善顶层设计和制度规范，指导各隶属海关推进工作。加强与司法机关的沟通协作，积极学习浙江省高院行政争议调解中心运作经验，密切与省委依法治省办、省高院、省司法厅以及杭州市中院等相关部门沟通联系。实施精准普法，充分利用“枫桥经验”法治文化资源，强化“一关一品”建设，通过普法提升行政相对人和一线关警员的法治意识。

与此同时，法规部门作为复议机构，充分发挥行政复议化解行政争议主渠道作用。

贴近群众，便利复议申请。除常态化受理渠道外，疫情防控期间开通并公布复议受理专用邮箱、法律咨询热线，推出无接触式申请复议，对受疫情影响无法及时提供相关材料的案件延期审理，消减申请人对立情绪。

在复议立案前发力。受理复议前充分掌握申请人的诉求和关切，告知申请人海关政策法规，督促被申请人依法履行职责。

在案件审理中推动海关和申请人“2＋2 会面”，将调解贯穿全过程。在复议调查、阅卷、听证等环节，安排海关复议机构及业务职能部门、申请人及代理律师开展面对面会谈。对符合法定和解调解条件的，在与当事人充分沟通的基础上，主动提出解决方案。

深化争议化解效果。综合运用复议意见书、建议书等方式，加强办案中发现的共性问题的源头预防和风险提示，力争“办结一案，规范一片”，促进复议工作反哺海关执法。

业务职能部门树立法治思维，积极发挥业务指导协调作用，依托业务专业能力优势，指导隶属海关妥善做好应对工作。深入落实“谁执法谁普法”责任制，积极推进柔性执法，严格落实各项业务规范要求。打造高素质执法队伍，强化业务技能培训，提高一线关员专业能力和业务水平。

（二）示范点先行先试

钱江海关聚焦跨境电商、邮件寄送等应用

场景，搭建“钱关法潮”工作室，组建以公职律师、业务专家为主的钱江海关矛盾纠纷调处专家库，切实运用“三协三调一复议”化解机制以及海关法律工具如主动披露、处罚裁量、复议和解，着力加强执法一线争议预防化解能力，构建政策法规宣传、海关业务咨询、疑难问题沟通、行政争议化解的闭环链条。

绍兴海关充分发挥属地优势，守好“枫桥经验”传家宝，突出源头预防、靠前发力减少行政争议，突出关地协作、多元共建促进综合治理，突出一线化解、重心下沉避免矛盾升级，突出跟踪问效、多措并举确保争议实质化解，通过建立健全“逢罚必谈”等机制，破题基层海关行政争议化解。

义乌海关聚焦市场采购新业态知识产权侵权纠纷化解工作，以“義知囡”工作室为发力点，深入义乌小商品市场和各类外贸主体，动态优化市场采购侵权案件办案模式，完善知识产权案件后续执行处置环节，积极融入地方大调解体系，共享海关行政处罚信息，实现诉调联动，实现源头预防、前端化解、关口把控全链条预防化解。

（三）基层探索在关区全面推行

湖州海关积极学习中国近代法学奠基人沈家本在法学领域的贡献及其法律精神的内涵，成立法治工作团队“家本”工作室，作为争议化解“主力军”。充分利用浙江省法院系统首家行政争议调解中心成立地在湖州的特有优势，主动加强与地方法院等行政争议多发机构的协作配合。

温州海关立足于社会和谐稳定的大局，开设“枫”景磋商室作为争议化解实体阵地。针对日常邮寄物品和回国返乡邮寄或携带较多物品易引发争议等情形，通过普法先行释疑解惑、法制前置审核治未病、矛盾纠纷就地解决等措施，坚持把调解、和解理念贯穿执法全过程。

嘉兴海关以“红船精神”为指引，创建“红船法治”工作室作为海关争议预防化解中心的平台，通过改革和服务相结合、刚性和柔性相结合、释法和解难相结合，切实推动行政争议的源头预防、实质化解、多元化解。

金华海关聚焦综合保税区等新业态，组建“金法舟”普法团队，开设“三人行”暖心说理室，以深入推进“三项制度”建设为主线，通过聚焦规范化文明执法、嵌入式精准普法、暖心式最优服务，坚持发挥法治力量在执法一线预防化解行政争议的作用。

舟山海关围绕浙江自由贸易试验区发展，针对油气产业政策创新需求高、专业复杂问题多、涉及相对人利益重大等情况，推行说理式执法，针对相对人的关注焦点及核心诉求，开展针对性解释沟通，把好源头关。

四、彰显实践成效，展示新时代“枫桥经验”“重要窗口”

经过近年来的积极探索，杭州海关推进践行新时代“枫桥经验”取得了阶段性成果。具有较高辨识度的“杭关样本”基本形成，“枫桥边的海关”品牌更加响亮，行政执法进一步规范，执法风险进一步防范，执法水平进一步提升，为谱写奋力打造社会主义现代化海关“重要窗口”新篇章提供了有力的法治保障。

（一）行政争议预防化解更加顺畅

行政复议化解行政争议主渠道作用发挥明显。关区连续 5 年未发生未经复议直接诉讼的案件。2022 年，在复议环节撤回复议案件占总复议申请的比例超过 1/3，复议维持后申请人又提起行政诉讼仅占复议案件的 13%。

争议化解基础进一步夯实。两级行政争议化解中心实体化运作顺利，争议化解“六步法”工作法日趋成熟，争议化解队伍相对稳定，工作职责进一步清晰。关区相关理论研究同步推进，“柔性执法”“践行新时代‘枫桥经验’推动行政争议预防化解”等课题形成研究成果。杭州海关与浙江省委依法治省办、省高院、省司法厅以及杭州市中院等相关部门行政争议化解协调机制进一步深化。

示范引领作用更加凸显。首批示范创建的3个隶属海关根据自身工作实际，探索出各具特色、行之有效的具体方法。钱江海关聚焦跨境电商新业态，推出“一平台三融合”工作机制；绍兴海关充分发挥“枫桥经验”地缘优势，融入绍兴市“基层治理四平台”以及社会矛盾纠纷调处化解中心；义乌海关紧扣市场采购以及知识产权案件，形成“一点三线”知识产权争议化解模式。

在3个示范点创建单位示范引领下，其他隶属海关的探索同样亮点纷呈。湖州海关形成“问题收集、限时处置、及时反馈、隐患排查”闭环管理机制；温州海关健全法制前置审核程序，与业务职能部门形成法制前置审核合力；金华海关打造“机制＋平台＋监督”行政执法公示闭环管控模式，走好解决矛盾纠纷“最初一公里”。

（二）执法风险防范作用有效发挥

已发争议得到有效化解。2022年，全关区已成功化解各类行政争议330余起，行政争议就地化解率达94%。杭州海关办理复议案件13起、应诉案件3起，成功化解复议2起、诉讼2起。争议化解均实现“定分止争、案结事了”，执法风险得到实质性消解。

潜在风险得以管控。法规部门先后就行政争议涉及的“小标”葡萄酒标签完善、涉检案件办理等执法风险，开展研究、提供建议、完善制度40余次（条）。各业务条线主动开展风险排查，制发警示通报、案例推送等6次（份）。

制度机制相继建立。职能部门重大业务风险预报告制度有效运行。隶属海关拟做出较大金额的行政处罚、不予行政许可、降低信用等级等对企业影响明显、群众反映强烈、社会舆论关注的重大决定前，及时报告职能部门，实现重大敏感事项风险早掌握、早防范。发挥案审会、复议案件集体审议会专业作用，强化集体审议把关。开展“以案说法”，综合运用复议意见书、建议书等方式，加强办案中发现的共性问题的源头预防和风险提示。

（三）严格规范文明公正执法共识进一步凝聚

在实践中，广大关警员对海关执法中深入践行新时代“枫桥经验”的重要性认识进一步增强，运用法治思维和法治方式提升执法水平的意识进一步增强，普遍体会到践行新时代“枫桥经验”是践行海关为民理念的需要，是提升法治建设水平的需要，是努力让人民群众在海关每一起行政行为中感受到公平正义的需要。严格规范文明公正执法在关区形成普遍共识。

杭州海关践行新时代“枫桥经验”，持续提升依法行政能力和水平，取得了良好的社会成效。2022年，关区实现连续9个月行风建设“零投诉”和政务服务“好差评”满意率100%。践行新时代“枫桥经验”相关经验做法获《法治日报》《浙江法治报》《中国国门时报》等媒体宣传报道。

撰稿人

吴霓霜

2022年浙江省进出口概况

2022 年，浙江省忠实践行“八八战略”，奋力打造“重要窗口”，扎实推进高水平开放高质量发展，全省外贸勇挑大梁，稳进提质，进出口规模再创历史新高，出口贡献率全国第一，外贸经营主体超过 10 万家。

据海关统计，2022 年浙江省进出口 4.68 万亿元，同比增长 13.1%。其中，出口 3.43 万亿元，同比增长 14.0%；进口 1.25 万亿元，同比增长 10.7%。按美元统计，2022 年全省进出口 7034.4 亿美元，首次突破 7000 亿美元，同比增长 9.8%。其中，出口 5158.0 亿美元，首次突破 5000 亿美元，同比增长 10.7 %；进口 1876.4 亿美元，同比增长 7.3%。主要特点是：

外贸贡献巨大，影响力提升。2022 年，浙江对全国出口增长贡献率达 18.5%，居全国首位；进出口和进口增长贡献率分别为 18.0% 和 16.3%，均居全国第二位。外贸成为支撑和带动浙江经济发展的首要力量。2022 年，浙江经济外贸依存度高达 60.3%，其中出口依存度达到 44.2%，尤其净出口占 GDP 比重达到 28.1%，远高于其他省市。浙江外贸在全球贸易中的份额和影响力不断提升。2022 年前三季度，浙江出口占全球出口总值的 2.14%，较 2021 年同期提升 0.05 个百分点。2022 年，浙江贸易伙伴达 235 个。

外贸大省地位更加巩固。2022 年，浙江进出口、出口和进口规模分居全国第三、第三、第六位，占全国份额分别为 11.1%、14.3% 和 6.9%，较 2021 年分别提升 0.5 个、0.4 个和 0.4 个百分点，均创历史新高，进出口规模占全国份额已实现连续 9 年提升。在东部沿海主要省市中，浙江进口增速居首位，进出口和出口增速均居第二位。

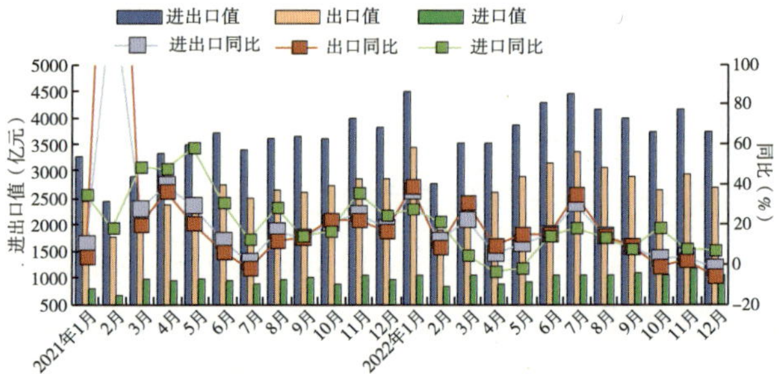

新兴市场进出口较快增长，市场多元化呈现新格局。2022 年，浙江省对东盟、中东、拉美、非洲分别进出口 6477.3 亿元、5440.4 亿元、4673.1 亿元和 3353.9 亿元，同比分别增长 19.6%、39.3%、14.4% 和 21.2%，均保持快速增长，合计拉动全省外贸增速 9.1 个百分点；对欧盟、美国分别进出口 7450.9 亿元和 6528.4 亿元，同比分别增长 10.3% 和 5.4%，分别高于全国对上述市场增速 4.7 个和 1.7 个百分点，合计拉动全省外贸增速 2.5 个百分点。同期，对共

建“一带一路”国家（地区）进出口1.73万亿元，同比增长21.3%，拉动全省外贸增速7.3个百分点；对RCEP其他成员进出口迈上万亿元新台阶，达到1.17万亿元，同比增长12.5%，拉动全省外贸增速3.1个百分点。

出口商品结构进一步优化，高新技术和自主品牌产品比重持续提升。2022年，全省高新技术产品出口3453.6亿元，同比增长26.8%，较整体增速高12.8个百分点，增速在沿海主要外贸省市中居首位，也大幅高于全国增速，且连续6年同比两位数增长；占全省出口比重提升1.1个百分点至10.1%，首次超过10%，拉动全省出口增长2.4个百分点。太阳能电池、电动载人汽车等新能源产品快速增长，同比分别增长1.1倍、1.7倍。全省自主品牌产品出口5441.2亿元，同比增长24.0%，占出口总值的15.9%，提升1.3个百分点，比重已连续4年提升。同期，机电产品出口1.53万亿元，同比增长11.1%，劳动密集型产品出口首次超过万亿元达1.04万亿元，同比增长11.0%，分别占全省的44.7%和30.4%，分别拉动全省出口增长5.1和3.4个百分点。

进口能源产品拉动增长显著，再生金属进口居全国首位。2022年，全省原油、煤、天然气进口分别为1744.5亿元、252.9亿元、122.0亿元，合计进口值同比增长71.4%，占进口总值的16.9%，拉动全省进口增长7.8个百分点，对全省进口增长贡献率达72.8%。同期，受集成电路进口下降影响，高新技术产品进口1163.3亿元，同比下降5.7%，拖累增速0.6个百分点。此外，再生金属进口168.5万吨，货值620.1亿元，同比分别增长27.6%、27.1%，分别占全国进口总量、总值的43.8%和53.7%，均居全国首位。

外贸市场主体数量再上新台阶。2022年，全省有实绩的进出口企业达10.2万家，同比增加5.9%，首次超过10万家，已连续25年保持外贸主体数量增加。浙江民营企业进出口3.67万亿元，同比增长16.9%，占全省进出口总值的78.3%，提升2.5个百分点，拉动全省外贸增速12.8个百分点。其中，出口2.84万亿元，同比增长15.3%，占全省出口总值的82.6%，提升1.0个百分点；进口8326.6亿元，同比增长22.3%，占全省进口总值的66.6%，提升6.3个百分点。同期，外资企业进出口6693.7亿元，同比增长1.0%，占全省总值的14.3%；国有企业进出口3427.4亿元，同比增长2.1%，占全省总值的7.3%。国家级“专精特新”小巨人企业进出口974.4亿元，同比增长15.5%，较整体增速高出2.4个百分点。

一般贸易比重提升，外贸新业态表现亮眼。2022年，全省一般贸易进出口3.70万亿元，增长13.6%，占全省进出口比重同比提升0.4个百分点至79.0%，拉动全省外贸增速10.7个百分点。其中，出口2.69万亿元，同比增长13.7%；进口1.01万亿元，同比增长13.4%，分别拉动全省出口、进口增速10.8个和10.5个百分点。同期，全省市场采购出口4217.2亿元，同比增长16.8%；海关跨境电商管理平台出口1200.5亿元，同比增长1.0倍。两者合计拉动全省出口增长4.0个百分点，出口规模分别位列全国第一和第五位。

自由贸易试验区、综合保税区等开放平台进出口快速增长。2022年，全省自由贸易试验区进出口7131.3亿元，同比增长28.8%，占浙江进出口总值的15.2%，同比提升1.8个百分点，拉动全省进出口增速3.8个百分点。综合保税区进出口1706.3亿元，同比增长32.0%，高出全省进出口增速18.9个百分点，高出全国综合保税区增速20.7个百分点，占浙江进出口总值的3.6%，同比提升0.5个百分点，拉动全省进出口增速1.0个百分点。

舟山、金华、宁波合计贡献全省一半的外贸增量。2022年，舟山、金华、宁波进出口分别为3381.8亿元、6838.7亿元和1.27万亿元，同比分别增长43.6%、16.3%和6.3%，分别拉动全省进出口增速2.5个、2.3个和1.8个百分点，合计贡献全省进出口增量的50.5%。11个地市出口均保持增长，其中9个增幅达两位数。

2022年浙江省主要进出口市场统计、主要出口商品统计等详见表2－1至表2－7。

表2-1　2022年浙江省主要进出口市场统计表

国家/地区	进出口（亿元）	同比（%）	占比（%）	出口（亿元）	同比（%）	占比（%）	进口（亿元）	同比（%）	占比（%）
共建“一带一路”国家（地区）	17261.3	21.3	36.9	11920.0	20.3	34.7	5341.3	23.8	42.7
RCEP	11682.9	12.5	24.9	7157.1	22.0	20.9	4525.8	0.1	36.2
东盟	6477.3	19.6	13.8	4351.8	27.8	12.7	2125.5	5.8	17.0
日本	1874.6	6.4	4.0	1054.9	9.4	3.1	819.7	2.8	6.6
韩国	1604.2	0.9	3.4	899.7	13.6	2.6	704.5	－11.7	5.6
澳大利亚	1539.3	6.6	3.3	750.5	21.6	2.2	788.8	－4.6	6.3
欧盟	7450.9	10.3	15.9	6403.2	11.0	18.7	1047.7	6.5	8.4
德国	1564.8	－2.1	3.3	1257.9	－2.5	3.7	306.9	－0.2	2.5
美国	6528.4	5.4	13.9	5717.3	3.7	16.7	811.1	19.0	6.5
中东	5440.4	39.3	11.6	3012.9	26.7	8.8	2427.5	59.0	19.4
阿联酋	1338.1	45.2	2.9	735.0	44.7	2.1	603.1	45.8	4.8
沙特	1318.0	47.7	2.8	444.3	32.0	1.3	873.7	57.2	7.0
拉美	4673.1	14.4	10.0	3527.5	18.7	10.3	1145.6	3.1	9.2
非洲	3353.9	21.2	7.2	2642.3	17.1	7.7	711.6	39.0	5.7
印度	1439.8	10.8	3.1	1295.8	24.7	3.8	144.0	－44.5	1.2
俄罗斯	1284.7	16.2	2.7	941.7	8.7	2.7	343.1	43.4	2.7

表2-2　2022年浙江省主要出口商品统计表

商品	出口值（亿元）	同比（%）	占比（%）
*机电产品	15326.5	11.1	44.7
电工器材	1425.4	24.1	4.2
锂离子蓄电池	149.5	116.5	0.4
通用机械设备	991.9	7.3	2.9
家用电器	898.2	－7.0	2.6
汽车零配件	865.4	11.6	2.5
机械基础件	659.7	15.7	1.9
灯具	557.4	－1.2	1.6
电动载人汽车	270.4	166.0	0.8
*劳动密集型产品	10438.6	11.0	30.4
纺织品	3631.6	9.6	10.6
服装	2326.0	16.7	6.8

续表

商品	出口值（亿元）	同比（%）	占比（%）
塑料制品	1786.2	14.4	5.2
家具	1102.1	-11.0	3.2
鞋靴	664.5	23.0	1.9
箱包	473.1	48.8	1.4
玩具	455.2	4.0	1.3
* 高新技术产品	3453.6	26.8	10.1
太阳能电池	843.1	107.5	2.5
新冠检测试剂	300.6	12.1	0.9
* 宅经济商品	2387.0	-11.0	7.0
钢材	821.1	25.1	2.4
成品油	837.2	71.6	2.4

* 表示大类商品，与表内其他商品存在交叉。

表 2-3　2022 年浙江省主要进口商品统计表

商品	进口值（亿元）	同比（%）	占比（%）	均价同比（%）
* 主要大宗商品	3512.1	23.8	28.1	21.1
能源产品	2119.3	71.4	16.9	69.7
原油	1744.5	94.8	13.9	53.8
煤及褐煤	252.9	24.1	2.0	51.1
天然气	122.0	-11.1	1.0	55.2
金属矿及矿砂	1290.7	-15.0	10.3	-17.4
铁矿砂及其精矿	859.2	-22.5	6.9	-25.0
铜矿砂及其精矿	256.8	-2.9	2.1	-4.7
粮食	102.1	25.1	0.8	28.3
大豆	87.1	35.5	0.7	21.5
* 机电产品	1891.7	5.1	15.1	26.3
半导体制造设备	131.5	36.9	1.1	113.3
* 消费品	1330.9	8.1	10.6	14.5
食用水产品	129.0	89.1	1.0	32.8
肉类	61.7	0.6	0.5	60.7
汽车	57.0	43.1	0.5	-5.0
* 高新技术产品	1163.3	-5.7	9.3	15.7
集成电路	365.8	-11.8	2.9	15.7
* 农产品	967.6	20.8	7.7	22.1
基本有机化学品	859.7	-3.4	6.9	9.5
未锻轧铜及铜材	889.7	32.6	7.1	2.7
初级形状的塑料	634.7	-0.6	5.1	3.3
再生金属原料	620.1	27.1	5.0	-0.4

* 表示大类商品，与表内其他商品存在交叉。

表 2-4　2022 年浙江省进出口贸易方式统计表

贸易方式	进出口（亿元）	同比（%）	占比（%）	出口（亿元）	同比（%）	占比（%）	进口（亿元）	同比（%）	占比（%）
一般贸易	36982.5	13.6	79.0	26927.6	13.7	78.4	10054.8	13.4	80.4
市场采购	4217.2	16.8	9.0	4217.2	16.8	12.3	0.0	—	0.0
加工贸易	3194.5	6.8	6.8	2239.4	7.2	6.5	955.1	5.8	7.6
保税物流	2309.7	8.8	4.9	851.3	34.0	2.5	1458.3	-2.0	11.7
跨境电商	1701.5	57.4	3.6	1200.5	100.4	3.5	501.0	4.0	4.0

注：一般贸易与跨境电商存在交叉；本表中的跨境电商指通过海关跨境电商管理平台进出口数据，非全业态数据。

表 2-5　2022 年浙江省进出口企业主体统计表

企业主体	进出口（亿元）	同比（%）	占比（%）	出口（亿元）	同比（%）	占比（%）	进口（亿元）	同比（%）	占比（%）
民营企业	36689.4	16.9	78.3	28362.8	15.3	82.6	8326.6	22.3	66.6
外资企业	6693.7	1.0	14.3	4209.8	3.3	12.3	2484.0	-2.6	19.9
国有企业	3427.4	2.1	7.3	1734.9	21.5	5.1	1692.5	-12.4	13.5

表 2-6　2022 年浙江省主要进出口运输方式统计表

运输方式	进出口（亿元）	同比（%）	占比（%）	出口（亿元）	同比（%）	占比（%）	进口（亿元）	同比（%）	占比（%）
水路运输	41002.0	13.2	87.5	30385.6	13.8	88.5	10616.3	11.5	84.9
航空运输	3371.3	12.2	7.2	2019.5	9.8	5.9	1351.8	15.9	10.8
公路运输	850.1	-11.6	1.8	442.1	1.0	1.3	408.0	-22.1	3.3
其他运输	819.8	64.1	1.8	818.2	64.0	2.4	1.6	135.5	0.01
铁路运输	772.3	11.9	1.6	643.9	6.0	1.9	128.4	54.9	1.0
邮件运输	21.1	-36.4	0.04	16.1	-36.6	0.05	5.0	-35.7	0.04

表 2-7　2022 年浙江省各市进出口统计表

城市	进出口（亿元）	同比（%）	占比（%）	出口（亿元）	同比（%）	占比（%）	进口（亿元）	同比（%）	占比（%）
宁波	12671.3	6.3	27.1	8230.6	8.0	24.0	4440.7	3.4	35.5
杭州	7564.8	2.7	16.2	5140.6	10.6	15.0	2424.2	-10.8	19.4
金华	6838.7	16.3	14.6	5956.6	11.8	17.4	882.2	59.4	7.1
嘉兴	4400.0	16.3	9.4	3213.1	14.7	9.4	1186.9	20.6	9.5
绍兴	3691.9	23.3	7.9	3409.0	23.7	9.9	283.0	19.5	2.3
舟山	3381.8	43.6	7.2	1155.5	49.0	3.4	2226.3	40.9	17.8
温州	2949.6	22.4	6.3	2502.0	22.9	7.3	447.5	19.3	3.6
台州	2771.8	15.5	5.9	2526.7	15.0	7.4	245.2	20.9	2.0
湖州	1629.6	9.3	3.5	1500.1	10.6	4.4	129.4	-4.0	1.0
衢州	612.5	24.3	1.3	401.9	27.3	1.2	210.6	19.0	1.7
丽水	324.6	-1.3	0.7	289.3	0.8	0.8	35.3	-15.7	0.3

撰稿人

冯春鸣

第三篇

大事记

2022年杭州海关大事记

1月

1日 杭州海关新版政务信息网上线运行。

7日 杭州海关王一兵同志获得海关总署政治部颁发的海关扎根艰苦地区边关工作银质荣誉章。

11日 杭州海关召开业务专题会议，研究部署国门生物安全科技技术基地建设相关工作。

杭州海关组织参加浙江省招大引强会议和全省商务工作会议。

12日 杭州海关组织参加海关总署第十九届亚运会参赛马进出境检疫专家组第二次集中工作。

13日 杭州海关新闻中心成立暨1月份新闻工作会议召开。

关长王伟走访浙江省医疗保障局，与该局局长林仁方就如何进一步强化合作等事项进行沟通交流。

副关长倪洪中参加浙江省亚运会（亚残运会）工作领导小组外事组、食安组工作对接会，并会见杭州银行副行长王立雄一行。

17日 杭州海关党委召开党史学习教育专题民主生活会。

杭州海关推荐的重要入境病媒生物监测和传播相关病原体防控、基于新型生物学技术的食源性致病菌精准检测与分型技术研究与应用、应对出口蜂王浆质量安全壁垒检测技术标准化研究及应用3项成果获评2021年度海关科技成果三级成果。

20日 杭州海关在分会场参加海关总署促进跨境贸易便利化专项行动部署电视电话会议。

21日 杭州海关技术中心获全国CCC指定实验室监督检查（电烤箱检测专项核查）第三名。

24日 杭州海关组织参加全国海关工作会议和全国海关全面从严治党工作会议。

25日 关长王伟赴浙江省政府汇报2022年全国海关工作会议、全国海关全面从严治党工作会议召开情况。

杭州海关召开2022年领导干部个人有关事项集中填报动员部署暨培训视频会议。

杭州海关组织参加海关总署关于进一步做好寄递渠道新冠疫情个人防护工作专题视频会议。

26日 杭州海关召开2022年工作会议、全面从严治党工作会议。

27日 杭州海关召开2022年纪检监察工作会议。

杭州海关向海关总署汇报第二轮巡视工作开展情况。

2月

8日 杭州海关组织参加2022年全国海关缉私工作会议暨全国打私办主任电视电话会议。

10日 杭州海关组织参加2022年全国海关动植物检疫工作会议、杭州亚（残）运会贵宾接待协调组第一次例会。

杭州海关召开“杭州海关口岸疫情防控在线”应用建设推进会。

11日 杭州海关组织参加海关总署加强知识产权海关保护工作视频会议。

15日 杭州海关组织参加浙江省亚运会（亚残运会）工作领导小组下设外事与口岸协调组、食品安全保障协调组协调会议。

16日 杭州海关组织参加“海关重点项目和财物管理以权谋私”专项整治工作动员部署视频会议。

副关长王继蓬赴桐庐马术中心调研亚运会马术比赛检疫筹备工作。

杭州海关所属杭州萧山机场海关旅检五科科长胡丹、所属钱江机场海关驻邮局办事处监管一科科长袁见、所属嵊泗海关科技科科长刘永跃被海关总署评为2021年度“百名优秀执法一线科长”。

17日 杭州海关召开2022年打私工作会议。

21日 杭州海关和衢州市签订战略合作框架协议。

23日 杭州海关组织参加2022年全国海关政策研究和统计工作会议。

24日 杭州海关召开杭州海关亚运会工作专题会议。

杭州海关办公室被国务院办公厅评为2021年度全国信息工作先进单位。

25日 杭州海关召开亚运会进口食品安全保障工作专题会议。

28日 杭州海关组织参加浙江省改革大会暨数字化改革工作推进会。

3月

2日 杭州海关组织参加2022年全国海关进出口食品安全工作会议暨海关总署进出口食品安全工作领导小组全体会议。

杭州海关召开第十九届亚运会马术比赛检疫工作领导小组（马术检疫组）会议。

3日 杭州海关组织开展进口货物口岸环节新冠病毒检测阳性应急处置演练。

杭州海关获评2021年度省政府绩效考评优秀单位。

4日 杭州海关党委召开“海关重点项目和财物管理以权谋私”专项整治工作动员部署会议。

5日 杭州海关全力保障我国首架自乌克兰撤侨入境包机顺利通关。

8日 杭州海关召开网络意识形态工作专题研讨会。

9日 杭州海关召开安全生产电视电话会议。

10日 杭州海关组织参加浙江省推进“一带一路”建设工作领导小组会议、浙江省亚运会（亚残运会）工作领导小组外事与口岸协调组会议。

杭州海关主持召开跨境电商东部协作区首次情况分析会并参加。

11日 杭州海关组织参加中国（浙江）自由贸易试验区工作领导小组第十次会议。

14日 杭州海关召开党委会，学习全国“两会”精神。

15日 副关长倪洪中陪同浙江省副省长高兴夫检查杭州萧山国际机场口岸（顺丰）和杭州邮政国际互换站疫情防控工作。

17日 杭州海关组织参加全国海关卫生检疫工作会议。

21日 杭州海关政务公开工作在海关总署2021年直属海关政务公开评估中获评优秀。

24日 杭州海关组织参加2022年全国海关企业管理和稽查工作会议。

杭州海关召开政策研究及统计工作会议、二级监控指挥中心实体化运作会议。

4月

1日 杭州海关组织参加纪念《中华人民共和国进出境动植物检疫法》实施30周年座谈会、全省“扫黄打非”工作电视电话会议。

2日 杭州海关组织参加浙江省第十九届亚运会和第四届亚残运会维稳安保协调组安保工作部第一次会议、全省建设平安浙江工作会议。

7日 杭州海关召开2022年进出口食品安全工作会议。

杭州海关组织参加浙江省杭州亚运会维稳安保视频会议。

13日 杭州海关组织参加全国海关风险防控专项行动推进会、杭州亚运会安保工作会议。

14日 杭州海关组织参加全国海关口岸监管工作会议。

15日 杭州海关组织参加全国海关安全生产电视电话会议。

19日 杭州海关组织参加浙江省保障物流畅通促进产业链供应链稳定会议、浙江省打击治理电信网络新型违法犯罪工作电视电话会议。

21日 杭州海关组织参加保税商品登记系统建设推进视频会议。

22日 杭州海关组织参加浙江省第十九届亚运会和第四届亚残运会工作领导小组会议、省物流保通保畅工作领导小组总指挥第二次会议、2022年浙江省食品药品安全工作电视电话会议、浙江省第五次廉政工作会议。

26日 杭州海关组织参加浙江省改革大会暨数字化改革工作推进会。

杭州海关召开2022年企业管理和稽查工作会议。

27日 杭州海关召开第十九届亚运会马术比赛检疫工作领导小组视频会议、关区安全生产工作领导小组会议暨关区安全生产电视电话会议。

杭州海关组织参加亚运会维稳安保工作推进会。

5月

6日 杭州海关组织参加浙江省义甬舟开放大通道建设联席会议第七次全体会议。

9日 杭州海关组织参加全国促进外贸外资平稳发展电视电话会议、全国新冠疫情防控工作电视电话会议及浙江省续会。

10日 海关总署党委书记、署长俞建华与杭州海关关长王伟进行视频谈话。

12日 杭州海关组织参加浙江省招商引资工作领导小组、稳外资专班第一次会议暨外贸保稳提质专题会。

16日 副关长王继蓬参加进境航班班前准备会暨杭州海关第一轮关领导参加口岸一线封闭管理工作。

25日 杭州海关组织参加全国稳住经济大

盘电视电话会议。

26日 杭州海关组织参加2022年全国海关科技工作会议、浙江省二季度工业经济稳进提质座谈会。

27日 杭州海关组织参加浙江省涉外工作部署会。

30日 杭州海关组织参加浙江省经济稳进提质攻坚行动工作推进会。

31日 杭州海关组织参加部署实施浙江省经济稳进提质八大攻坚行动专题会、数字贸易规则标准高峰论坛。

6月

1日 杭州海关组织参加深化外贸金融服务工作会议。

10日 杭州海关组织参加海关总署跨境电商数字源头治理工作视频研讨会。

13日 关长王伟带队到杭州市萧山区开展“三走进”“三找准”助企纾困走访调研。

14日 杭州海关与浙江省贸促会联合召开“经济稳进提质助企纾困”座谈会。

15日 杭州海关组织参加研究浙北区域集装箱通道建设工作会议。

16日 杭州海关组织参加研究出口订单外流及应对工作专班会议。

19日 杭州海关召开安全生产工作领导小组会议。

21日 杭州海关组织参加海关总署部分海关新业态海关监管工作专题研讨会。

23日 杭州海关联合浙江省经信厅共同开播“助企纾困”线上直播中小企业专场直播。

27日 杭州海关召开“十地百团助千企”精准服务活动部署推进会。

7月

1—2日 杭州海关组织参加2022年全国海关年中工作会议。

5日 杭州海关组织参加2022年全国打击侵权假冒工作电视电话会议。

7日 副关长倪洪中在厦门参加全国海关政策研究工作专题会议并作交流发言。

12日 杭州海关召开2022年年中工作会议。

14日 杭州海关组织参加浙江省政府口岸开放专题会议。

15日 杭州海关组织参加《浙江通志》首发式暨编纂工作总结大会。

18日 杭州海关组织参加浙江省政府研究工业及商贸上半年经济形势专题会议。

国家卫生健康委员会、海关总署、国家中医药管理局发布决定，表彰全国消除疟疾工作先进集体和先进个人，杭州海关杭州国际旅行卫生保健中心一人被评为全国消除疟疾工作先进个人。

20日 杭州海关组织参加“口岸危险品综合治理”百日专项行动部署会。

26日 杭州海关召开“口岸危险品综合治理”百日专项行动和疫情防控工作专题会议。

28日 副关长倪洪中参加全国成品油行业专项整治工作启动部署视频会议。

31日 杭州海关出席2022浙江（台州）RCEP经贸合作论坛暨海洋经济重大项目签约仪式，并与台州市政府签订战略合作框架协议。

8月

8—11日 海关总署副署长王令浚在杭州海关调研。

16日 杭州海关组织参加海关总署新业态

分课题视频研讨会。

17 日　浙江省政府办公厅对 2021 年度稳外贸稳外资和开发区建设成绩突出集体和个人进行通报表扬，杭州海关共 6 人获评稳外贸成绩突出个人。

18 日　杭州海关召开“十地百团助千企”精准服务活动——浙江进出口食品化妆品行业政企对话会。

26 日　浙江省副省长卢山一行到杭州海关调研。

9 月

14—16 日　海关总署署长俞建华到杭州海关调研。

23 日　副关长王继蓬参加杭州海关进一步推进践行新时代“枫桥经验”工作视频会。

27 日　杭州海关组织参加全国海关技术性贸易措施交涉应对工作视频会议。

10 月

2 日　杭州海关召开“跨境电商寄递‘异宠’综合治理”专项行动部署会。

11 日　副关长倪洪中陪同浙江省副省长高兴夫检查督导杭州萧山国际机场疫情防控工作。

26 日　杭州海关召开出口拼箱货物“先查验后装运”监管模式创新工作推进会。

11 月

7—8 日　杭州海关在线参加亚欧会议“智慧海关、智能边境、智享联通”国际研讨会。

8—10 日　海关总署总检验师孙文康出席 2022 年世界互联网大会乌镇峰会并在杭州海关调研智能审图、事业单位发展情况。

12 月

8 日　副关长倪洪中参加研究对美贸易工作会议、全省文物工作会议。

14—15 日　杭州海关组织参加义甬舟开放大通道建设现场推进会。

撰稿人

叶泰任　章欣然

第四篇

政治建设

党建工作

【概况】2022年，杭州海关以习近平新时代中国特色社会主义思想为指导，以政治建设为统领，深入学习宣传贯彻党的二十大精神，坚决落实习近平总书记重要指示批示精神，严格落实“第一议题”制度；聚焦强化政治建关，着力抓好政治机关建设专项教育活动，落实意识形态工作责任制，常态化长效化推进党史学习教育；聚焦推进党建高质量发展，全面加强基层党建，着力抓好巩固拓展提升；聚焦深化全面从严治党，着力抓好准军事化纪律部队建设，为坚定走好“第一方阵”、全面建设“多彩杭关”、奋力打造社会主义现代化海关“重要窗口”提供坚强政治保障。截至2022年年底，关区共有在职党员2587人，共有基层党组织329个，基层党委15个、党总支9个、党支部305个。帮扶结对对象浙江省温州市苍南县凤阳畲族乡龟墩村基础设施建设和生活困难群众慰问，落实帮扶资金20万元、物资10万元。

（高海焘　游金云）

【理论武装工作】2022年，杭州海关学习宣传贯彻党的二十大精神，两级党委举办培训班14次，举办处级主要负责同志培训班1期。发挥党委理论学习中心组领学促学作用，第一时间学习贯彻习近平总书记重要讲话和重要指示批示精神，党委理论学习中心组学习8次、专题研讨8次，示范带动各隶属海关开展中心组学习227次、专题研讨125次，巡听旁听隶属海关党委理论学习中心组学习6次。组织开展“干在实处勇立潮头——习近平浙江足迹”专题学习活动。举办处级干部学习贯彻浙江省第十五次党代会精神线上培训班1期。

（刘　柯）

【党建宣传】2022年，杭州海关擦亮“红船边的海关”政治底色。全年，在“金钥匙杂志”微信公众号、“关潮”微信公众号及视频号刊发新媒体作品541篇、视频110部，其中78篇稿件阅读量破万，69篇稿件跻身“金钥匙杂志”微信公众号月度十佳热门榜。

（何　昕）

【专项教育活动】2022年，杭州海关开展“学查改”专项工作和捍卫“两个确立”、做到“两个维护”、强化政治机关建设专项教育活动，制订工作方案，抓好工作落实。各基层党组织学习2476次，开展“书记上党课”406次，组织各类座谈175次，实施专项问题调研660次，形成重点问题调研理论文章39篇，组织专题讨论479次，撰写心得体会665篇。梳理1025个岗位的政治要求2600余条，排查风险隐患354

个，形成岗位政治要求、重大风险隐患和问题“两张清单”。全关制定整改措施749条，建立长效机制178项，100%完成整改。

（丁　屹）

【基层组织建设】2022年，杭州海关加强组织建设。2月召开2022年度直属机关党委抓党建述职评议考核工作会议。杭州海关稽查处党支部、财务处党支部、技术中心党委，以及台州海关机关党委、金华海关机关党委、嵊泗海关党总支6个基层党组织书记现场述职，并接受直属机关党委委员现场提问。现场述职后，直属机关党委书记彭海雄作点评讲话。3月启动党建领域数字化改革，打造“基层党建”应用场景，设置实时考核、支部比武等功能，制定基层党支部工作考核办法及指标体系，自动抓取省直机关工委“红色强基根脉”系统有关数据，实时量化打分、动态排名。4月直属机关党委开展党建工作督查，抽查64个党支部工作记录，发现问题54个，制发《问题整改通知单》33份，全部完成整改。全年219个党支部完

▲2023年2月21日，杭州海关召开2022年度直属机关党委抓党建述职评议考核工作会议　（陈颖　摄）

成换届选举，审核发展33名党员。

（宋　磊）

【基层党建“双提升”行动】2022年，杭州海关实施基层党建“双提升”行动，开展党支部星级评定和“四强”党支部建设，新增26个“四强”党支部，复核保留93个；新增全国海关基层党建示范品牌1家，复核通过4家，获评2022年省直机关先锋支部2家，评选五星级党组织48个；举办2期关区党务干部培训班和新任支部书记培训班，1人获评全国海关系统“党务之星”称号；推进“书记项目”，直属机关党委书记牵头领办的“书记项目”——“构建党支部数字量化考核评价体系，打通全面从严治党‘最后一公里’”被海关总署评为14个优秀“书记项目”之一并发文推广。

（宋　磊）

【“红船边话党建”座谈会】2022年9月15日，“红船边话党建”座谈会在杭州海关所属嘉兴海关召开，海关总署党委书记、署长俞建华听取杭州关区8位基层一线党支部书记、科长及党员代表的交流发言，要求紧紧围绕迎接宣传贯彻党的二十大这条主线，把丰富的红色资源转化为坚定拥护“两个确立”、坚决做到“两个维护”的政治自觉，坚定理想信

▲2022 年 9 月 15 日，海关总署署长俞建华在杭州海关所属嘉兴海关参加“红船边话党建”座谈会　（宋银涛　摄）

念，守好“红色根脉”。要用好浙江丰富的数字化改革成熟经验，发扬“干在实处、走在前列、勇立潮头”的精神，深化“三智”建设，以“时时放心不下”的责任感，牢牢守住不发生系统性风险，做到“管得住、放得开”，勇当“改革先锋”。要坚持大抓基层的鲜明导向，深入开展基层党建“双提升”行动，让崇尚求实、扎实、朴实成为海关文化，坚持严管厚爱，筑强“战斗堡垒”。

（宋　磊）

【“七一”主题活动】2022 年 6 月 30 日下午，杭州海关组织“传承荣光　喜迎二十大”“七一”主题活动，党委书记、关长王伟作“传承荣光、赓续奋斗，牢记嘱托、感恩奋进，以实际行动迎接党的二十大胜利召开”主题讲话。活动分为“红船领航”“国门守望”“使命光荣”3 个篇章。“红船领航”篇章，表彰获评海关基层党建示范品牌、全国青年文明号、省级青年文明号，浙江省直机关先锋党支部、杭州海关“四强”党支部，以及 2021 年度关区考核优秀班子的团体；组织荣退仪式，同时向老同志授予“光荣在党 50 年”纪念章。“国门守望”篇章，表彰一线封闭管理人员，通过视频短片和访谈等形式展示抗疫背后的动人故事。“使命光荣”篇章，组织 364 名 2021 年以来新提任的处科级领导干部进行宪法宣誓，以庄重神圣的仪式进一步激励广大领导干部勇于担当、开拓创新、不断进取。

（高海焘）

【全面从严治党】2022 年，杭州海关党委认真履行全面从严治党主体责任，定期研究全面

▲2022 年 6 月 30 日，杭州海关组织开展“传承荣光　喜迎二十大”“七一”主题活动　（陈颖　摄）

从严治党工作，主动研判政治生态状况，严格落实“一把手”和领导班子重点事项监督自查报告制度，对下一级党委落实主体责任情况开展检查通报。1月26日，召开全面从严治党工作会议。制订全面从严治党工作重点任务分工方案，细化58项具体任务。7月召开半年度党风廉政建设工作形势分析例会。参加海关总署落实全面从严治党主体责任情况考核并开展述责述廉述党建。全年，直属机关纪委开展干部提拔晋升、奖励等党风廉政情况审核1190人次。规范机关党员干部廉洁从政从业行为，完成2055名处科级领导干部家属从业情况自查抽查工作。开展“如何提高一体推进‘三不腐’能力和水平”同题共答活动，撰写关于探索智慧“监督网”建设、一体推进“三不腐”的调研报告。

（曹永胜）

【党风廉政建设】2022年，杭州海关出台关于加强新时代海关廉洁文化建设工作任务清单。组织全员观看警示教育片2次；学习省署有关典型案例通报精神，开展警示教育2300余次。开展5次全员线上纪法知识测试，组织32批次153名处科级领导干部参加任前廉政法规考试。落实党员领导干部带头上廉政党课，收集优秀党课课件53个；开展“书记组长谈责任”访谈活动4期；制作发布《年轻干部谈廉洁》访谈视频8期、文稿38篇。开展弘扬海关清廉家风主题宣传教育和“清风国门”廉洁文化创意作品征集等活动，收到作品136件，17件作品获海关总署奖项，杭州海关获“优秀组织奖”。发放外出执法廉政监督告知单5423票，电话回访累计抽核465票，未收到企业不良反馈；办理海关政务服务“好差评”系统相关业务2156票，好评率保持100%；开展省直机关作风建设民主评议和问题反馈工作。每季度视频督查窗口一线纪律作风情况，畅通行风投诉渠道。征集办理特约监督员意见建议420人次。

（曹永胜）

【准军事化纪律部队建设】2022年，杭州海关建立“五级联动”工作机制，常态化开展内务督察和流动红旗评比。开展内务规范强化月活动，拍摄推广内务规范工作场景示范片，开展处级领导干部专题训练和准军直接负责人集训。开展纪律作风强化月活动，评选优胜单位12家。开展最美准军形象拍摄展示活动，并评选十佳摄影作品。开展稽查岗位练兵和技能比武活动，74名关员参加海关总署技能比武活

▲2022年，杭州海关开展“准军最美瞬间”摄影活动（王莹 摄）

动，杨博进入全国海关稽查岗位练兵个人技能比武百强人员名单，杭州海关被海关总署评为优胜奖。

（曹永胜）

【机关群团工作】2022 年，杭州海关工会开展换届选举，完善工会主席、工会委员、工会小组长三级组织架构。制定落实一线人员关心关爱措施，为疫情防控工作提供经费支持，为一线封闭管理人员提供心理咨询热线服务，联合后勤管理中心、杭州萧山机场海关为其家属配送暖心菜共 13 批 239 人次。常态化开展书画、游泳、网球、乒乓球、篮球、足球、羽毛球、舞蹈、美术、瑜伽等 11 个文体兴趣小组活动。全年，1 个集体获评省直机关共青团 2021 年度成绩突出团支部；12 个集体、10 名个人获评浙江省青年文明号和浙江省青年岗位能手，2 家单位获评“浙江有礼”省域文明新实践先进单位，1 家单位获评省级巾帼文明岗，1 人获评浙江省最美“国门”护航人。

（张雅婷　刘　柯）

巡视巡察

【概况】2022年，杭州海关把巡视整改作为捍卫“两个确立”、做到“两个维护”的试金石，坚持从政治上看、从政治上抓，持续增强推动巡视整改和成果运用的政治自觉，坚持“不放过、不贰过”工作标准。贯彻巡视工作方针，强化政治巡察，完成巡察全覆盖，推进“数字巡察”建设，提升巡察工作规范化水平。

（丁　帅）

【巡视整改】2022年，杭州海关聚焦巡视反馈问题、整改难点问题和64个共性问题，坚持边整改边提升，每条整改措施都包含针对性整改措施、举一反三举措、长效机制建设3方面内容，围绕巩固深化整改成效，累计制定各类制度机制64项。整改落实情况知晓率为98.85%，满意度为98.61%。

（丁　帅）

【巡察工作】2022年7月11日至8月11日，杭州海关党委授权组建3个巡察组，对办公室、法规处、统计处、财务处、督审处、人事处、机关党委、监察室、离退办9个机关处室开展常规巡察，聚焦“四个落实”发现问题101个，提出意见建议36条，要求被巡察单位闭环整改。实现5年内对关区14个隶属海关单位、5个事业单位和21个机关处室常规巡察的全覆盖。举办巡察干部培训班，选配21名优秀干部参加巡察工作。巡察办、巡察组问题会商、报告共审、支部共建。

（丁　帅）

【巡察整改】2022年，杭州海关全面起底清查党的十九大以来巡察整改情况，逐项检查30个被巡察单位（部门）整改台账资料4324份，开展群

▲2022年7月5日，杭州海关召开2022年常规巡察工作动员部署会　（陈颖　摄）

众满意度问卷调查 2682 人次，提出整改意见 78 条。39 个单位（部门）落实整改举措 1726 项，制定完善制度机制 235 项，巡察发现的 631 个问题 100% 完成整改，群众满意率为 97.40%。

（丁　帅）

▲2022 年 8 月 2 日，杭州海关巡察办、巡察组开展问题共商　（张欢　摄）

【“数字巡察”数据库建设】2022 年，杭州海关完善“数字巡察”数据库，优化问题标签体系，从巡察任务发起、实地巡察到整改销号，实现巡察问题线上归集、解读分类、综合研判，共性问题、“贰过”问题预警督办。通过该应用，可调阅历史巡察成果、查询分析高频问题、了解整改情况，有助于精准发现问题，提升巡察工作质量。

（丁　帅）

纪检监察

【概况】2022年，杭州海关纪检机构深入学习宣传贯彻党的二十大精神，胸怀“国之大者”，围绕疫情防控、优化营商环境、促进外贸保稳提质等重大部署和重点工作持续强化政治监督；紧盯“关键少数”，统筹“协助”“监督”两项职责，与审计、巡察及职能监督等部门开展常态协作、深度合作，凝聚监督合力；扎实推进“海关重点项目和财物管理以权谋私”专项整治工作，有效防范化解相关风险隐患；从严正风肃纪，全年立案7件。

（赵章羽）

【习近平总书记重要指示批示精神和党中央重大决策部署督促落实】2022年，杭州海关纪检机构严格落实“第一议题”制度，聚焦“国之大者”，围绕优化口岸营商环境、安全生产、巡视巡察整改、政治机关建设等重点工作，全面禁止“洋垃圾”进境、严厉打击象牙等濒危物种及其制品走私等重要任务，开展各类专项监督58次，发现相关问题均督促相关部门及时整改反馈；强化巡视巡察整改监督，细化整改监督工作方案，参与巡视巡察整改集中清理，审核39个被巡察单位（部门）整改情况，持续传导整改责任和压力。

（赵章羽）

【疫情防控监督】2022年，杭州海关纪检机构坚决扛起政治责任，从严从实抓好疫情防控监督。完善“检查—整改—问效”闭环流程，制定杭州海关纪检机构疫情防控监督工作清单，共发现问题300个，提出意见建议230条，制发监督意见书25份。

（赵章羽）

【外贸保稳提质监督】2022年，杭州海关纪检机构坚持服务中心大局，全力以赴促进外贸保稳提质，深入企业开展“三走进”“三找准”专项调研、“十地百团助千企”精准服务，调研辖区116家重点企业，督促出台便企措施164条。

（赵章羽）

【全面从严治党主体责任推动落实】2022年，杭州海关纪检机构坚决落实对“一把手”和领导班子监督的20项具体措施；坚持对新任领导干部开展廉政谈话，约谈隶属海关主要负责人1人次、提醒谈话4人次；健全完善两级定期会商、情况通报、沟通提醒等制度，探索开展政治生态监督评价并纳入关区领导班子考核，推动各级“一把手”和领导班子履职尽责。

（赵章羽）

【“海关重点项目和财物管理以权谋私”专项整治】2022年，

杭州海关纪检机构在关党委的全面领导下，扎实推进关区“海关重点项目和财物管理以权谋私”专项整治工作，建立“领导小组—综合组—工作专班”工作机制，梳理汇总97个问题形成问题清单，制定443条整改措施，有序推进整改落实；确定重点项目936个、高风险项目6个，对3个重点高风险项目转送问题线索；推动关区制修订规章制度35个、制定操作指引16个。

（赵章羽）

▲2022年11月16日，杭州海关党委纪检组在杭州纪检监察培训中心组织关区纪检干部开展学习党的二十大精神交流研讨 （陈牧鋆 摄）

【执纪办案】2022年，杭州海关纪检机构严肃执纪问责，严格落实中央八项规定精神，坚决纠治“四风”，注重抓早抓小、防微杜渐，运用好“第一种形态”，坚持失责必问、问责必严，依规依纪依法对违反工作纪律问题开展问责调查，督促案发部门进行责任分析和责任追究。常态化开展警示教育，通报关区典型违纪违法及问责案例；建立“查改一体”工作机制，出台以案促改制度化常态化工作实施意见；开展以案促改专项监督检查，督促有关单位规范业务制度、建立日常监督制约机制；对纪律处分执行和回访教育情况开展监督检查，严格规范制度执行。

（赵章羽）

【队伍能力提升】2022年，杭州海关党委纪检组制定出台处理信访举报及处置问题线索工作等6项制度规定，规范工作流程，严格办案程序；建立“监察室+派驻纪检组”常态化联动监督、联合办案工作机制，固化专班化运作、专项式推进工作模式；构建涵盖“17+29”个评分项和“一张负面清单”的派驻工作考核评估细则，将考核评价结果纳入关区“赛马”式考核体系；强化纪检监察干部廉政档案管理，“一人一档”，动态更新廉政档案57份。常态化开展党史学习教育，组织“学习贯彻二十大精神·大家谈”专题研讨，举办“杭州海关2022年纪检监察综合业务培训班”，共60人参训；组建关区执纪人才库和后备干部库，抽调36人次参加驻署纪检监察组集中工作和关区巡察、执纪办案等专项工作，以干代训、实战锻炼培养业务“多面手”。

（赵章羽）

队伍管理

【概况】2022年，杭州海关坚持以习近平新时代中国特色社会主义思想为指导，学习贯彻党的二十大精神，落实新时代党的组织路线，鲜明干部选拔任用导向，加强人才队伍建设，深化激励保障措施，努力为坚定走好“第一方阵”、全面建设“多彩杭关”、奋力打造社会主义现代化海关“重要窗口”提供坚强的组织保障和人才支撑。完成43期集中培训，培训8734人次，推出各类微课及文化产品24期。精准精细做好离退休干部服务管理工作，“杭州海关搭建‘三朵云’数字赋能老干部”获评全省老干部工作优秀创新案例。

（张文艳）

【口岸防疫人力资源保障】2022年，杭州海关更新口岸疫情防控人力资源保障应急工作预案，制订Ⅲ级应急响应工作方案、整建制应急接管和支援人员调配工作预案，组建应急支援快速反应力量。通过考录、接收军转干部、选调等途径，新增卫生背景专业人员9人。对接重点口岸人力资源保障需求，通过调入、抽调等形式，为杭州萧山机场海关增配人员。

（王　轶　陈春旭）

【干部育选管用】2022年，杭州海关坚持好干部标准，坚持以“一把尺”“一张单”“一盘棋”衡量和使用干部，始终把政治标准放在首位，干部考察考核执行“五必”要求，坚持用成绩单说话，强化考核结果运用，树立鲜明的选人用人导向。多措并举，培养选拔年轻干部。新录用关员全部分配到基层，组织“青蓝结对”培养；开展机关遴选，从基层选拔年轻干部；调研撰写关于海关优秀年轻干部培养选拔理论文章；遵循年轻干部成长规律，在合理用好各年龄段干部的基础上，破除论资排辈，打破隐形台阶，一批优秀年轻干部走上处级领导岗位。全年，关衔晋升520人，举办一级关务督办及以下人员授衔仪式。公务员招录实行录像面试，招录38名。编制2023年度56名公务员招录计划，开展招录政策宣讲进校园活动。出台各单位（部门）领导班子考核办法，分级分类设置191项指标，实行线上季度评分。开展疫情防控工作专项考核和防范化解重大、系统性风险专项考核。落实领导干部个人有关事项报告制度，培训指导填报812人次，完成313份领导干部个人有关事项报告年度集中填报，查核104人次。自查整改违规投资企业及在企业兼（任）职问题，开展专项整治2次，覆盖7372人次。建立防治违规兼（任）职长效机制，做好“一进一出”（新入职、新退休）人员审核把关和政策宣讲。专项检查舟山、嘉兴、丽水海关选人用人工作和离任离职情况。总结政商“旋转门”风险防范试点经验，梳理试点制度措施22项。

（陈春旭 张 宇 程晓庆）

【事业单位人员管理】2022年，杭州海关召开2021年度中级职称评审委员会会议，2人获初级职称，3人获中级职称；推荐13人参评副高级职称、9人参评正高级职称。4个单位8名专业技术人员符合疫情防控人员关心爱护措施要求，突破比例限制完成晋升工作。

（宗 赟）

【关心爱护干部职工】2022年，杭州海关制定进一步关心爱护疫情防控一线人员“十个到位”的30项措施，注重选拔和晋升疫情防控中表现突出的干部，疫情防控工作集体和工作人员奖励分别占全年获奖集体和个人总数的23%、86%。制定奖励管理办法，推荐2个集体、2名个人受到海关总署通报表扬。

（张 宇）

▲2022年8月，杭州海关召开中级职称评审委员会会议 （宗赟 摄）

【人才培树工作】2022年，杭州海关坚持党管人才原则，学习贯彻中央人才工作会议精神，落实“十四五”海关人才发展规划，着力激发人才创新创造活力。以“雏鹰孵化、英才培育、头雁培养、人才储备”4项计划为载体，多渠道发现、培养、锻炼人才，建设一支数量充足、结构合理、素质优良、充满活力的高素质专业化人才队伍。更新11个类别包含692名人才的人才库，推荐专家人才参与海关重点改革发展项目、巡视巡察、督察审计，选派干部到海关总署锻炼、地方挂职和跨部门交流，选派1名干部到世界海关组织工作。

（陈春旭）

【习近平新时代中国特色社会主义思想培训】2022年，杭州海关参加海关e课堂“《习近平谈治国理政》第四卷”“深入学习习近平经济思想”等专题培训13场次。采取“整体线上+局部线下”模式，将强化政治机关建设专项教育活动、党史学习教育、浙江省共同富裕示范区建设、数字化改革等纳入培训内容，分5期安排403名处级干部参加学习贯彻党的十九届六中全会精神集中轮训班。

（沈 欣）

【业务培训】2022年，杭州海关分岗位分梯队开展疫情防控系列培训，强化重点岗位实操演练，开展进口货物（高风险

▲2022 年 5 月 17—19 日，杭州海关举办第一期正处级领导干部学习贯彻党的十九届六中全会精神网上轮训班　（陈颖　摄）

非冷链食品）口岸环节新冠病毒核酸检测阳性应急处置汇报演练暨培训，做好实操考核。开展疫情防控专业培训 6 期，参训 3186 人次；岗前培训 99 期；实操演练 294 期，参训 3603 人次。

（沈　欣）

【培训方式创新】 2022 年，杭州海关推出“暖心送教”系列微课，采取“线上观看 + 线下同步制作”，采用实景实地实拍方式制作“乐学‘浙’里”（2022）系列微课，为干部职工提供沉浸式文化课程。全年推出“暖心送教”课程 13 期、“乐学‘浙’里”系列课程 7 期、“送教上门”3 期，累计 1.03 万人次观看。以“公共大课必修 + 多元活动自选”形式，开展新任职领导干部、新任基层党支部书记等针对性特色培训 6 期，培训 265 人次。启动新录用公务员导师制，为 2021 年度和 2022 年度新录用公务员一对一配备导师。加强兼职教师队伍管理。9 月，联合上海海关、南京海关、宁波海关，组织长三角 4 关区兼职教师技能比武活动。协助海关总署制作 11 门课程。

（沈　欣）

【“杭关工作讲坛”“杭关大讲堂”】 2022 年，杭州海关采用“内网视频会议 + 外网‘钉钉’群直播并回放”形式，举办“我来报告、您来评议”“政治机关建设之我见”“数字化之我见”3 期“杭关工作讲坛”，29 名处科级领导干部走上讲坛，结合自身思考和实践进行宣讲，4719 人次通过“钉钉”平台观看。调整“杭关大讲堂”授课方向，以文化素养和综合素质提升为主，邀请知名教授、专家、学者，开展“疫情形势下心理调适及积

▲2022 年 8 月 29 日，杭州海关举办第 4 期“杭关工作讲坛”　（陈颖　摄）

极心态构建”“数字化改革”等专题讲座5期。

（沈 欣）

【业务实训点建设】2022年，杭州海关出台业务实训教学点工作细则，利用实训点开展业务培训21场次，制作配套教材43件，受训人数1398人次。推进第三批实训教学点建设，开展政治教育、保税和通关监管、出口宠物食品企业监管、出口茶叶检验监管、进出口危险化学品及其包装检验检测、检疫性植物有害生物与外来物种鉴定技术6个实训教学点的建设指导和预评审，相关建设点均设置教、学、练、战各环节；12月16日，开展第三批实训教学点评审暨授牌。

（沈 欣）

【离退休干部政治建设】2022年，杭州海关坚持以政治建设为统领，组织离退休干部学习党的十九届六中全会、党的二十大会议精神，以及全国海关及杭州海关工作会议和全面从严治党工作会议精神，发放学习辅导书籍500余本。严明政治纪律要求，开展警示、网络言论和舆情专题教育以及违规投资企业及在企业兼（任）职

▲2022年11月3日，杭州海关组织离退休党员到鲁迅故里开展学习贯彻党的二十大精神主题党日活动 （离退休干部办公室 摄）

情况专项排查。学习贯彻中央关于加强新时代离退休干部党的建设工作的意见，开展“强基提质工程”，严格落实“三会一课”制度，做好换届选举工作。组织离退休党总支及各支部书记党务知识培训班，开展“四强”党支部创建活动，推广“4+N”主题党日活动，培育“金色年华”等4个党建品牌。为25名新退休人员举办荣休仪式，为15位党龄50年的党员颁发“光荣在党50年”纪念章。承办海关总署“喜迎二十大 奋进新征程——全国海关老同志线上文艺汇演”活动，开展系列主题活动。开展“建言二十大”和“我看中国特色社会主义新时代”2个专题调研活动，收集建言感言102条，向海关总署报送调研文章2篇。赴“绿水青山就是金山银山”理念诞生地安吉、“枫桥经验”发源地绍兴等地开展“走、看、促”活动；开展向一线抗疫青年赠送亲笔书信及书画作品、“我看冬奥会、美丽正当时”系列活动。《驻守草原的燃情岁月》《奉献40年芳华，钱江海关的一场接力》等5篇报道被《浙江老年报》《钱江晚报》等省内新闻媒体采用。

（刘志华）

【离退休干部服务与管理】2022年，杭州海关健全完善规章制度，修订离退休人员管理办法，数字化赋能精准提升离退休干部服务管理水平。坚持

"一人一策"，落实离休干部待遇保障。坚持"一户一方案"个性化定制，开展高龄老人适老化改造，帮助16名老同志有效改善居家养老环境。坚持"精准精细"服务导向，全年走访慰问离退休老党员、老干部、生活困难离退休党员及干部职工156人次，帮助解决实际困难67件，为13位符合条件的老同志发放慰问金。帮助老同志购买配送药品、血氧仪、口罩等6000余份。

（刘志华）

▲2022年6月30日，杭州海关举办退休人员荣休仪式　（陈颖　摄）

第五篇

业务建设

法治建设

【概况】2022 年，杭州海关以法治海关建设为主线，提高立法工作质量，严格规范公正文明执法，推进法治宣传教育，发挥法治服务保障作用。深入践行新时代“枫桥经验”，提升复议应诉工作能力。承办海关总署“8·8”海关法治宣传日相关活动，深化“一关一品”建设，开展专题普法。推进“三项制度”工作，经验成效被《中国国门时报》报道 4 篇次。全年，合法性审核创新监管举措及关地备忘录 7 部；完成海关总署规章立法后评估 10 部，完成杭甬两关执法统一协作议题 15 项，建立与法院、地方司法部门的协调联动机制。

（王卓君）

▲2022 年 12 月 2 日，杭州海关法规处开展“12·4”国家宪法日宪法宣誓仪式（陈颖 摄）

【参与立法修法工作】2022 年，杭州海关作为 5 个直属海关之一，派员参加《中华人民共和国海关法》修订实体化运作专班；组织关区开展《中华人民共和国海关法》专题研究，就《中华人民共和国海关法（征求意见稿）》报送立法建议 18 条。承担海关总署《进口汽车商品检验管理办法》规章修订工作；参与海关总署规章及公告等立法，研提《海关总署关于修改部分规章的决定（征求意见稿）》立法意见。参与地方立法，研提《中国（浙江）自由贸易试验区条例》《浙江省民用航空器条例》等 41 部地方立法意见；参加浙江省人大组织的《浙江省促进中小企业发展条例》立法协调会 2 次；向浙江省大数据局等报送《中华人民共和国出口管制法》《浙江省公共数据条例》等 3 部法律规章贯彻实施情况。

（张天付　李　薇）

【规范性文件后评估和法治审核】2022 年，杭州海关开展规范性文件后评估，参与海关总署《进口饲料和饲料添加剂检验检疫监督管理办法》《中华人民共和国海关行政赔偿办法》《中华人民共和国海关行政许可听证办法》《中华人民共和国海关实施人身扣留规定》等10部海关规章立法后评估工作，研提《进口饲料和饲料添加剂检验检疫监督管理办法》修订建议。合法性审核《中国海关科学技术研究中心中华人民共和国杭州海关战略合作协议》等5部合作协议、出口拼箱货物“先查验后装运”业务模式监管方案等2项改革事项、143份民事合同。全年协助13家司法机关查询报关单数据16万余条。

（张天付　李　薇　夏　雷）

【复议应诉】2022年，杭州海关破解执法疑难问题，专题研究特许权使用费、涉检行政处罚法律适用等问题，答复法律适用问题20余项，撰写典型执法案例3篇；参加海关总署“提高海关执法统一性”专项集中工作，并牵头撰写专题报告。全年受理行政复议案件14起，同比增长100%，办结13起；践行新时代“枫桥经验”，化解行政复议案件6起；应诉行政诉讼案件7起，结案4起。针对部分案件应对难度大等特点，严格审理原则和程序，加强对隶属海关执法指导，实现行政诉讼连续5年“零败诉”。

（吴霓霜）

【公职律师队伍建设】2022年，杭州海关修订公职律师管理实施办法，强化履职考核，优化内部管理。落实公职律师轮值制度，全年抽调4名隶属海关公职律师以干代训，组织6名新申请公职律师参加岗前学习。开展课题研究，紧扣业务堵点、难点撰写论文，3篇论文被海关总署相关刊物录用。参加海关总署组织的模拟法庭展演，推动以案普法。培塑服务品牌，发挥公职律师专长服务企业纾困解难，调研企业40余次，解决难题30余个。截至年底，杭州海关共有公职律师45名。

（吴霓霜）

【行政审批制度改革】2022年，杭州海关根据国务院动态调整，实施9项行政许可，设置“行政审批一个窗口”49个。梳理“证照分离”改革事项11项，其中4项实现从海关系统打印“证照分离”办理结果证书、1项实现向浙江省政府归集数据。参与浙江省“行政备案”改革试点等工作，梳理“证照分离”改革事项中备案事项3项、政务服务事项清单中备案事项9项。梳理关区33个业务系统并研判与省级“互联网+监管”平台的对接需求。

（张天付）

▲2022年6月8日，企业向杭州海关送锦旗表示感谢　（陈颖　摄）

▲2022 年 8 月 9 日，杭州海关公职律师参加模拟法庭展演　（陈颖　摄）

【行政执法资格管理】2022 年，杭州海关制发《海关行政执法资格证书》2 份、《海关执法证》80 份，录入海关人事管理信息系统，维护两证相关信息。全年《海关执法证》收回 4 份。截至年底，杭州海关关区《海关行政执法资格证书》和《海关执法证》分别为 2398 份、1468 份。

（夏　雷）

【执法统一协作】2022 年，杭州海关完成复议应诉、归类审价、口岸安全监管等杭甬执法统一协作议题 15 项，促进跨境电商网购保税进口监管、政务信息公开等执法统一，重点帮扶企业 341 家，新建长效机制 2 个，解决执法疑难问题 5 项。担任海关总署法治工作第六协作区副组长，组织、参与 6 次线上联学、交流研讨，在海关总署政策法规司“晨读一刻”微信公众号上介绍经验做法。

（郭　梅　王卓君）

【法治宣传教育】2022 年，杭州海关深入学习宣传贯彻习近平法治思想，两级党委专题学习 14 次，专题测试 2 次，关区 4000 余人次参加，通过率 100%。开展宪法宣传周、民法典宣传月等专题普法活动，在“海关发布”等署级媒体发表普法稿件 20 余篇。优化普法阵地，杭州海关法治宣传教育基地（钱江馆）获授杭州市法治宣传教育基地；中国海关知识产权保护展示中心（义乌）面向全国开展“云”普法活动，观看量达 25 万人次。深化关区普法“一关一品”建设，杭州海关及所属 13 个隶属海关建立具有地域特色的普法品牌。

（王卓君）

【承办海关总署“8·8”海关法治宣传日 20 周年活动】2022 年 8 月，杭州海关承办海关总署“8·8”海关法治宣传日 20 周年活动暨普法讲师团系列宣讲活动。全面展示“一关一品”普法品牌建设成效，组织模拟法庭展演，举行行政争议化解中心揭牌仪式，邀请海关总署普法讲师团讲师现场授课“法治大讲堂”，展播法治小品和快板作品。

（王卓君）

业务改革与发展

【概况】2022年，杭州海关落实署省合作备忘录，相关工作获得浙江省、海关总署主要领导批示肯定。杭州海关和杭州市余杭区、衢州市、台州市战略合作协议签署落地，统筹推进舟山市、温州市、绍兴市以及浙江省海港集团、省机场集团需杭州海关支持事项，回应地方诉求。全面落实海关总署促进外贸保稳提质系列政策措施，先后出台细化落实举措2批次31条，部署开展知识产权海关保护专项行动，浙江省新增知识产权海关备案连续第七年居全国首位。

（黄茫茫）

【外贸保稳提质】2022年，杭州海关全面落实海关总署促进外贸保稳提质系列政策措施，先后出台细化落实举措2批次31条。开展“十地百团助千企”精准服务活动，组建助企服务团157个，走访辖区10个地级市所有区县，调研企业2424家，累计解决地方和企业困难诉求1659个。支持浙江省稳外贸工作，对接落实浙江省扎实稳住经济一揽子政策措施，参与浙江省稳进提质八大攻坚行动、稳住经济大盘督导服务，反馈对海关工作诉求。与浙江省经信厅建立重点产业链供应链“白名单”管理机制，保障“白名单”企业诉求问题高效处置。

（蒋亦翔）

【口岸开放】2022年，杭州海关指导支持舟山港口岸扩大开放验收准备工作，派员参加舟山港口岸扩大开放验收协调会、舟山港口岸扩大开放工作专项督查，确保舟山港口岸扩大开放顺利通过省级预验收。完成台州港口岸扩大开放验收海关准备工作。做好9个口岸项目临时开放的监管服务。

（张　璐）

【贸易管制与技术规范】2022年，杭州海关部署开展关区进出口货物禁限管理证件自查核查工作，组织禁限管理证件自查9次、许可证专项核查1次，向海关总署提交自查核查报告1篇。落实许可证件联网核查机制，2人参加海关总署组织的出口管制网上培训班，2人参加联合国安理会决议海关执法线上培训班。组织落实海关技术规范制（修）订工作方案，完成制（修）订任务26项，送审海关技术规范14项，报批海关技术规范材料5项，参与海关总署组织的海关技术规范专项工作3人次。持续加强签证规范管理，落实海关总署出口签证新要求12项、进口证书审核规范15项。开展严厉打击伪造检验检疫证书专项行动，举办检验检疫证书验核专题培训班。全年签发各类进口证书2.67万份，答复国外证书核查15批。

（何轶毅）

【知识产权海关保护】2022年，杭州海关部署开展“龙腾行动”“蓝网行动”“净网行动”等知识产权海关保护专项行动，严厉打击进出口侵权违法行为，查扣侵权货物970.05万件，同比增长63.97%，查办案值50万元以上的重大案件5起。强化“浙江出口名牌”企业的知识产权海关保护，引导企业将知名商标、关键技术和核心专利向海关申请备案保护，杭州、金华、丽水等地区“浙江出口名牌”企业知识产权海关备案率均达40%以上；与宁波海关共同引导浙江省新增知识产权海关保护备案4745项，涉及权利人1146个。

（周　萍）

【国外技术性贸易措施咨询服务】2022年，杭州海关成立商品专业组20个，涉及化矿、机电、食品等商品大类。调研海关总署重点企业库企业13家，召开技术性贸易措施宣传贯彻会47次。全年编发《杭州海关技术性贸易措施动态》12期，组织开展“RCEP主要贸易国技术性贸易措施对浙江省出口影响分析及对策研究”和“南方共同体技术性贸易措施及其应对研究”2项课题研究。参与海关总署通报评议工作，涉及评议国家（地区/经济体）18个。其中，完成海关总署食品类TBT（技术性贸易壁垒）通报评议24项，提出意见23条；参与国外能效条例的TBT通报评议4项；完成农药残留、猪肉肠衣、饲料等SPS（植物卫生措施）通报评议（函评）20项，评议意见11条，均被海关总署采用，2项获得国外复函。关区茶叶和跨境电商2个技术性贸易措施研究评议基地建设通过考核。

（沈　杰）

【国外技术性贸易措施交涉应对】2022年，杭州海关向海关总署提出特别贸易关注6项，5项列入WTO/SPS（世界贸易组织卫生与植物卫生措施）委员会议题，杭州海关首次受邀派员参加WTO/SPS委员会会议。通过外交渠道应对中欧鱼子酱贸易中断突发事件，促使欧盟修改新法规，恢复中国鱼子酱出口资质。与南非官方有效磋商，成功免除中国出口羽毛绒熏蒸辐照技术要求。

（沈　杰）

【亚运会海关服务保障】2022年，杭州海关修订亚运会工作方案，增设食品安全保障组，明确职责分工和组织协调机制。组织召开亚运会工作例会

▲2022年11月25日，杭州海关综合业务处与钱江海关赴化妆品企业开展技术性贸易措施影响调研　（高澜　摄）

3次，升级迭代工作推进计划表，形成挂图工作体系。加强信息共享，编发《亚运会信息通报》19期。根据亚组委部署合理调整海关工作进度，做好各类风险评估和应对。

（李　艳）

【跨境贸易便利化】2022年，杭州海关制定优化口岸营商环境推进跨境贸易便利化专项行动任务清单，形成4个方面23项工作任务。开展“离港确认”模式试点，将理货、订舱、转关申报由“串联作业”优化为“并联作业”；推出铁路快速通关业务。扩大高新技术货物布控查验协同试点范围，量身定制光刻机等特种商品设备通关监管方案。支持杭州市营商环境创新试点，形成海关支持科研用物资进口便利化工作举措。保持对整体通关时间常态化监控分析，实行“7×24小时”预约通关“日清”制度，不断提升通关效率，全年进、出口整体通关时间分别为32.79小时、1.21小时。

（蒋亦翔）

【“两步申报”通关改革】2022年，杭州海关持续推动“两步申报”通关模式应用，企业采用“两步申报”模式申报后，可提前将货物提离监管场所；支持企业选择“两步申报”叠加“提前申报”等便利化申报措施，提升货物通关效率。杭州关区采用“两步申报”模式进口报关单6.09万份，“两步申报”进口报关单占比达41.08%。

（何轶毅）

【进出口重点物资通关保障】2022年，杭州海关持续优化通关流程，深化原油和铁矿石“先放后检”、粮食船边检疫便利措施，优化大宗散货多港分卸鉴定流程，保障粮食、能源资源等重点商品通关顺畅。全年监管进口煤炭1421万吨，同比减少18.23%；监管进口原油6.28亿吨，同比减少3.67%。

（何轶毅）

【二手车出口】2022年，杭州海关联合商务、公安等部门开展二手车出口申报、许可证申领、企业信用管理等专题培训，帮助企业协调解决口岸通关、集装箱甩柜等问题，指导试点企业利用中欧班列国际物流通道。调研国内二手车市场、目的国（地区）准入政策和国外检验技术标准，帮助企业规避贸易风险，提升产品国际竞争力。全年受理申报出口二手车4805辆，同比增长3.2倍；货值6.99亿元，同比增长5.9倍。

（胡文君）

【打击消耗臭氧层物质非法贸易执法能力加强项目】2022年，杭州海关召开项目中期推进会，开展交流研讨。在世界环境日和国际臭氧层保护日期间开展2场主题宣传活动。开展衢州地区消耗臭氧层物质出口和监管情况专题调研，召开项目培训视频会，完成项目中期验收工作。5月，杭州海关查获1批出口夹带消耗臭氧层物质二氟一氯甲烷货物，移交环保部门处理。

（胡文君）

【知识产权保护执法协作】2022年，杭州海关开展跨区域、跨部门知识产权保护执法协作。与天津、宁波、深圳等海关在侵权信息共享、线索协查处置、口岸联防联控等方面开展全方位合作。推动海关行政执法与公安刑事司法工作衔接，建立“提前介入、重案联办”的案件查办机制。构建

“海关＋市场监管＋行业”管理模式，商标权国内注册登记对接海关备案场景，实现关区企业知识产权在国内环节和进出境环节的全链条保护。

（周　萍）

【出口企业技术性贸易措施影响调查】2022 年，杭州海关对关区 1771 家出口企业开展年度国外技术性贸易措施影响调查，完成常规调查问卷 904 份，完成中药材产品、毛织产品、木制品、输欧农食产品 4 类产品类别及泰国、菲律宾、越南 3 个“一带一路”共建国家专项调查问卷 867 份。

（温国栋）

▲2022 年 1 月 17 日，杭州海关所属义乌海关查获 1 批侵犯“Ti-Pure”商标权的钛白粉颜料　（项君挺　摄）

自贸试验区和特殊区域管理

【概况】截至2022年年底，杭州海关关区内有浙江自贸试验区舟山南部片区、舟山北部片区、舟山离岛片区、杭州片区、金义片区，8家综合保税区。2022年，杭州海关推进自贸试验区创新发展，2项自贸试验区创新举措获海关总署备案，1项创新举措经海关总署认可上升为创新制度在全国复制推广。与浙江省商务厅共研全省综合保税区发展情况，协助制定《促进全省综合保税区高水平开放高质量发展实施意见》，相关工作汇报获省领导批示。2022年3月3日，绍兴综合保税区封关运作。全年浙江自贸试验区实现进出口总值7131.3亿元，同比增长28.8%，占同期浙江省外贸进出口总值的15.2%；杭州关区综合保税区累计进出口总值1383.2亿元，同比增长38.1%，占同期浙江省外贸进出口总值的3.0%。

（钮慧玉）

▲2022年3月3日，杭州海关关长王伟与绍兴市委书记盛阅春、代市长施惠芳出席绍兴综合保税区封关运作仪式　（绍兴海关　摄）

【综合保税区】2022年9月22日，海关总署发布2021年度全国综合保税区发展绩效评估结果。杭州关区共4个综合保税区参与此次绩效评估，其中杭州综合保税区获评全国和东部地区双A类，其他区域均获评双B类，金义综合保税区全国综合排名较2020年度提升52位（详见表5－1）。

（徐　骎）

【“国际航行船舶转港数据复用模式”被复制推广】2022年6月7日，海关总署发布2022年度经评审复制推广的2项创新制度，杭州海关在浙江自贸试验区首创的“国际航行船舶转港数据复用模式”入选。在该模式下，船舶申报人在国际贸易“单一窗口”一次

表5-1　杭州关区综合保税区2021年度发展绩效评估排名（分类）表

序号	区域名称	全国综合排名（分类）	东部地区综合排名（分类）
1	杭州综合保税区	16（A）	11（A）
2	金义综合保税区	52（B）	39（B）
3	嘉兴综合保税区	64（B）	47（B）
4	舟山港综合保税区	72（B）	53（B）

办理境内续驶进出港申报业务时，通过船舶运营方授权的方式直接调取复用上一港申报数据，船舶申报人核对复用数据，对相关字段进行补充调整，确认后完成申报，实现上下港船舶申报数据共享和协同调用。

（徐　骎）

【自贸试验区创新举措】2022年4月14日，杭州海关“移动查验单兵集成知识产权商标智能识别应用”自贸试验区监管创新举措获海关总署备案。该应用支持智能查询或“以图识图”方式比对，核实货物是否涉嫌侵权。12月21日，杭州海关“长三角海关特殊监管区域进境货物木质包装检疫监管新模式”自贸试验区监管创新举措获海关总署备案。通过该创新举措，长三角地区海关对在自贸试验区范围内海关特殊监管区域命中目的地事中指令（涉及木质包装检疫）的进境货物，在现行根据布控指令在海关监管作业场所（场地）随货实施单票单点式检疫监管基础上，允许在区内符合条件的企业厂房（仓库）或区域管理主体设立的集中管理场所对进境木质包装实施综合管理，实现顺势监管、信用监管和高效监管。

（钮慧玉）

税收征管

【概况】2022 年，杭州海关综合治税工作实现历史性突破，全年税收入库 872.19 亿元，同比增长 28.9%，列全国海关第八位，入库金额再创历史新高。跨境电商零售进口征税 25.2 亿元，同比增长 35.8%；征收进境物品进口税 5119.5 万元，同比增长 18.8%。审核办理《征免税确认通知书》9640 份，货值 25.59 亿美元，同比分别增长 42.5% 和 5.4%；减免两税 23.96 亿元，同比增长 15.9%。签发各类原产地证书 11.96 万份、货值 568.63 亿美元，帮助企业享受进口国关税减让 179.35 亿元，签证量、签证货值、减让税款均居全国海关首位。

（王　凯）

【税收征管】2022 年，杭州海关前 10 位税源商品合计征税 601.78 亿元，同比增长 22.3%，占税收总量的 72.0%。其中前 2 位税源商品是原油、铁矿砂，分别征税 298.85 亿元、75.45 亿元，合计征税 374.30 亿元，占税收总量的 50.4%。关区纳税前 20 位企业实征税款 496.34 亿元，占关区税收总量的 59.5%，其中前 2 位纳税企业分别纳税 188.68 亿元、108.86 亿元，占税收总量的 40.1%。属地企业异地口岸纳税比例超五成。全年关区 14764 家属地企业在全国纳税 1111.94 亿元、同比增长 17.5%，属地企业在关区纳税 528.68 亿元，属地纳税率 47.5%；异地关区纳税 583.26 亿元，异地纳税率 52.5%，其中异地纳税前两位分别为上海、宁波海关，异地纳税额占比分别为 26.7%、17.7%。落实减税降费政策，帮助企业减税降本 275.93 亿元，其中自贸协定进出口享惠 179.35 亿元、对美加征关税排除减免税款 47.38 亿元、执行国家进口税收优惠政策减免税款 23.96 亿元、落实天然气先征后返等政策性退税 9.81 亿元、煤炭零暂税减免关税 5.42 亿元、滞纳金减免 137.64 万元、多元化担保为企业降低成本约 10 亿元。

（苏清文）

【税政调研】2022 年，杭州海关聚焦“十四五”规划，围绕改善民生、先进技术、绿色低碳、数字经济、乡村振兴 5 个重点方向启动税政调研。牵头开展原料药及疫苗研发等多项全国专项调研；积极落实杭甬两关执法协作机制，开展杭甬两关、片区海关联合调研。审核上报集成电路、生物医药、食品、矿产品等新增暂定关税、新增子目等税政调研议题 15 项；与浙江省财政厅联合开展常规议题调研 13 项，医疗产业原料药、造影剂专项调研 2 项，协助审核上报 35 项优质进口消费品新增暂定税率建议。11 项建议纳入 2023 年关税调整方案，惠及生物医药、进口消费领域以及汽车行业。

（陈　岚）

【估价管理】2022 年，杭州海关加强关区估价作业管理，明确估价补税、特许权使用费后续征税、公式定价延续性征税的具体操作，规范涉价补税数据录入，审价作业规范度达到 100%。开展价格研究和测算，夯实价格管理基础。强化属地纳税人管理，加强政策宣传和辅导，引导“双特”企业主动申报纳税，巩固应税特许权使用费“由补变征”管理成效，全年特许权申报纳税 4013.8 万元，同比增长 110.3%。开展“以商品为单元，以行业为专项”研究，选定重点商品，梳理行业上下游情况，精准掌握商品及行业涉税管理要素，强化日常管理。

（陈辉东）

【RCEP 高质量实施】2022 年，杭州海关强化关地合作，与浙江省商务厅合作开发上线全国首个省级 RCEP 公共服务平台，联合开展全省 RCEP 巡回政策宣讲 80 余场，培训服务企业 11000 余家。强化数字赋能，开发 RCEP 智能享惠服务平台，建成全国首个原产地签证教学实训点，为企业开展实训教学 12 场，服务中小微企业 500 余家；推广“线上申报、智能审核、自助打印”全流程数字化服务，RCEP 原产地证书自助打印签发率 85.4%。强化享惠指导，成立 RCEP 助企服务小组，指导企业用好 RCEP 原产地规则，精准帮扶企业 465 家。全年签发 RCEP 原产地证书 5.28 万份，货值 198.45 亿元，帮助企业享惠进口 12.04 亿元，实现浙江省进出口货物税款减让约 2.17 亿元。

（毛梦婧）

【减免税管理】2022 年，杭州海关协调浙江省发展改革委出具全省首份“外商投资再投资”企业外资项目确认书，为之后省内同类情况享受进口税收政策提供新路径；协调农业部门确认企业更名期间及暂停资格前有关批次渔获享惠资格，为企业免税 6262.05 万元；与省科技厅协调对接，精准实施国家支持科技创新进口税收优惠政策关于共享开放相关规定，推进免税进口科研设备仪器共享开放。

（沈静之）

【跨境电商商品条码应用试点】2022 年，杭州海关率先在全国海关开展跨境电商商品条码应用试点，试点参与企业占关区跨境电商零售进口业务企业的 91%，条码申报率为 96.2%，申报准确率为 91.9%。依托试点，自主收集上报商品条码 5 万余条，进一步丰富商品条码库数据。同时，积极探索商品条码在跨境电商管理全领域全链条应用，努力丰富条码的应用场景，增强协同治理能力。累计验放跨境电商零售进口清单 11595.2 万份，进口货值 263.2 亿元，税款 25.2 亿元，同比分别增长 23.3%、35.1%、35.8%，各项数据增幅均高于全国增速。其中，“1210”网购保税清单、货值、税款均列全国第一位。

（陈辉东）

【政策研究及宣传】2022 年，杭州海关参与海关总署关于中日韩集成电路行业相关政策对比、数字产品关税及碳关税对进口税收优惠政策影响等政研课题研究；开展自贸协定原产地规则索引和市场采购贸易方式原产地管理课题研究，参与海关总署原产地单证智能审核“揭榜挂帅”项目。提出关于

《鼓励外商投资产业目录》《远洋渔业自捕水产品品种及产地目录（2020年版）》《海关总署关于对外国政府、国际组织无偿赠送及我国履行国际条约规定进口物资减免税审核确认事宜的公告》等的修改意见。积极开展RECP等自贸协定实施情况分析，向地方政府和海关总署报送要情专报5篇。做好自贸协定等新闻宣传工作，获《人民日报》、中央电视台、新华社、“学习强国”、《浙江日报》等媒体刊发稿件150余篇。

（沈静之　毛梦婧）

【税政调研促成无级变速箱用钢带进口关税税率从6%降到3%】2022年，杭州海关根据企业诉求，成立工作组，开展专项调研，促成无级变速箱用钢带（商品编号87084091.30）新增暂定税率建议被纳入2023年关税调整方案，进口关税由6%下调为3%，预计每年可为浙江省内企业节约成本500万元，惠及整个变速箱行业。

（陈　岚）

卫生检疫

【概况】2022年，杭州海关贯彻落实习近平总书记关于疫情防控系列重要讲话和重要指示批示精神，严格落实署省部署和要求，优化完善疫情防控措施，强化六大机制，科学精准筑牢疫情防线。保稳提质，快速办理出口新冠疫苗卫生检疫审批，推动入境特殊物品安全联合监管机制试点工作落地，助推地方生物医药产业发展。夯实基础，加强口岸核心能力基础建设，做好口岸卫生监督，开展“揭榜挂帅”课题研究，持续提升口岸公共卫生核心能力。

全年检疫入境航空器4266架次，入境船舶5489艘次；检疫入境人员321424人次（其中空港人员204583人次、海港人员116841人次）。妥善处置“盛运来”“宝宏8”入境船舶聚集性疫情9次；妥善应对口岸入境大客流疫情防控工作；持续优化入境客运航空器新冠疫情终末消毒监督，开展海关监管作业现场及人员封闭管理场所新冠病毒环境监测；坚持“多病共防”，在入境人员中检出全省首例新冠病毒奥密克戎BA.2.12.1、XBB、BQ.1亚型变异株感染者，检出疟疾、流感等其他传染病11例。完成出入境特殊物品卫生检疫审批9242批次，同比增长42.56%。

（宋鸿昌）

【口岸检疫管理】2022年，杭州海关完善口岸传染病防控机制，筑牢口岸检疫防线。关心关爱一线工作人员，开展“关长走进口岸封管区”活动，5名关领导深入口岸封闭管理一线，推动解决疫情防控难点堵点问题。建立健全疫情信息监测和风险预警机制，实现重点交通工具、重点人员精准检疫。强化常态化培训和应急演练，组织开展一线疫情防控人员岗前培训94期、实操培训269期，累计培训3182人次；开展多轮职业暴露、进口货物检测阳性处置等应急演练。实战实用“杭州海关口岸疫情防控在线”，入境旅客凭“海关码”一码通关，推行“中心+现场”检疫监管模式，远程辅助开展检疫工作。建立口岸疫情防控每周自查督查机制，发现问题立行立改。坚持“多病共防”，加强对猴痘、疟疾、黄热病、拉沙热、中东呼吸综合征等其他口岸重点关注传染病的检疫查验，防止疫情叠加。检出疟疾、流感等其他重点关注的传染病11例。

（陈　勇）

【卫生检疫重要保障】2022年，杭州海关围绕外交、经济、文体等方面的重大国际活动，按规定要求实施入境卫生检疫，提供高效优质的通关服务。根据海关总署和地方联防联控机制相关工作部署，指导关区相关隶属海关更新完善外交、商务、海外务工人员、留学生回国等不同类型包机卫生检疫工作方案；加强与地方联防联控机制各成员单位的协调沟通，建立入境人员信息共享、全流程闭环管理、应急处置等工作机制；加强与口岸疫情防控工作专班的联系配合，做好登临检疫、入境客运航空器终末消毒监督等相关工作，防止疫情跨境传播，确保出入境人员高效通关。完成包括中国首架自乌克兰撤侨包机在内的共 4 架次 981 人次撤侨包机、24 架次 5095 人次央企包机、47 架次 8680 人次上海分流国际航班等各类重点航班入境检疫保障任务。

（陈　勇）

【口岸突发公共卫生事件应急处置】 2022 年，杭州海关完善口岸突发公共卫生事件应急处置机制建设，制订工作方案，与宁波海关、浙江省卫健委签订口岸公共卫生安全合作备忘录，强化联防联控，全年妥善处置入境船舶聚集性疫情 9 起。“入境旅客体温监测预警体系”和“突发公共卫生事件应急指挥体系建设”2 个“揭榜挂帅”课题项目研究，通过海关总署中期考核。

▲2022 年 6 月 12 日，杭州海关所属温州海关关员对“大洲号”远洋渔船进行登临检疫查验　（蒋琦　摄）

（陈　勇）

【传染病监测】 2022 年，杭州海关组织关区开展出入境人员传染病监测，共体检出入境人员 44160 人次，检出传染病 95 例；预防接种出入境人员 17603 人次。全年编写 496 条、初审 444 条传染病疫情监测信息，为海关总署编报每日全球传染病疫情信息提供素材。每日编写墨西哥、智利、阿根廷和哥伦比亚 4 国的新冠疫情研判评估报告，为海关总署境外新冠疫情趋势研判提供依据。

（宋鸿昌）

【国际旅行健康宣教】 2022 年，杭州海关组织开展形式多样的国际旅行健康宣教。开展全国疟疾日宣传活动，在各口岸和保健中心发放疟疾防治知识手册和驱蚊防护用品，向出入境体检人员开展疟疾防治知识教育；告知前往疫区的出境人员回国后如有症状可到海关保健中心接受免费疟疾检测；利用当地报刊、微信公众号等开展大众疟疾防治知识普及宣传活动。杭州国际旅行卫生保健中心（杭州海关口岸门诊部）主任技师吕沁风、副主任医师何蕾被评为全国消除疟疾工作先进个人。在各口岸和保健中心结合主题，组织开展世界艾滋病日宣传活动。此外，在各保健中心体检大厅和微信公众号，结合出境目的地有针对性地开展黄热病、登革热、新冠等传染病相关知识的宣传，为出入境人员提供国际旅行医学保健咨询。

（宋鸿昌）

【口岸公共卫生核心能力建设】2022年，杭州海关持续开展口岸公共卫生核心能力自查工作。要求相关隶属海关根据海关总署《〈国际卫生条例（2005）〉口岸核心能力动态监督管理规定》相关要求以及最新版的口岸核心能力工作指引、考核表和调查表，检查各自关区空、海港口岸核心能力建设情况，整改检查中发现的问题。根据疫情发展形势和口岸工作实际，组织专家现场核查杭州萧山国际机场，提出整改意见，其中观察项29项、不符合项16项，及时督促整改，巩固提升口岸核心能力。

聚焦口岸卫生检疫基础设施建设，持续推进智慧旅检建设。指导杭州萧山机场口岸T4航站楼旅检通道改扩建，推动多项智能设备和多个数字化应用场景落地应用；结合疫情防控需求和口岸实际，指导温州龙湾国际机场、舟山普陀山机场加快推进海关旅检场地改扩建工作。11月29日，海关总署专家组远程考核杭州海关口岸公共卫生核心能力建设情况，该考核是口岸核心能力复核的重要内容，以无脚本桌面演练形式开展，考核卫生检疫业务机制建设、流程规范以及口岸突发公共卫生事件应急处置能力3方面内容，杭州萧山机场海关高分通过该考核。持续推进杭州萧山国际机场创建国际卫生机场工作，参与杭州萧山国际机场“创卫”领导小组组织的自查活动，并对照要求提出相关整改建议；牵头做好“创卫”相关台账更新、申报材料编写等工作，形成了19.8万多字的申报材料。

（陈　勇）

【国境口岸卫生监督】2022年，杭州海关制订印发年度口岸食品和卫生监督方案；督导杭州萧山机场海关辖区亚运航空食品、年度卫生监督及食品抽检、废弃物监督工作，提出整改意见；优化调整口岸卫生监督“双随机、一公开”抽查工作；开展杭州海关国境口岸卫生监督员培训，共计74人参加；组织国境口岸卫生监督员资质考试，通过考试取得资质22人。

（陈　敏）

【口岸病媒生物监测】2022年，杭州海关按照海关总署卫生监督计划和长三角病媒监测要求，对鼠及其体表寄生虫（2—11月每月1次）、蚊（成蚊5—10月上下旬各1次、伊蚊诱卵器法5—10月每月1次）、蝇（3—11月每月1次）、蜚蠊（全年每月1次）、游离蜱类（4—9月每月1次）和输入性病媒生物开展监测。据统计，鼠类监测共放置有效鼠夹2.87万只，捕获鼠形动物14只，每百夹每夜平均鼠密度为0.05只；放置有效鼠笼6470只，捕获鼠形动物1只，平均每百笼每夜捕鼠0.02只，捕获蚊虫760只，平均密度1.17只/台·小时。共放置蝇笼342笼次，捕获蝇类3134头，平均密度为10.84只/笼。共放置粘蟑板有效板数4750张，捕获蜚蠊942只，平均密度0.2只/张。共监测游离蜱94次，平均密度0，符合要求。另外，监测输入性病媒生物87批次、173只。

（陈　敏）

▲2022年12月18日，杭州海关所属台州海关关员对一入境船舶船员开展体温监测（童晨辉　摄）

【生物安全制度建设】2022年，杭州海关贯彻落实习近平总书记关于国家生物安全建设的重要讲话和重要指示批示精神，贯彻总体国家安全观，落实《中华人民共和国生物安全法》、《"十四五"海关发展规划》和生物安全体系建设方案，成立杭州海关生物安全工作领导小组，制订生物安全体系建设方案及任务分工，完善生物安全风险防控和治理体系建设。

（吴行知）

【特殊物品卫生检疫监管】2022年，杭州海关推动入境特殊物品安全联合监管机制试点工作落地，帮扶4家生物医药企业纳入试点"白名单"，现场风险评估2家"白名单"企业拟进口的特殊物品。完成出入境特殊物品卫生检疫审批9242批次，同比增长42.56%。开展"三走进三找准"和"十地百团助千企"专题活动，调研10家特殊物品生产经营企业，走访政府部门4次，召开座谈会6次，征集23个疑难问题并全部予以解决。

（吴行知）

【出境新冠病毒疫苗卫生检疫监管】2022年，杭州海关贯彻落实党中央、国务院关于对外提供新冠病毒疫苗工作指示批示精神以及海关总署有关工作要求，严格执行关区新冠病毒疫苗出境监管工作作业指引，规范出境新冠病毒疫苗监管工作流程，确保新冠病毒疫苗出入境卫生检疫审批在24小时之内完成。及时将新冠病毒疫苗卫生检疫审批有关信息通报北京、上海、广州等口岸海关，保障新冠病毒疫苗安全、快速通关。年内，关区新增1家出口新冠病毒疫苗相关企业。

（吴行知）

动植物检疫

【概况】2022年，杭州海关坚持总体国家安全观，严格防控口岸动植物疫情，健全监测预警及应急处置机制，服务农产品外贸保稳提质，完善动植检治理体系。开展“国门绿盾2022”行动、“跨境电商寄递‘异宠’综合治理”专项行动；助力种牛、种苗等动植物种质资源和粮食等资源性农产品进口，促进柑橘、活鱼等农产品出口；保障杭州亚运会马术测试赛。全年，关区动植物及产品进境1.8万批、408.3亿元，同比分别增长40.0%和与2021年持平；出境33.7万批、831.1亿元，同比分别下降14.7%和增长71.6%。

（王素清）

【国门生物安全监测】2022年，杭州海关科学监测动物疫病、植物疫情和外来物种，设置监测点约500个，抽采约1.2万个动物疫病监测样品，监测到红火蚁等多种重要有害生物，检出动物疫病阳性样品23个。

（刘付超　吴淑英）

【饲料和食用农产品安全风险监控】2022年，杭州海关开展安全风险监控，抽取进出口食用农产品和饲料监控样品501个，获得监控结果8435个，检出不合格结果数7个，监控结果总体合格率为99.92%，同比上升0.23%。

（刘付超　吴淑英）

【有害生物截获】2022年，杭州海关跟踪搜集境外重大动植物疫情发生态势信息717条，截获进境植物检疫性有害生物2230种次，同比增长8.0%。首次截获小麦线条花叶病毒、不实野燕麦等重要有害生物。

（刘付超）

【国门生物安全宣传】2022年，杭州海关以《中华人民共和国进出境动植物检疫法》实施30周年、《中华人民共和国生物安全法》实施1周年为契机，联合浙江自然博物院通过新媒体平台开展“云探秘海关植检实验室”“国门把关配音秀”等沉浸式体验活动；组织举办首期国门生物安全原创作品线上征集活动和“学动植检法　助力绿色亚运”系列普法活动；召开纪念动植检法实施30周年视频座谈会，提升社会大众的国门生物安全守法意识。全年开展国门生物安全教育宣传活动58场，受众人数达6.5万余人。各项活动被中央电视台、新华社、浙江卫视、“海关发布”等媒体平台宣传报道。

（林敬州）

【口岸动植检能力提升工程】2022年，根据《关于印发全国动植物保护能力提升工程建设规划（2017—2025年）的通知》要求和海关总署统一部署，杭州海关推进实施口岸动植检能力提升项目，按计划配备线虫快速分离器、超景深显微镜、智能昆虫诱捕监测仪、溴甲烷浓度检测仪等设备，重点投入建设口岸现场查验执法装备和动植检初筛鉴定室，向海关总署推荐申报口岸初筛鉴定室4家，推进口岸动植检标准化建设。

（林敬州）

【岗位资质管理】2022年，杭州海关开展岗位资质培训，组织人员参加海关总署线上培训；开办1期岗位资质集中培训班和3期专题培训。严格落实岗位资质考试，组织人员参加海关总署高级签证官考试；举办普通签证官和查验岗位资质统一考试，视频监考、全程录像。规范岗位资质认定，按要求动态调整原岗位资质人员信息。年内，新考核认定岗位资质人员151人次，其中高级签证官25人、普通签证官5人、专家查验岗10人、普通查验岗111人。

（王素清）

【农产品新冠病毒防控】2022年，杭州海关严格落实疫情防控工作要求，时刻关注进口农产品新冠疫情舆情信息，指导督促口岸一线按指令要求开展进口冷链和高风险非冷链农产品及包装核酸监测和处置。全年进口冷链水果860批6.96万吨，采样104个，均未检出核酸阳性。

（刘朋娟）

【保障粮食安全和供应链稳定】2022年，杭州海关落实粮食安全责任制各项任务，承接海关总署授权检疫审批事项，借助"互联网+海关"简化审核手续，推广进境粮食"两段准入"，成立进境粮食检疫专班，实施船边检疫便利措施。全年检疫监管进口粮食743.1万吨、货值44.60亿美元，货值同比增长23.2%。

（金　啸）

【地方特色优质农产品出境】2022年，杭州海关落实促外贸保稳提质各项措施，促进地方特色优质农产品出境。开辟"即报即查、快速验放""绿色通道"，企业注册登记"随到随办、随办随审"，指导企业通过香港渔农自然护理署书面检查，服务杨梅、活鱼等鲜活易腐农产品快速通关。向海关总署推荐13家农产品企业获得欧盟和美国官方注册，助力企业开拓国际市场。组织研究应对国外技术性贸易措施，促成关区出口竹签制品在印度顺利通关。

（刘付超　吴淑英）

▲2022年8月，杭州海关所属舟山海关关员在宁波舟山港老塘山码头现场检疫进口大豆　（陈吉浩　摄）

▲2022 年 5 月 17 日，杭州海关关员在供港活鱼中转场模拟香港食物环境卫生署检查（徐丽　摄）

【“国门绿盾 2022”行动】 2022 年 3 月 15 日，杭州海关启动严防动植物疫情疫病传入和外来物种入侵“国门绿盾 2022”行动，成立分管关领导为组长的行动指挥部，制订行动方案，强化工作督导。全年截获非法入境外来物种 227 种次，对查获的 1 起非法邮寄活体星球属仙人掌案件实施行政处罚。

（刘付超）

【“跨境电商寄递‘异宠’综合治理”专项行动】 2022 年国庆节期间，杭州海关启动“跨境电商寄递‘异宠’综合治理”专项行动，成立以关长为组长、2 位分管关领导为副组长的专项行动领导小组，制订专项行动方案，强化口岸检疫查验，严厉打击非法携带、寄递外来物种违法行为。从邮递渠道截获共计 12 批次 66 只甲虫，对 3 起非法邮寄甲虫案件实施行政处罚。

（刘付超）

【外来入侵物种普查】 2022 年 2—11 月，杭州海关开展首次外来入侵物种普查，制订实施方案，成立技术专家组，定期组织研讨、培训、调研。全年关区出动 420 人次到 119 个点开展普查，普查发现外来入侵物种 43 种，基本摸清关区口岸外来入侵物种分布情况。

（刘付超）

【杭州亚运会马术项目检疫准备】 2022 年，杭州海关继续开展第十九届亚运会马术项目检疫准备工作。1 月 12 日，承办海关总署会议参与检疫政策研究，协助制修订并通报《第十九届亚运会参赛马检疫和卫生要求》。推动桐庐无规定马属动物疫病区于 3 月 30 日获

▲2022 年 10 月 9 日，杭州海关所属钱江海关驻邮局办事处截获来自日本活体甲虫巨叉深山锹形虫 *Lucanus hermani*　（马国栋　摄）

世界动物卫生组织认可。召开杭州海关第十九届亚运会马术比赛检疫工作领导小组（马术检疫组）会议3次，汇编工作简讯4期，举办马术检疫培训班1期，指导突发马病应急演练2场，编写马术检疫培训教材4册。制订杭州海关马术测试赛监管方案和团队方案，5月23日—6月11日，组织约50名关员开展杭州亚运会马术项目海关检疫监管全要素、全流程、全过程测试工作，为杭州亚运会马术项目境内外参赛马的检疫监管和保障工作做好准备。

（吴淑英）

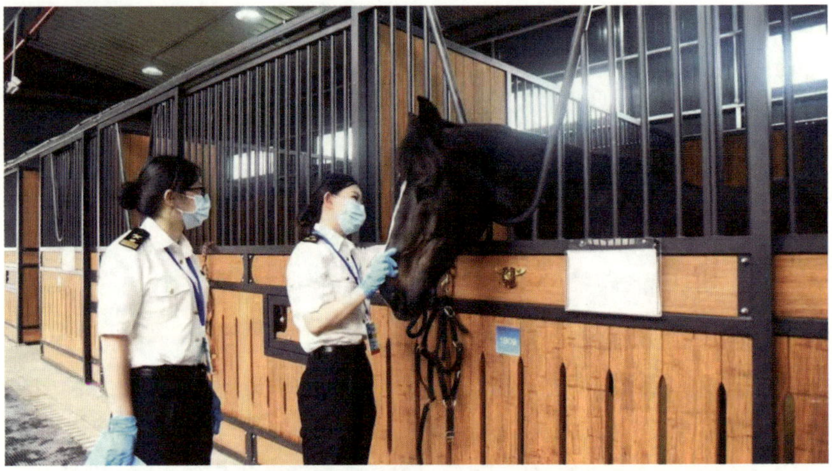

▲2022年6月6日，杭州海关所属钱江海关关员在杭州桐庐马术场馆检查测试赛马匹（周敏伟　摄）

▲2022年11月29日，党员突击队队员在舟山进境种牛隔离场为进境澳大利亚种牛采血　（胡丹　摄）

【优质种牛助企引进】2022年4月，杭州海关成立工作小组，指导隔离场升级改造，提升动物福利保障水平，落实动物防疫措施；制订方案规范检疫监管工作，开展演练加强专业培训，逐一规范确保检疫工作安全；建立关企联动、部门联动机制，妥善应对企业贸易纠纷、饲草短缺等突发事件，保障种牛顺利进境；调动全关专业力量，成立党员突击队，抽调7个隶属海关21名兽医参与全流程检疫，有效维护国门生物安全。年内，助企引进优质种牛11790头，检出二类动物疫病3种，均为历年之最。

（吴淑英）

【帮扶出口企业恢复输欧盟盆景资质】2022年6月，杭州海关关区某盆景出口企业出口的红枫盆景被欧盟检出检疫性有害生物星天牛，欧盟决定将该企业出口苗圃从其注册名单中删除。针对该情况，杭州海关成立工作组，指导企业查补管理漏洞、加快整改，并及时向海关总署反馈。经海关总署与欧盟多次协调沟通，最终帮扶企业在2个月内快速恢复输欧盟资质。

（刘付超）

【优化检验检疫电子底账签发】2022年6月，杭州海关针对因物流、船期、不可抗力等原因造成电子底账到期的竹木草制品，优化超期电子底账重新签发流程：在确认货物是同一批次和运输包装保持一致的情况下，允许企业重新申请并签发电子底账。该举措便利企业出口，节约滞港、运输等时间和费用。6—12 月，共计 551 批次出口竹木草制品电子底账顺利重签出口。

（刘付超）

▲2022 年 9 月，杭州海关所属钱江海关关员在输欧盟盆景种植养护基地监测有害生物（钱建伟　摄）

进出口食品安全监管

【概况】2022 年，杭州海关贯彻落实习近平总书记关于食品安全“四个最严”要求，守护“舌尖上的安全”，服务高质量发展。推进进口食品“国门守护”行动，开展输非茶叶质量安全专项治理行动。成功应对欧盟单方面修改法规取消中国鱼子酱产品出口资质突发事件，帮扶浙江省实现首次毛燕进口。构建远洋自捕水产品疫情防控全封闭管理体系，市场采购贸易方式出口预包装食品监管创新模式被浙江省复制推广。实施“食品安全能力提升计划”，提升队伍整体业务水平。全年检验检疫进出口食品及化妆品 114141 批、货值 694.45 亿元，同比分别增长 3.00% 和 11.46%；查验 8621 批，不合格 281 批次，查验不合格率为 3.26%。

（赵敬谦）

【管理制度完善】2022 年，杭州海关牵头编写海关系统进出口水产品、进出口茶叶、出口加工食品（事后监管部分）检验检疫监管作业指导书；参与编写进出口蜂产品、肠衣检验检疫监管作业指导书；修订国家标准化指导性技术文件《出口水产品质量安全控制规范》（GB/Z 21702—2008）、《出口茶叶质量安全控制规范》（GB/Z 21700—2008）。制定杭州海关进口简易标签葡萄酒、进境毛燕、远洋自捕水产品检验检疫监管等业务管理文件。

（赵敬谦）

【服务外交外贸大局和国家战略】2022 年，杭州海关作为组长单位，组织完成马耳他输华水产品质量安全管理体系视频检查及相关议定书磋商工作，参与越南、印度尼西亚等国家的食品安全和疫情防控体系视频检查。筹划海关总署与浙江省政府合作备忘录涉食事项落实措施，支持区域重大战略实施。推进杭州亚（残）运会进口食品保障服务工作，成立杭州海关食品安全保障组，确立“一办四班”工作架构；建立亚运会进口食品、航空食品、随代表团入境食品“三项任务”保障模式，明确食品通关、专仓保障、空港餐食、现场工作 4 个方面工作职责；制订杭州海关进口食品安全保障工作方案、“1 + X + Y”专仓建设方案、“三项任务”工作指南及突发事件应急处置预案。

（赵敬谦）

【进口冷链新冠疫情防控】2022 年，杭州海关组建“物防”专家组，全面整理检验检疫法规及国务院联防联控有关规定，清晰界定 5 个方面 18 项海关法定职责，完成海关总署交办的进口冷链食品全流程法定职责梳理任务。修订进口货物或环境口岸环节新冠病毒核酸检测阳性应急处置预案 2 次，优化疫情防控措施。组织涵盖从接受指令到应急处置阳性检出等 8 个环节的进口食品口岸新冠病毒核酸检测阳性应急处置观摩演练，开展进口冷链食品采样及防护技能培训，提升一线防控能力。整理11个方面28个关键环节形成42项检查要点，先后“零问题”通过国务院联防联控进口冷链食品疫情防控专项督查和海关总署“百名科长百日督查”。全年完成境外食品生产企业疫情防控检查、书面评审513家；检测进口冷链食品新冠病毒核酸样品121个；检验检疫监管进境冷链食品80余万吨，同比增长11%；对863批次、7.18万吨货物实施预防性消毒；查发退运未准入高风险货物3600余吨；协助地方政府紧急处置阳性检出货物19批、475.5吨。

（蒋高强）

【进口食品“国门守护”行动】 2022年，杭州海关协助海关总署拟写（磋商）双边议定书3份，评估卫生证书5次，视频检查境外生产企业13家，评审境外生产企业注册498家，强化源头管理。严格规范执行进出口食品化妆品监督抽检和风险监测计划，监督抽检涉及茶叶、蔬菜及制品、水产及其制品、糕点饼干、美容化妆品等69类，检验样品1026个、项次9033个，检出不合格样品17个、项次25个；监测样品683个，监测项次3107个，检出超限样品3个、项次3个。加强“四新一无一特”和敏感国家（地区）进出口食品化妆品监管，妥善处置土耳其驻华大使馆2次照会通报输土空白胶囊（非食品）检出猪源性成分、市场监管总局转香港食物环境卫生署关于西班牙含“2-氯乙醇”保健品通报等系列突发食品安全事件。

（赵敬谦）

【风险因子监测控制】 2022年，杭州海关常态化梳理分析问题风险，发文明确4个方面工作要求、14项具体措施，全面防范食品安全风险，建立并动态更新“进出口食品重点风险项目”“高风险企业”“重点行业协会及龙头企业联络”3个清单，形成系统性梳理、体系化防范风险机制。持续跟踪收集境内外食品安全信息，935条信息被海关总署录用，列直属海关第二位。全年核查处置境外通报82起，组织含金银箔粉食品、存在酒瓶爆裂风险啤酒等风险产品排查13次，发布风险预警信息10个，协同应对处置进出口食品安全业务领域行政复议4起、行政诉讼2起。

（赵敬谦）

【全国食品安全宣传周】 2022年，杭州海关围绕“共担安全责任　共享美好生活”主题，

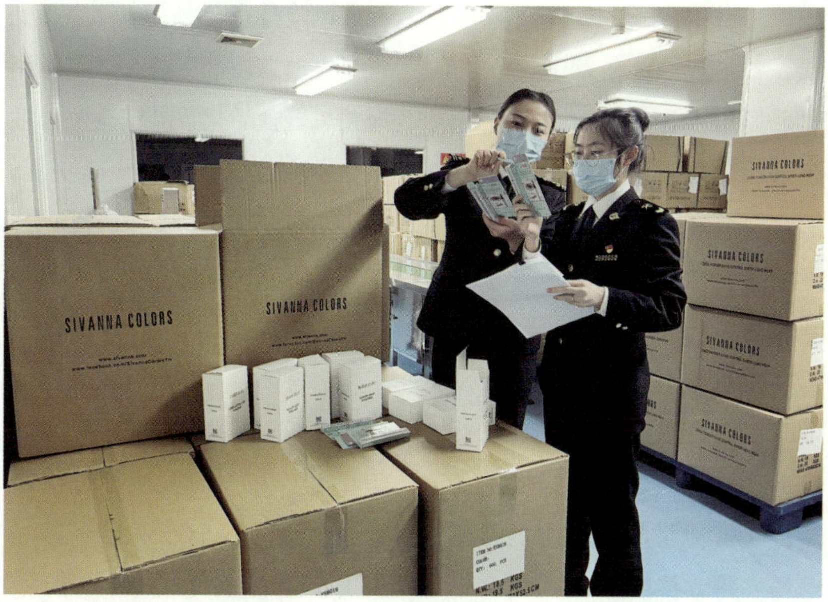

▲2022年3月7日，杭州海关所属钱江海关关员现场查验眼线笔　（钱雨农　摄）

▲2022 年 10 月 25 日，杭州海关所属义乌海关关员现场查验进口矿泉水　（金淑萍　摄）

结合关区进出口特色食品产业开展系列宣传活动，组织“进社区”“进口岸”“进市场”“实验室开放日”等活动 50 余场，发放宣传折页 3300 余份，张贴海报 37 张，现场向消费者宣传进口食品安全法律法规、工作成效和选购注意事项，参与人数约 2400 人次；以现场培训、签订食品安全倡议书、发放政策法规告知书等形式，引导企业掌握境内外政策法规变化，规范质量安全管理体系，防范食品安全风险，落实质量安全主体责任。活动期间，编写发布《进口食品标签那些事》《进口乳品通关秘籍》《带你了解食品中的金银箔粉》等宣传稿件 10 余篇。

（陈焕斌）

【“智慧杭关·食品”工程建设】2022 年，杭州海关受海关总署委托，搭建“云擎”大数据平台进出口食品安全监管应用模型，牵头有关直属海关利用该模型开展多次风险排查，为海关系统进出口食品安全工作宏观监控、风险排查及突发事件应急处置提供信息技术支撑。试点应用海关总署食品化妆品安全监督抽检和风险监测管理系统新功能，完成“杭州海关亚运监管在线”食品保障模块设计。

（赵敬谦）

【食品安全能力提升计划】2022 年，杭州海关调整进出口食品化妆品安全专业组，建立进出口食品安全专业人才库；创建出口茶叶检验监管实训点（绍兴），举办岗位能力提升培训班和疫情防控业务能力培训 2 次；开展进出口食品安全信息“以干代训”活动，组织 148 人（次）通过动植物检疫、加工食品岗位资质培训考核；推荐 7 人（次）入选海关技术规范食品专业技术委员会、浙江省第一届食品安全风险评估专家委员会等省部级专家队伍，提升管理、专家、检验、检测 4 支队伍业务水平。

（赵敬谦）

【市场采购贸易方式出口预包装食品试点成果巩固】2022 年，杭州海关持续完善“三单一码六制度”监管创新模式，被浙江省自贸办评为“中国（浙江）自由贸易试验区最佳制度创新案例”并在浙江省范围推广。支持浙江温州完成市场采购出口预包装食品监管创新模式复制，实现首单出口。组织本级市场采购方式出口预包装食品风险监测，成立专业组跟踪研究国内外最新法律法规和相关贸易要求，开展风险评估，推进出口产品、国家、企业“三张清单”动态调整。全年出口货值 5439.5 万元。

（赵敬谦）

【远洋自捕水产品疫情防控全封闭管理体系构建】2022年，杭州海关协调推进舟山、台州市政府构建多部门协作、封闭式、单一口岸通关管理体系，推动落实产品监测、渔船管控、总体协调等主体责任，促成海关总署取消远洋自捕渔获新冠布控指令、其他布控在口岸事后实施，保障疫情形势下远洋自捕渔船出得去、渔获进得来，吸引远洋自捕渔船向舟山、台州集聚，“进口冷链食品物防体系建设集成改革”获浙江省改革突破奖提名奖。全年，安全保障入境远洋自捕水产品73.27万吨、71.89亿元，同比分别增长6.36%、12.66%，重量、货值均创历史新高，居全国第一，直接带动就业1.4万人。

（蒋高强）

▲2022年8月21日，杭州海关所属舟山海关关员监管远洋自捕水产品　（王文杰　摄）

【跨境电商进口食品安全风险防控效能提升】2022年，杭州海关组织构建深化跨境电商进口食品质量安全海关风险监测体系研究；协助海关总署召开全国海关跨境电商零售食品禁止进口规范研讨会并拟制相关工作规范；制定跨境电商进口食品含药物成分、有效成分检测等布控表单；牵头有关直属海关开展跨境电商进口蜂胶产品和含NMN（β-烟酰胺单核苷酸）、辅酶Q10、褪黑素、DHA（二十二碳六烯酸）产品专项风险监测。检出多款保健功能食品有效物含量低于标示值，添加他达拉非、西地那非等禁限类物质成分，海关总署据此发布风险监测指令。排查麦卢卡掺假蜂蜜，以及雅培、荷兰HeroBaby进口婴儿配方奶粉等系列风险，先后查处退运销毁各类跨境进口食品8批次，其中雅培奶粉4万余罐。

（赵敬谦）

【输非茶叶质量安全专项治理行动】2022年，杭州海关成立专项治理行动领导小组，制订包含5个方面16项具体措施的专项治理行动方案，整体协同推动关区输非茶叶专项治理行动。对辖区输非茶叶31家备案生产企业和38家备案原料种植场100%开展风险排查，撤销不符合备案要求的种植场16个、75180亩。全年共抽取原料及成品样品61个，出具整改通知单19份，涉及不符合项80个。制订专项监测计划，检测输非茶叶样品200个。与地方政府就浙江茶叶治理行动达成共识；开展“十地百团助千企”精准服务集中宣讲4次，帮助19家茶企纾困解难。组织22家输非茶叶企业风险自查，聘请5位龙头企业负责人担任食品安全监督员。与宁波海关联合执法，统一茶叶检验审评标准；

▲2022 年 7 月 16 日，杭州海关专家组赴绍兴调研茶叶质量安全 （陈焕斌 摄）

联合市场监管等部门监督检查 4 家出口输非茶企；联合浙江省国际商会开展茶叶对外贸易预警培训，86 名企业代表参加培训。完成“1 +1 +2 +2”杭州海关出口茶叶检验监管实训教学点建设。通过专项治理，有效消除输非茶叶普遍性突出质量问题，防范引发不良外交外贸事件风险。

（陈焕斌）

【应对中欧鱼子酱贸易中断】2022 年 1 月，杭州海关受海关总署委托，针对欧盟单方面修改法规取消中国鱼子酱产品出口资质突发事件，牵头组织出口鱼子酱主产区直属海关及地市政府、企业联合应对，指导企业国外申诉，完善产区质量体系。研究多双边协定和国际规则，协助海关总署正面磋商，仅用 43 天促使欧盟修改新法规，恢复中国鱼子酱出口资质。浙江企业率先恢复出口实现逆势增长，全年出口重量、货值分别达到 81.05 吨、2462.47 万美元，同比分别增长 16.6%、18%，巩固浙江鱼子酱出口中国第一大省地位。

（蒋高强）

【支持浙江进口毛燕加工产业落地】2022 年，杭州海关回应地方政府发展毛燕加工产业需求，指导各方健全防疫体系，实现浙江省历史首次毛燕进口。与地方政府共同开展禽流感等疫情疫病风险评估，研究出台进口毛燕监管作业指南，制定针对性监督管理措施和防疫方案，完善毛燕入境检验检疫专用设施，实施进口毛燕禽流感等疫情疫病监测。促使地方政府将进口毛燕防疫纳入当地动物疫病疫情监测防控体系，加强行业协会、机场公司等相关单位沟通协作和区域协同，形成监管合力。7 月，首批 330 千克马来西亚毛燕安全进口并顺利投产。

（蒋高强）

【助企纾难解困】2022 年，杭州海关会同浙江省农业农村厅、省商务厅组织召开浙江十地进出口食品化妆品政企对话会，组织服务金枪鱼进口专题调研会商等座谈会 45 次，参与企业 539 家，走访企业 509 家（次），收集解决各类问题 259 个。优化调整非洲猪瘟检验检疫监管措施，与宁波北仑、梅山海关建立肉类联动监管机制，完成申报进口 86 批、2043 吨。妥善应对欧盟首次采用 DNA 检测、输英水产品证书更替等国外技术性贸易壁垒。

（赵敬谦）

进出口商品检验

【概况】2022年，杭州海关全面落实“疫情要防住、经济要稳住、发展要安全”的要求，提升进出口商品质量安全风险预警监管体系运行有效性和智慧化水平。调查涉及欧盟17个国家通报案例136例，其中95例为儿童用品和仿真饰品，占通报总数的69.9%。追溯调查出口工业产品退货762批。实施法定检验商品以外出口商品抽查检验45批次，涉及生产企业25家。完成进出口商品法定检验抽检4.45万批，检出进出口工业品不合格报关批345批、货物批1429批，最终抽检批次不合格率为3.21%。

（孙英麒）

【进口特定用途医疗器械检验】根据海关总署关于加强进口特定用途医疗器械检验监管工作的要求，制订工作方案；强化对进口医疗器械的检验监管，加大对走私医疗器械等违法违规行为的处置；后续核查关区内进口的2000多片未申请医疗器械注册证的角膜接触镜。全年查获不合格进口医疗器械13批，实施退运或销毁，有效消除不合格进口医疗器械对消费者的健康安全隐患。

（沈玉香）

【进口再生金属原料检验监管和固体废物排查】2022年，杭州海关严格按照海关总署布控指令对进口再生金属原料实施检验，坚决打击“以废冒充再生原料”行为。检出不合格进口再生金属原料41批、2158.9吨，其中经鉴别为固体废物7批、685.72吨。强化人员培训，组织关区47人参加海关总署“2022年进口再生金属原料检验监管在线培训”，发放培训教材。

（仇　俊）

【进口再生金属原料台州检验试点落地】2022年3月，海关总署发布《进口再生黄铜原料检验规程》《进口再生铜原料检验规程》《进口再生铸造铝合金原料检验规程》，自2022年10月1日起实施。规定海关在第一入境口岸对进口再生黄铜原料、再生铜原料和再生铸造铝合金原料实施检验，不接受转关申请。因台州口岸尚无海运直达集装箱国际航线，该政策的实施将增加相关进口企业物流费用。杭州海关调研后研提监管方案向海关总署申请争取试点资格。9月30日，海关总署复函同意对海运全程提单显示目的地为台州的集装箱装运的进口再生金属原料在台州口岸实施检验试点。此次试点落地，有助于台州打造世界进口再生金属重要集散中心。

（仇　俊）

【参加海关总署与香港机电工程署第十八次年会】 2022年12月1日，杭州海关作为海关总署与香港机电工程署《机电产品安全及能源效益合作安排》机制的跨境电商工作小组内地组长单位，参加双方的第十八次年会。会上，杭州海关代表跨境电商工作小组汇报该组在跨境电商商品质量安全通报协作、风险防控、技术交流及培训等方面的工作情况以及2023年小组的工作计划，包括网上信息平台的建立、不合格案例通报信息的共享和处置、网上培训班的举办等。

（沈玉香）

【进口危险化学品检验监管模式改革】 2022年，杭州海关贯彻落实海关总署进口危险化学品检验模式改革试点工作要求，承接上海海关进口危险化学品检验模式改革试点，成立进口危险化学品检验模式改革试点保障专班，负责研究和处置试点期间的问题和困难及需要与上海海关对接的相关事宜；牵头负责“直通工作小组”，与上海海关保持“点对点”24小时联系，保持与海关总署的直通联络。

（仇　俊）

▲2022年9月，杭州海关所属嘉兴海关关员对进口棉花实施检验　（张叶秋　摄）

【“口岸危险品综合治理”百日专项行动】 2022年7—10月，杭州海关深入贯彻落实习近平总书记关于安全生产工作的系列重要指示批示精神，紧紧围绕“防风险、保稳定、迎二十大”主线，全力以赴落实总署专项行动部署，着力打造“加强版”危险品监管体系，筑牢国门安全防线，为党的二十大胜利召开营造良好安全环境。强化与地方安全主管部门联系配合，先后走访浙江省应急管理、交通、港航管理、公安等相关部门，就危险化学品全生命周期安全在线系统应用合作、危险品监管联防联控和联合惩戒推动深度交流协作。优化治理手段，推进数字赋能，成立“口岸危险品监管在线应用”建设专班，推进关区口岸危险品监管在线信息化系统建设，推动实现由“人盯风险”变为“风险找人”。专项行动期间，检出不合格进出口危险化学品及其包装107批，同比增加257%；查获各类危险品21批次，其中口岸监管环节17批次、后续稽查环节4批次。

（仇　俊）

【进出口危险化学品及其包装检验检测业务实训教学点建设】 2022年，杭州海关根据海关总署要求，建设进出口危险化学品及其包装检验检测业务实训教学点，实现危险化学品检验检测全流程真实场景模拟演练。编制完成《实操培训手册》和5个典型产品实操检验方案，制作完成6个现场检验检测教学视频，收集 12 个涉及检验其他环节的视频。收集真实典型案例 266 个并附案例分析。采用“线上 + 线下”“实景 + 模拟”的教学形式，实施理论知识应用模块与情景模拟实战模块“双模块”结合的考核。12 月 16 日，该实训教学示范点完成评审验收。开展 2 期进出口危险货物及其包装检验（含出口打火机检验监管）上岗资质培训班，共 187 人次通过海关总署组织的考核。

（仇　俊）

▲2022 年 3 月，杭州海关所属温州海关关员对出口锂电池开展危险货物包装使用鉴定　（康维　摄）

【跨境电商进口商品质量安全风险监测】 2022 年，杭州海关采用“国家监测 + 专项监测 + 日常监测”3 种方式纵横联合方式，实施高、中、低 3 类风险分类处置相结合的监管模式。开展“3・15”“6・1”“9・1”等跨境电商进口商品质量安全专项风险监测 92 批，参加全国跨境电商进口消费品质量安全风险监测 52 批。退运或销毁高风险商品 863 件；提醒告知消费者低风险商品 3671 件。

（沈玉香）

【跨境电商进口消费品质量安全风险评估】 2022 年，杭州海关从跨境电商零售进口商品质量安全入手，运用数字化改革理念、思路、方法、技术，推进评估中心建设，在“跨境电商商品质量安全风险评估应用”（1.0 版系统）基础上，构建“跨境电商质量监管服务一体化应用”数字化应用场景，完成风险感知、智慧监测、智慧评估、协同处置、商品溯源、政策建议 6 个子场景框架搭建。数字化应用场景被浙江省改革办评为 2022 年浙江省数字化改革 50 佳应用，入选浙江省数字政府系统优秀应用案例集（第一批 20 个），作为数字政府建设优秀实践案例被浙江省大数据局上报国家信息中心。

全年完成跨境电商风险评估案例 97 个，形成跨境电商食品接触产品、皮肤毛发护理器具和牙刷风险评估报告 3 篇。跨境电商进口商品质量安全指数研究成果获杭州海关关级课题二等奖；质量安全指数列入海关总署“关键小事”课题“完善跨境电商进口婴童用品质量安全监管保护消费者权益”研究，10 月，获中央和国家机关工委调研攻关活动优秀成果三等奖。

（鲍银俏　张　欢）

【法定检验商品以外进出口商品抽查检验】 2022 年，杭州海关根据抽查检验工作的新变化、新要求，紧扣关区进出口商品特点，部署法定检验商品以外进出口商品抽查检验工作。按照“双随机、一公开”“多查合一”作业流程和要求，

▲跨境电商质量监管服务一体化应用界面

开展年度商品抽查检验工作。完成进口商品抽查 4 批，涉及进口企业 2 家，其中婴幼儿及儿童服装类 3 批、儿童鞋类 1 批；完成出口商品抽查 45 批，涉及企业 25 家，其中儿童玩具（布绒玩具、木质玩具、电动玩具等）34 批次、儿童自行车 6 批次、儿童滑板车 4 批次、电热水袋 1 批次。

（孙英麒）

【进口商品外包装新冠病毒监测】2022 年，杭州海关贯彻落实“外防输入、内防反弹”总策略和“动态清零”总方针，严格规范执行口岸环节进口非冷链物品疫情防控指令。实施进口非冷链工业品新冠病毒采样与预防性消毒监督处理 455 批。3—4 月，由于上海疫情溢出影响，杭州海关所属杭州萧山机场海关单月进口高风险非冷链工业产品新冠病毒核酸检测布控数量激增，口岸通关时效受影响。通过加快加密作业频次等多种方式，在不到 1 个月时间内完成了前 3 个月近 8 倍的批次量，保证口岸通关顺畅，企业零投诉，社会零舆情。

（李　力）

口岸监管

【概况】2022年，杭州海关强化监管守护国门、优化服务促进发展，聚焦口岸监管条线主业主责，常态化防控口岸疫情；牵头安全生产和口岸监管环节反恐工作，加强口岸检查作业规范性建设，守护国门安全。服务促进高水平开放，助企纾困稳外贸，支持宁波舟山港一流强港建设，推进跨境电商健康快速发展，助力市场采购贸易规范发展，推动中欧班列快速发展。发挥场所（场地）服务地方功能，依托科技赋能提升装备应用。开展“海关重点项目和财物管理以权谋私”专项整治，全面梳理项目清单，推进风险隐患排查和问题整改工作。

（蔡璐璐）

【安全生产专项整治三年行动】2022年，杭州海关完善关区两级“一把手”任组长的安全生产工作领导小组机制，强化安全生产责任制落实，形成5大类31项工作措施；建立职能部门、隶属海关两级安全生产工作责任清单，细化分解75项具体责任，明确到岗到人，推动“管行业必须管安全、管业务必须管安全、管生产经营必须管安全”责任落实到位；完善考核机制，制定安全生产风险隐患信息“吹哨人”预警试行办法，开展“口岸危险品综合治理”百日专项行动，打造“加强版”危险品监管体系。部署开展“严厉打击烟花爆竹非法出口　进一步加强市场采购安全生产监管”专项工作，联合制定《关于联合打击整治烟花爆竹非法出口的通知》，查获10票伪瞒报夹藏烟花爆竹。开展安全生产大检查，制订检查方案，实地检查8个隶属海关，及时整改督办发现的问题，实现安全风险隐患问题动态清零。推动跨部门安全生产协作，先后走访浙江省应急管理、交通、港航管理、公安等部门，深入交流安全生产联防联控机制。与浙江省交通厅签署安全生产合作备忘录，联合浙江省公安厅制发通知，健全完善烟花爆竹非法出口打防管控联动机制。

（姜　亮　徐晓岚）

【安全生产学习教育】2022年，杭州海关创新开展安全生产月活动。组织学习典型事故案例通报，深刻吸取事故教训，守住安全生产底线。推送《中华人民共和国安全生产法》亮点解读，组织观看专题片《生命重于泰山》2532人次。加强安全生产宣传普法，开展“法治体检”、送法入企活动20余次，在130个现场开展安全生产法律法规宣讲，新闻、新媒体宣传33次。建立共宣共培机制，联合上海海关、南京海关，于“6·16”安全生产宣传咨询日开展安全生产法治“云宣传”，观看企业达 80 余家。

（姜　亮　徐晓岚）

【进出境运输工具监管】 2022 年，杭州海关加强进出境运输工具管理，优化监管模式，提升口岸服务能力。监管进出境（港）船舶 19559 艘次，同比增长 10.5%；登临检查进出境船舶 3636 次，同比下降 10.6%。监管进出境航班 7869 架次，同比下降 23.6%；登临检查进出境航班 3580 次，同比下降 17.0%。

（戴　泠　施鸿锋）

【支持宁波舟山港世界一流强港建设】 2022 年，杭州海关巩固前期杭甬两关支持宁波舟山港打造世界一流强港各项举措成效，会同宁波海关优化保税油跨关区直供无纸化业务海关监管流程及信息化系统，提升保税油直供监管效能。优化水路运输监管模式，开展“离港确认”“联动接卸”等模式试点，扩大“船边直提”“抵港直装”业务范围，提高水路物流效率。优化转关作业流程，推进转关无纸化和自动化，实现甬舟出口转关货物自动核销，支持浙江省海港“一体两翼多联”发展。

（戴　泠　施鸿锋）

【促进中欧班列发展】 2022 年，杭州海关强化支持中欧班列发展 12 项举措成效，推广“二次转关”支持“义新欧+”发展，支持开通“义新欧”班列“台州号”“柯桥号”特色专列。加强与口岸海关联系配合，新增开通经喀什口岸发往吉尔吉斯斯坦和通过中老铁路连接老挝的班列线路，拓展“义新欧”班列辐射范围。开展“铁路进出境快速通关”业务试点，提高境内段铁路物流便利化水平，6 月 8 日，浙江省首票“铁路进出境快速通关”货物搭乘中欧班列从铁路金华南站装车发运。全年监管中欧班列 2269 列、18.6 万标箱，同比分别增长 19.2%、18.7%。

（戴　泠　施鸿锋）

【口岸货物检查】 2022 年，杭州海关加强货物口岸检查作业规范化建设，按季度开展货物口岸检查作业监督抽查。严格规范开展进口货物新冠疫情防控工作，指导现场做好进口冷链食品和非冷链货物口岸环节新冠疫情核酸采样监测、预防性消毒监督工作和普通货物查验作业个人防护。推动扩大进口货物“船边直提”和出口货物“抵港直装”试点，监管进出口“直提直装”集装箱 5616 标箱，其中进口“船边直提”4016 标箱、出口“抵

▲2022 年 6 月 8 日，浙江省首票“铁路进出境快速通关”货物搭乘中欧班列启程（陆正阳　摄）

港直装”1600标箱。严禁“洋垃圾”入境，紧盯货运渠道“洋垃圾”走私新特点，聚焦伪瞒报、夹藏等方式，加大现场查验和取样送检力度，查获进口固体废物700.5吨。

（吴旭耀）

【口岸反恐】2022年，杭州海关开展口岸监管环节反恐培训和演练，提升反恐应急处置能力。8月30日，在杭州萧山国际机场T4航站楼开展口岸监管环节涉枪爆反恐应急处置演练；8月31日—9月2日，举办口岸监管环节亚运安保及反恐怖工作能力提升培训班。汇总分析并通报口岸核生化监测工作情况，梳理排查门户式核辐射监测设备校验保养情况，加强管理核辐射探测设备等核生化监测防护设备装备，强化专业队伍建设，完善监测处置机制。参与亚运会维稳安保工作，参加浙江省亚运会维稳安保协调组有关会议，推进解决亚运会枪支监管机制、烟花爆竹非法出口监管难度大等问题。

（陈　亮）

【跨境电商监管】2022年，杭州海关落实跨境电商进口监管

▲2022年5月24日，湖州“船边直提”首票业务落地，标志着“直装直提”模式在杭州海关关区所有海港、内河港口实现全覆盖　（谢颖　摄）

长效工作机制，牵头海关总署跨境电商东部联动监管协作区工作，制定联动工作机制，召开东部协作区情况分析会，构建跨境电商海关监管区域协作新格局。参与海关总署6个重大课题之一“如何促进新贸易业态健康规范持续发展”的研究工作，牵头开展“如何有效提高跨境电商进口‘三单’真实性和有效性”分课题研究，被海关总署选为跨境电商零售进口支付信息验核首批试点的2个直属海关之一。关区跨境电商零售进口业务主要集中在网购保税“1210”模式，出口主要集中在跨境电商一般出口“9610”模式。全年验放跨境电商零售出口申报清单1.47亿票，同比下降29%；验放跨境电商零售进口申报清单1.24亿票，同比增长23.6%，位居全国海关第一；跨境电商企业对企业（B2B）出口货值同比增长约1.3倍。

（沈　斌　卢　熙）

【邮件快件监管】2022年，杭州海关严格全面执行海关总署关于进出境邮件、快件监管工作要求，按照布控指令实施查检，有效打击以伪报、瞒报品名等方式走私违规行为。加强对境内收发件人真实性的审核，切实防范拆单申报、化整为零、伪造虚构收寄件人信息等违法行为，精准打击濒危物种及其制品、涉枪涉爆、毒品

等违禁品非法走私。查获走私象牙等濒危物种及其制品 51 起、656 件，共计 21.57 千克（含其他材质部分）；查获毒品及精神药品 16.85 千克；查获枪支、弹药及其散件 82 件。全年监管进出境邮件 2918.1 万件、同比下降 32%，其中进境 39.4 万件、出境 2878.7 万件，同比分别下降 28.4% 和 32.1%。监管进出境商业快件 30.4 万件，同比下降 82.8%。

（邱健文俊）

【拓展邮路】2022 年，杭州海关利用宁波—大阪货运包机资源，于 5 月 16 日开拓杭州、温州、义乌三地出境邮路，杭州、温州、义乌 3 个邮件互换局的日向邮件转运宁波机场出境，至 7 月底共计疏运国际邮件 3.93 万件、109 吨；8 月义乌疫情期间，支持金华等地市的邮件临时调拨钱江海关驻邮局办事处清关，共计疏运 1300 件、3000 千克。

（邱健文俊）

【市场采购贸易监管】2022 年，杭州海关强化监管优化服务，促进市场采购贸易健康规范发展。9 月 8 日，根据海关总署《市场采购贸易海关监管操作规程（2022 年修订）》，修订实施细则，修订内容主要包括进一步完善出口申报前监管，简化优化“小额小批量检验检疫自动审单、快速签发电子底账”监管措施的企业适用条件，修改为除失信企业以外均可适用；细化全国通关一体化模式监管条件，明确地方政府主体责任；明确查验地海关和采购地海关异常结果处置职责，进一步规范异常处置作业。9 月 14 日，杭州海关批复温州市政府同意在温州（鹿城）开展市场采购贸易方式出口预包装食品试点，复制推广义乌市场采购预包装食品出口“三单一码六制度”监管模式，为中小微企业食品出口、海外侨商采购小件、散杂食品出口提供便利通道；10 月 14 日，完成首单业务。全年关区内义乌、温州、绍兴、台州、湖州 5 个试点市场采购贸易出口 4217.2 亿元，同比增长 16.8%，占全国比重 47.5%，居全国首位。

（宋海春）

【口岸行李物品监管】2022 年，杭州海关严格落实海关总署出台的新冠疫情期间方便进出境人员办理分运行李及留学回国人员购买免税国产小汽车的特殊政策，为申请人提供延长年限、境内学历等同境外学历等优惠措施，全年办理留学生购车申请 2335 辆。支持中国免税品（集团）有限责任公司在义乌机场设立口岸出境免税店，并于 3 月通过海关总署验收。

（邱健文俊）

【口岸疫情防控监管】2022 年，杭州海关制订口岸疫情防控作业常态化监控检查实施方案，发挥视频监控远距离、零接触、可追溯、动态实时的优势，开展常态化监控检查。综合运用专项督察、每周自查、关区连线会商等方式加强封闭管理监督检查，确保“四必须”“五件套”“六个不”等各项封闭管理措施落实到位。7 月，组织开展入境人员卫生检疫岗位风险隐患排查，并将整改落实情况函报海关总署，落实落细封闭管理工作各项措施。持续做好对入境客运航班卫生检疫作业、人员安全防护、寄递渠道监管作业的视频监控检查工作，加强二、三级监控指挥中心联动，实现检查全流程全覆盖，落实问题反馈整改闭环要求。全年开展 1409 次视频监控检查，覆盖 873 架次入境客机卫生检疫作业、

▲2022年12月1日，义乌机场出境免税店正式开业　（龚滔滔　摄）

208艘次海港口岸入境船舶登临、694票进境冷链和非冷链货物新冠病毒采样和预防性消毒监督作业、175批普货及邮快件监管作业情况，发现并整改问题111个，制发关区监控检查情况通报38期。及时更新启用第九版、第十版等各版健康申明卡，落实海关总署对健康申明卡规范填报要求和重点审核内容。完善卫生检疫辅助管理系统，优化入出境卫生检疫作业流程，实现关区空港口岸电子申报、“一码通关”全覆盖。

（邱　健　文　俊）

【海关监管作业场所行政许可事项监管】2022年，杭州海关强化“双随机、一公开”实地巡查等事后监管。全年实施海关监管作业场所（海关监管货物仓储企业注册登记）行政许可23件，开展新码头船坞对外启用验收3次。截至年底，关区共有海关监管作业场所102家，其中水路运输类75家、公路运输类8家、航空运输类6家、铁路运输类5家、快递类8家；海关集中作业场地30家，其中旅客通关类4家、邮检类4家、其他类22家。

（姜　亮　徐晓岚）

【海关监管场所场地管理】2022年，浙江海港德清港务有限公司进境原木指定监管场地主动退出经营。截至年底，关区共有海关指定监管场地22家，其中进境肉类指定监管场地5家、进境冰鲜水产品指定监管场地4家、进境粮食指定监管场地1家、进境水果指定监管场地5家、进境食用水生动物指定监管场地3家、进境植物种苗指定监管场地1家、进境原木指定监管场地（B类）3家。

（姜　亮　徐晓岚）

【口岸监管业务运行指挥体系建设】2022年，杭州海关完善二级监控指挥中心实体化运行机制，建立二级监控指挥中心“以干代训”、各三级监控指挥中心同步自主监控检查的运作模式，充实监控检查专业力量，破解指挥中心实体化运作与人员紧张的矛盾。完成二级监控指挥中心富春路备中心改造，启动关区视频监控平台智能化改造试点，加大摄像头巡检及规范化管理考核力度。全年保障视频监控检查25次，各类会议、活动137次；联网摄像头在线率稳定在95%以上。

（姜　亮　徐晓岚）

【市场采购智能审图项目研发】2022年，杭州海关针对市场采购出口查获案例中夹藏食品、化妆品较为突出集中的情况，自主研发市场采购智能审图。编制项目业务需求，确定商品清单；组织梳理《市场采购货物特色商品归类整理清单》，涵盖31个商品编码，开展市场采购货物易夹藏商品典型图像标注，共计321幅，二次精标105幅。11月，开启杭州海关市场采购智能审图项目（一期）试用。截至年底，智能审图对297票报关单的301幅图提示各类易夹藏商品1510次，为人工查验提供有效线索，查获化妆品、烟花等夹藏瞒报情事共56起。

（严 远 郑欣怡）

【智能审图应用成效】2022年，杭州海关联网审像中心承担关区8台监管检查设备的联网审像、智能审图、运行监控和统筹协调等工作。关区内富阳东洲、温州状元岙、舟山金塘、嘉兴乍浦、湖州安吉、金华东阳、义乌港、义乌铁路8个业务现场各配备1台监管查验设备，其中新搬迁至舟山金塘的设备于12月开始试运行。全年该中心共开展机检查验作业7000余票，机检图像40000余幅，转人工查验报关单3000余票，查获约1000票，涵盖仿真枪、烟花爆竹、点火器等。3月，制订智能审图算法分类部署试点工作方案，成立试点工作领导小组，设业务组和技术组；筛选高频进出口商品，涵盖388种商品，下载安装特色算法包；5—9月试点期间，每周跟踪统计相关数据并上报海关总署专家组；完成智能审图算法分类部署试点评估报告。重视烟花爆竹伪瞒报情况，持续关注海关总署有关智能审图算法的开发进度，于9月底获得海关总署批复，杭州海关列入第一批试点，10月上线试点。试运行以来，智能审图系统共提示“烟花”报警17次。

（严 远 郑欣怡）

政策研究及统计分析

【概况】 2022年，杭州海关完善分析研究工作机制，强化数据质量管控，挖掘海关数据价值。围绕外贸进出口数据、国际经贸热点和关区重点业务开展分析研究，为各级决策提供参考。通过国家疫情防控管理平台实现海关总署与浙江省数据共享，支持地方“工业物防链”建设。启动“智汇统计”数字化平台建设。参与海关总署“统计业务改革”业务统计子系统建设项目。编印杭州海关政策研究和统计业务操作指引。参与联合国统计司国际贸易统计标准修订。向经济合作与发展组织（OECD）提供中国海关跨境电商统计方法经验。参与撰写的《强化海关统计线上服务能力释放海关数据资源大价值》获评中央和国家机关青年理论学习小组“关键小事”调研攻关一等奖。2名个人分获浙江省稳外贸稳外资工作先进个人称号和中国（浙江）自由贸易试验区优秀统计员称号。

（张建国）

【统计数据质量管控】 2022年，杭州海关坚持统计数据日常监控和定期审核相结合工作机制，审核下发统计数据231条。收集、整理、上报统计监督信息14篇，开展全国海关统计监督和专项调研18批次，涉及商品价格、监管方式等统计项目。杭州海关作为全国海关统计数据质量控制参数中心副组长单位，加工参数43条。根据海关数据分类分级标准规范的要求，梳理上报重要数据、一般数据。协助海关总署统计分析司开展国家口岸管理办公室主管数据分类分级审核工作。开展关区业务数据使用安全检查5批次。

（董宗民）

【统筹数据安全与共享】 2022年，杭州海关落实海关总署数据安全责任制，明确各部门（单位）领导班子数据安全主

▲2022年4月26日，杭州海关开展数据质量管控研讨　（吴琦　摄）

体责任，对舟山、嘉兴、丽水、义乌4个隶属海关开展数据安全检查。在确保数据安全的前提下，坚持做好数据共享服务。全年对外提供海关业务数据事项106批次。通过统计服务咨询热线接听并解答热线电话97起，通过统计服务互联网邮箱回应社会公众统计数据需求65件次。

（董宗民）

【业务统计工作】2022年，杭州海关采用集中审核、现场验核等方式，开展月度及年度业务统计数据审核上报。派员参与海关总署统计分析司“统计业务改革”子系统建设，参加专班集中研讨20人次。完成指标构建、关税类指标的业务需求调研、指标设置和数据提取口径确定等工作。

（吴　虹）

【课题研究】2022年，杭州海关承担署级课题6项，其中“基于跨境电商新销售模式的海关监管风险和对策研究”的部分政策建议被海关总署口岸监管司采纳。课题研究成果被相关刊物录用4篇，编发杭州海关政研参考20期。立项关级课题40个，评选优秀课题23项。课题获奖情况详见表5－2。

（刘　佳）

表5-2　2022年杭州海关关级课题获奖情况汇总

序号	课题名称	牵头单位	参与单位	奖项
1	跨境电商进口食品质量安全海关风险监测体系构建研究	杭州海关食安处	杭州海关监管处、钱江海关、温州海关、嘉兴海关、跨境电商质量安全风险国家监测中心	一等奖
2	发挥综合保税区枢纽作用打造浙江产业集群研究	嘉兴海关	绍兴海关、台州海关；指导单位：杭州海关稽查处	一等奖
3	新形势下加强优秀年轻干部培养选拔的实践与探索	杭州海关人事处、教育处	温州海关、绍兴海关	一等奖
4	跨境电商销售新模式监管风险研究	杭州海关监管处	钱江海关	二等奖
5	大数据背景下跨境电商业务廉政风险防范监督新模式研究	杭州海关监察室	第九派驻纪检组	二等奖
6	跨境电商零售进口商品质量安全指数研究	杭州海关商检处	钱江海关	二等奖
7	基于RCEP落地对浙江省外贸影响的海关政策研究	温州海关	钱江海关、台州海关、绍兴海关；指导单位：杭州海关关税处	二等奖
8	国家审计新常态下海关内部审计的发展路径研究	杭州海关督审处	钱江海关、衢州海关、嘉兴海关、义乌海关	二等奖
9	在日趋复杂的国际地缘政治形势下促进我国电子特气产业发展研究	衢州海关	钱江海关、舟山海关	二等奖

续表

序号	课题名称	牵头单位	参与单位	奖项
10	在数字化改革背景下构筑浙江省智慧综治一体化平台的探索与实践	杭州海关缉私局	温州海关缉私分局	三等奖
11	“三智”建设视角下海关协同监管创新路径初探：以杭州自贸试验区为例	钱江海关	杭州海关稽查处	三等奖
12	打造海关铁矿国家重点实验室服务自贸试验区研究	嵊泗海关	杭州海关技术中心；指导单位：杭州海关科技处	三等奖
13	双碳背景下碳关税对浙江外贸的影响及建议	温州海关	钱江海关、台州海关、义乌海关；指导单位：杭州海关关税处	三等奖
14	海关生物多样性保护工作体系研究	杭州海关动植处	杭州海关缉私局、商检处、监管处，以及温州海关、钱江海关、金华海关	三等奖
15	完善海关特殊监管区域税收征管制度防控税收风险研究	杭州海关关税处	嘉兴海关、舟山海关、金华海关	三等奖
16	基层海关加强政治机关建设的法治路径研究	温州海关	杭州海关机关党委	三等奖
17	以基层党支部考核评价体系建设提升“红船边的海关”党建质量的实践与思考	杭州海关机关党委	杭州萧山机场海关、义乌海关	三等奖
18	人民币汇率波动加大背景下海关计征汇率适用机制优化策略研究	舟山海关	杭州海关关税处	三等奖
19	海关践行新时代“枫桥经验”预防化解行政争议研究	杭州海关法规处	绍兴海关	三等奖
20	寄递渠道一体化风险防控数字化机制研究	杭州海关风控分局	湖州海关、温州海关、杭州萧山机场海关	三等奖
21	基于《数字经济伙伴关系协定》（DEPA）的海关监管理念研究	舟山海关	温州海关、台州海关	三等奖
22	口岸疫情防控数字化改革应用研究	杭州萧山机场海关	杭州海关卫生处、科技处	三等奖
23	基于 WTO 争端的 CPTPP 预期下海关监管策略研究	丽水海关	衢州海关；指导单位：杭州海关法规处	三等奖

【统计分析与宏观研究】2022年，杭州海关编写各类贸易统计分析材料270篇，为浙江省外贸企业应对热点地区贸易风险、订单转移风险，评估外贸高质量发展、分析货源地出口等提供参考。参与海关总署全球贸易监测中心的出口运价指数监测、中非贸易指数编制、商品预警评述等重点工作。参与海关总署月度宏观例会材料编写6次。参与海关总署专题研究分析8篇，完成全球经贸形势、国际经贸政策、地缘政治热点等重要材料翻译5篇次。优化统计分析考核办法，完善关区统计分析研究片区协作机制。

（冯春鸣　朱志平）

【统计数据发布与解读】2022年，杭州海关进行浙江外贸进出口新闻发布11次，接受媒体现场采访30余家次，在各新闻媒体刊播统计新闻51篇。在杭州海关官网发布浙江外贸进出口运行情况分析报告12篇，发布浙江外贸进出口月度数据报表72张。在“数说外贸”等新媒体发布浙江外贸分析研究文章6篇。参加中国服务贸易协会、中国统计学会组织的统计业务高端论坛和专业交流。派员为浙江省贸促会、国际商会、国际经济法学研究会、中国出口信用保险公司浙江分公司等单位做外贸形势分析报告、政策宣讲和业务培训，参加企业超过500家，参加人员超过800人次。

（冯春鸣）

【中国外贸出口先导指数调查样本企业轮换】2022年4月，杭州海关启动中国外贸出口先导指数调查样本企业轮换工作，经逐一清查、核定关区样本企业相关信息，确定2022年版样本企业304家，其中新增样本企业260家、延续样本企业44家。5—7月为版本转换期，新旧版样本企业并行填报调查问卷。8月，完全过渡到2022年版样本企业。全年调查涉及样本企业4134家次，每月及时填报率均为100%。

（刘迪霞）

【中国海关贸易景气指数调查与测算】2022年6月，海关总署统计分析司启动中国海关贸易景气指数编制工作，杭州海关承担全国贸易景气指数（出口）的编制工作和本关区贸易景气指数（进口）的试点调查。调研走访浙江省统计局、国家统计局浙江调查总队、浙江省贸促会等单位，研究指数编制方法。派员参加海关总署贸易景气指数工作专班，完成贸易景气指数（出口）的调查问卷设计、指数拟合测算。清查、核定杭州关区贸易景气指数（进口）试点调查样本企业120家。8月，开展贸易景气指数（进口）试点调查，调查频率为每月一次，调查时间为25—28日（节假日顺延）。

（刘迪霞）

【跨境电商全业态统计测算】2022年4月，杭州海关开展2021年度全国跨境电商全业态统计调查，涉及样本企业93家，其中重点监测企业6家。8月，开展2022年上半年全国跨境电商全业态统计调查，涉及样本企业104家，其中重点监测企业5家。在2次调查基础上完成相应期间的全国跨境电商全业态统计测算，测算结果由海关总署对外发布。同年引入第三方数据，形成以省市为口径的分地区跨境电商统计测算方案，测算结果成为海关统计正式结果。

（刘迪霞）

【海关统计商品目录维护】2022年3月30日，杭州海关牵头起草的《海关统计商品目录及进出口主要商品目录编制规则》以海关总署公告2022年第31号对外发布，10月1日正式实施。12月，派员参加海关总署统计分析司统计商品目录修订小组，完成《中华人民共和国海关统计商品目录（2023年版）》的编制出版以及相关统计参数制定。

（刘迪霞）

【海关统计国际交流与合作】2022年4月，杭州海关起草中国跨境电商全业态统计经验做法，作为中国海关数字订购贸易统计案例，被OECD和世界贸易组织（WTO）联合发布的《数字贸易测度手册》全文刊载。1月起，作为联合国贸易统计制度修订中方工作组成员，参加由联合国统计司组织的月度工作例会以及相关主题工作会议。

（刘迪霞）

【调研报告】2022年，杭州海关落实海关总署调查研究报告制度，组织关区政研力量围绕国际经贸热点、领导关注重点和工作中面临的短板问题开展调查研究。全年向海关总署和浙江省委、省政府报送调研报告10篇。其中，《优化高新技术货物布控查验模式的思考——基于杭州海关试点经验》的政策建议被海关总署风险管理司采纳。《我省光刻胶进口面临的物流配套困难及对策建议》调研成果获得实质性推进，危险化学品存储冷库及配套设施建设调研建议被相关单位采纳并实施。

（刘　佳）

【统研青年理论学习小组】2022年，杭州海关组建关区政策研究和统计青年理论学习小组，通过理论学习云平台开展研讨交流。全年开展学习活动5次，参加人员521人次。在海关总署统计分析司主办刊物的“学习时刻”“青年在行动”“调研与思考”等栏目刊发《杭州海关关于“强化海关统计线上服务能力”的研究报告》等学习文章8篇。

（刘　佳）

【“智汇统计”数字化平台建设】2022年10月，杭州海关组建工作专班，组织项目研讨，挖掘海关统计数据优势和杭州海关数字化改革既有成果，依托“云擎”系统，推进“智汇统计”数字化平台建设，完成平台项目论证，以及外贸监测、预测、预警模型构建和可视化界面设计等工作。

（沈永平）

▲2022年10月21日，杭州海关统计分析处工作人员赴之江创投研究院开展合作研究（罗方滨　摄）

企业管理

【概况】2022 年，杭州海关备案企业 17.6 万家，其中新增备案企业 1.94 万家；备案出口食品生产企业（含渔船）1079 家，备案出口食品种植、养殖场 387 个，备案进口食品进口商 3213 家，备案进口食品指定加工、存放企业 11 家。高级认证企业 157 家，较 2021 年年底增长 8%；失信企业 55 家，较 2021 年年底减少 71.2%。

（齐亚萍）

【深化“放管服”改革】2022 年，杭州海关促进“多证合一”提能升级，及时解决与浙江省市场监督管理部门数据传输过程中出现的问题，提升数据传输速度；借助市场监管、商务等外部门信息公示平台，帮助企业补录缺失信息。全年通过“多证合一”办理报关单位备案 8774 家，同比增长 15.3 倍，占同期企业备案总数的 45.2%。落实海关总署简政放权相关措施，取消进口肉类收货人备案事项、进口化妆品境内收货人备案事项，不再验核种植场备案土壤和水质检测报告，压缩出口食品生产企业备案办理时限至 3 个工作日。

（练舒影）

【海关报关单位备案及注销】2022 年，杭州海关落实海关总署关于报关单位备案管理的相关规定，持续推进报关单位备案“全程网办”，实现“一地申请、一次办理”。深度融入“一网注销”改革，畅通经营主体退出渠道，全年通过“注销便利化”途径办理企业注销 4178 家、同比增长 3.8%，占同期企业注销总数的 65.2%、同比提升 5.7%；推广“一键注销查询”应用，实现关区隶

▲2022 年 10 月 18 日，杭州海关所属湖州海关窗口工作人员通过系统审核报关单位备案申请资料 （程璐 摄）

属海关查询应用全覆盖。

（练舒影）

【出口食品生产企业申请境外注册管理】2022年，杭州海关组建境外注册推荐评审专家团队，引导出口食品企业对标进口国（地区）注册要求，开展企业境外注册信息动态监控，依托信息化系统为企业更新注册信息460余条，及时排除因注册信息异常导致的产品出口受阻风险。全年开展境外注册推荐52家次（含渔船），境外注册出口食品生产企业649家次，境外注册渔船267艘次。

（练舒影）

【AEO企业培育】2022年10月28日，杭州海关根据新版《海关高级认证企业标准》开展内外部培训和政策解读。12家企业按照新标准接受海关实地认证。全年新增高级认证企业21家，同比增长15.4%。聚焦国家政策重点扶持行业，将58家与“一带一路”共建国家（地区）有贸易往来的企业、14家“专精特新”企业纳入重点培育名库。

（王从波）

【AEO便利措施落实】2022年，杭州海关开展AEO企业获得感调研，走访企业138家，收集并解决企业问题108项；推动34项海关便利措施落地生效，提供协调服务237家次；开展对欧盟AEO国际互认效益评估，对434批次向欧盟出口货物进行跟踪统计，指导AEO企业出口货物在欧盟境内当天放行率达到63%，较常规企业高出1倍。

（王从波）

▲2022年5月10日，杭州海关所属嘉兴海关企业协调员调研海关高级认证企业巨石集团有限公司，助力企业疏通进出口业务中物流不畅、口岸提箱难等痛点 （凌燕 摄）

企业稽查

【概况】2022年，杭州海关打击“洋垃圾”走私，推广跨境电商零售进口退货中心仓模式。改革属地查检模式，实现外勤执法“进一次门，查多项事”，执法联动作业37人次。与市场监管部门开展联合抽查131起，查发问题80起。支持立讯智能手表维修业务落地，成为浙江省首个成功落地的区外保税维修项目。解决创芯集成电路平台关键设备保税进口需求。优化保税仓库和出口监管仓库布局，深化保税燃料油供应无纸化改革，助力舟山港跻身全球第五大加油港。推进舟山综合保税区铁矿砂混矿业务发展，鼠浪湖码头保税混矿量连续3年稳居全国第一。

（邹晓斐）

【保税监管】2022年，杭州海关设立加工贸易手册4726份，备案金额230.99亿美元；加工贸易实际进出口2248.5亿元，同比增长21.9%；加工贸易货物内销征税34.36亿元，同比增长20.4%；综合保税区进出口1383.24亿元、同比增长38.06%，保税物流中心进出口115.86亿元、同比增长27.47%；验放跨境电商“1210”进口清单1.16亿票，货值265.04亿元，同比分别增长23.89%和36.57%。

（章　玥）

【稽查业务】2022年，杭州海关聚焦重点领域、重点行业、重点商品，利用“云擎”系统自主构建数据分析模型35个，通过“风险高效筛选+快速验证”模式，发挥贸易调查先导作用，实现稽查精准查发。全年新开稽查作业313家，办结稽查作业372家，查发问题287起，其中大案要案21起。“竹木草逃避检疫和再生硅钢片归类不实”行业性稽查建议被海关总署采纳推广，实现关区“零”的突破。

（徐　坚）

【核查业务】2022年，杭州海关推广“互联网+核查”模式，扩大对低风险企业实施非侵入式网上核查范围，减少对企业正常经营影响；推行部门间联合抽查工作，形成协同高效、优势互补的外勤执法新格局。全年办结核查作业2338起，发现问题作业1725起，核查作业入库税款7.16亿元。

（闫潇枞）

【属地查检】2022年，杭州海关属地查检业务领域进口申报批次10.79万批，货值6153.49亿元，现场查验批次数2.71万批，查发问题（不合格）批次数67批。出口申报批次61.69万批，货值2236.39亿元，现场查验批次数4.91万批。

（叶平平）

【检验检疫行政处罚管理】2022年8月1日，杭州海关根据海关总署优化完善机构改革工作安排，将关区涉检行政案件职能管理工作移交稽查部门。组建工作专班，修订完善关区案件审理委员会工作机制，加强对涉检行政案件办理的指导、监督和检查，确保执法统一规范。自8月1日职能调整以来，办理涉检行政案件64起，案值1.48亿元。

（赵　炜）

▲2022年7月，杭州海关所属金华海关关员对某出口竹木草制品企业开展稽查（潘英帅　摄）

【专项稽查行动】 2022年，杭州海关开展再生金属行业专项稽查，对关区新开展进口再生金属业务和进口再生金属业务量突增的18家企业实施“全覆盖”稽查，查发涉嫌漏报海运费、燃油附加费等违规情事5起，货值530.82万元，涉及税款4.62万元。在危险化学品专项稽查行动中，重点排查“逃漏检、高危低报、多危少报、涉危不报”等风险，全年查发涉及危险化学品违规情事10起，货值9014.14万元。对出境竹木草制品企业开展专项稽查，查发问题企业51家，涉案货值2.86亿元。

（徐　坚）

【企业集团加工贸易监管改革】 2022年，杭州海关全面推动企业集团加工贸易改革落地惠企，强化跨关区协作，会同上海、合肥、深圳等海关推广企业集团加工贸易监管，推动业务环节增速降本，实现保税料件、设备可根据生产需求在集团成员企业之间灵活流转调拨，仓储场所共享自主存放等功能。全年新增参与集团8个，截至年底，改革推广至10个集团21家关区企业，10个企业集团内部之间物料平均流转时间缩减至半天，提升企业运营效率，降低交易成本约4300万元；深入开展政策帮扶，开设线上“云课堂”和业务“云咨询”，指导企业掌握改革具体办法和业务流程，实施跨部门“问题清零”机制，解决企业疑难问题，该21家企业全年实现加工贸易进出口额90.8亿元，同比增长34.1%，高于全省外贸增速19.4个百分点。

（章　玥）

【跨境电商网购保税退货监管】 2022年，杭州海关推广跨境电商网购保税进口退货中心仓监管模式，自主开发跨境电商网购保税进口退货信息化系统，实现在线实单运作，通过“商品赋码过程上链”，退货商品从入区到再次销售全过程可监控、可追溯，依托智能流水线扫码识别商品，提升海关退货监管效能。6个综合保税区（含B保）的33家跨境电商企业开展退货

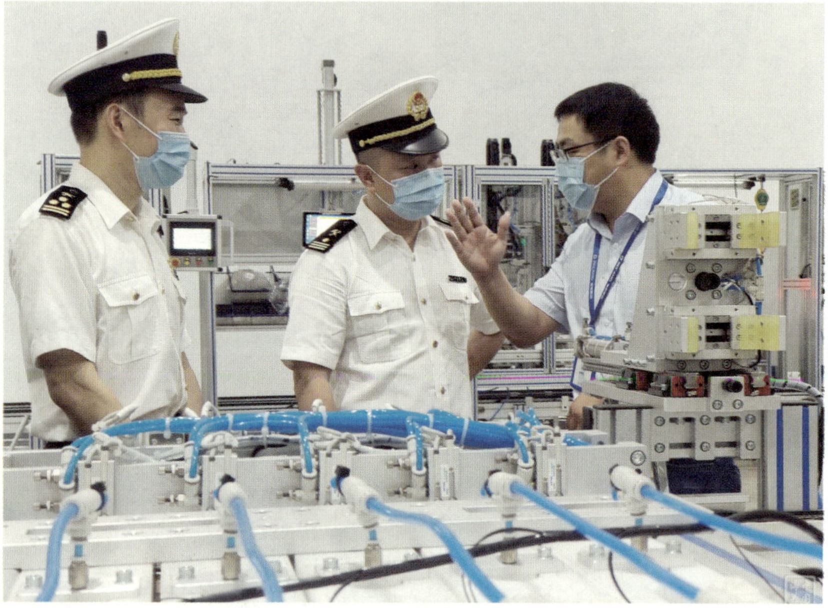
▲2022年5月，杭州海关所属绍兴海关关员赴企业集团加工贸易监管改革试点企业开展帮扶　（吴根文　摄）

中心仓监管模式，截至年底跨境电商“1210”进口退货清单84.4万份，货值1.5亿元，同比分别增长189.04%、135.33%。

（章　玥）

【稽查队伍建设】2022年，杭州海关组建稽查人才库，20名稽查干部入选，戴彪、唐一和杨博3人入选海关总署稽查专家型人才库。举办“稽情飞扬”线上讲堂9期，17名稽查干部走上讲堂分享经验。参与海关总署稽查岗位练兵活动，取得团体优胜奖，温州海关杨博进入全国100强。

（徐　坚）

【重点领域专项核查】2022年，杭州海关开展减免税货物、保税仓库、跨境电商B2B出口3轮重点领域专项核查，涉及准入安全和税收安全。建立核查与稽查的衔接、转换机制，形成“核查先导、稽查深挖”的错位互补后续监管格局，25起核查作业转稽查作业。

（闫潇枞）

【设立进出口鲜活易腐农食产品属地查检“绿色通道”】2022年，杭州海关对鲜活易腐农食产品实施优先查检和“5+2”预约查检。公布对外值班预约电话26个，保障“鲜、活、急”产品快速验放，累计监管2704批次，货值5.08亿元，产品主要涉及青蟹、贻贝等冰鲜水产品，以及香菇、杨梅等新鲜蔬菜水果。

（叶平平）

查缉走私

【概况】2022年，杭州海关缉私局开展“国门利剑2022”联合专项行动，重点打击“洋垃圾”走私、象牙等濒危物种及其制品走私、“水客”走私、海南离岛免税“套代购”走私、跨境电商进口走私、重点涉税商品走私、涉枪涉毒走私等违法行为，保持打击走私高压态势。立案走私违法违规案件1906起，案值25.9亿元。其中，刑事立案163起，案值6.8亿元，侦办海关总署缉私局一级挂牌管理案件1起、二级挂牌管理案件2起；行政立案1743起，案值19.1亿元。缉私局司法鉴定中心检验电子物证介质253件，出具检验鉴定文书113份，连续5年在公安部五局和CNAS联合组织的能力验证考核中获评“满意”成绩。6月，与杭州市烟草专卖局设立涉烟走私情报研判中心；11月，设立全国反走私综合治理调查研究中心宣传教育基地（浙江舟山）。

（范耀丹）

【打击重点涉税商品走私】2022年，杭州海关缉私局深化对成品油、烟草等重点涉税商品走私专项打击，加强与地方公安、烟草、海警等部门的联系配合，刑事立案成品油进口走私案件6起，案值7372.0万元，涉案成品油1.1万吨；刑事立案烟草进口走私案件10起，案值852.0万元，涉案雪茄7827支、卷烟2155条、电子烟弹8845条。刑事立案农产品进口走私案件6起，案值3.7亿元，涉案坚果4470.2吨、榴莲2250.0吨、冻带鱼450.4吨。

（范耀丹）

【打击非涉税走私】2022年，杭州海关缉私局根据海关总署部署，制订“蓝天2022”专项行动方案，密切关注“洋垃圾”走私新动向和固体废物产业聚集区，紧盯废矿渣、废五金、废塑料、废纸、废布等重点物品和伪瞒报、夹藏等重点手法，保持常态化打击。全年刑事立案2起，查证废纸932.9吨、废矿渣163.1吨。开展“护卫2022”专项行动，打击野生动物、象牙等濒危物种及其制品走私。全年刑事立案1起，查获羚羊角221.6克；行政立案22起，查获象牙制品、红珊瑚制品、砗磲制品、蟒蛇皮制品等共计9243.4克。

（范耀丹）

【智慧缉私】2022年12月26日，杭州海关缉私局承建的浙江省反走私智慧综治应用平台（一期）通过验收。该项目被纳入《海关总署　浙江省人民政府共同推进浙江省高质量发展建设共同富裕示范区合作备忘录》和整体智治重点项目。年内建成智能警用装备管理库，对集中管理的警用装备进行智能管理和动态监测。

（范耀丹）

【缉私刑事法制建设】2022年，杭州海关缉私局移送审查起诉案件72起，其他不予立案、变更强制措施、终止侦查等“两统一”审查事项200余起。开展建章立制后评估工作，切实做好教育整顿“后半篇文章”，对2021年制定或者修订的12项规章制度进行全面评估，修订自管类涉案财物管理实施细则。召开杭州缉检法联席会议，研讨跨境电商行业走私案件证据认定标准、多罪名案件管辖和动植物检疫案件立案标准。

（范慧慧）

【缉私行政法制建设】2022年，杭州海关缉私局建立预警通报制度，年内发布预警通报10篇。开展行政案件指标考评量化分析，实现行政案件数量、质量、效率3项指标有效提升。健全执法质量考评机制，开展执法质量抽查2次。开展年度执法质量考评，全年办结案件分两个阶段进行质量考评，对431起普通程序案件逐案检查，对1281起简易程序和快速办理案件按不低于20%的比例进行质量抽查，关区行政案件质量在全国海关质量考评中列第一名。开展行政法制大练兵，组织业务培训3次、业务调研5次，撰写理论调研文章4篇，2名同志在海关总署缉私局兼职教官理论研究论文评比中分获一等奖和三等奖。

（王　林）

【打击虚开骗税违法犯罪两年专项行动】2022年，杭州海关缉私局落实浙江省税务局、浙江省公安厅、浙江省人民检察院、杭州海关、中国人民银行杭州中心支行、国家外汇管理局浙江省分局六部门常态化打击虚开骗税违法犯罪工作要求，加强与各部门联系配合。与地方公安部门共同建立打骗打虚分析模型，加强线索研判，优化合成作战机制，发现涉嫌骗取出口退税违法犯罪线索80余条。与浙江省公安厅、浙江省税务局、中国人民银行杭州中心支行等部门组织开展“惊雷46号”暨打击“买单配票”型出口骗税犯罪集中收网行动，涉案总金额121.0亿元，骗取税款8.1亿元。年内，关区立案涉及出口退税案件39起，案值9659.7余万元。

（朱　锦）

风险管理

【概况】2022 年，杭州海关完善业务运行环节重大风险研判机制，强化风险防控数字化场景建设和大数据应用分析，扩大改革试点，优化风险防控管理。强化进口“洋垃圾”、非贸渠道安全风险、跨境电商虚假交易等重点领域风险防控。查获进口固体废物 7 起；排查重点风险商品 22 项，处置非正面清单商品 8 项，在全国多个口岸查获涉毒邮递包裹。基于资金流验核和数据开放的风险治理模式，制订跨境电商数字源头治理试点方案。

（徐寅之）

▲2022 年 10 月 24 日，杭州海关风控分局组织党的二十大精神学习并结合工作开展专题研讨 （吕琰 摄）

【业务运行环节重大风险研判机制建设】2022 年，杭州海关建立风险管理委员会运行机制、业务风险跨部门联合研判机制、风控分局与业务现场联动工作机制，“一会两机制”常态实转，形成风险排查、排序、排除有效回路。全年组织召开关区业务风险跨部门联合研判 5 次，通过现场联动机制收集风险问题 51 个，开展联合研判处置问题 21 个，上报海关总署协调解决问题 4 个。建立关区风险情报网络，密切与口岸安全风险联合防控机制成员单位情报合作，情报产品在全国多个口岸布控查获。

（祝　雄）

【非贸领域风险防控】2022 年，杭州海关总结提炼关区非贸渠道物品进境特征、走私藏匿手法等风险点，加强对濒危物种、毒品和枪爆等重点敏感商品的风险防控。建立长三角海关非贸业务风险防控一体化协作机制，加强与国安、公安、缉私等部门的外部合作，拓宽信息情报来源，形成口岸联防联控新格局。加强跨境电商商品正面防控力度，联合现场排查、处置重点风险商品，夯实非贸领域风险防控基础。

（任雪红）

【智慧风控建设】2022年，杭州海关完成风险地图非贸版，实景展示跨境、快件、邮递等主要业务数据以及邮递物品分页数据。筛选9项预警监测模型加入关区风险地图。深化实战应用，“云擎”系统建模252个，发布站点级模型73个，经海关总署审核成为全国平台级应用23个，另有2个入选全国海关风险业务监测指标目录。研究制订优化跨境电商风险防控方案，制订跨境电商源头治理试点方案。搭建基于资金流验核和数据开放的风险治理模式，建立事前“源头治理+前置监管”、事中“实时验核+差别监管”、事后“强化监管+协同治理”的全链条防控治理框架。运用新旅通、运输工具水空子系统等平台，完善多渠道监测预警机制。加强高风险航班大数据分析，精准下达布控指令，查获多批防疫相关违规物品；按要求执行终末消毒指令监督工作，指导现场海关下达紧急布控指令。

（徐寅之　姚　望）

▲2022年8月17—19日，杭州海关副关长倪洪中陪同海关总署风险防控局（上海）局长蒲民一行在杭州海关开展工作调研　（姚玉平　摄）

【扩大真空包装等高新技术货物布控查验模式试点】2022年，杭州海关加强风险评估验证，扩大真空包装等高新技术货物布控查验模式试点范围，缩短通关时间，为企业节省低温、无尘存储等通关成本。全年48批次、9.94亿元进口高新技术货物获享便利。试点成效先后被《中国国门时报》《杭州日报》等多家新闻媒体报道。

（何乐伟）

【现场即决式布控试点】2022年，杭州海关依托风险跨部门联合研判机制、跟班作业等多种形式，指导7个隶属海关开展试点，实时梳理，定期评估，进一步完善海关风险布控体系。全年试点即决式布控查验287票，查获疑似危险品情事7起，查获涉嫌侵犯知识产权情事2起。

（何乐伟）

【政策性布控优化评估】2022年，杭州海关争取海关总署数据支持，多部门联合，每月分析、每季评估政策性布控实际成效，优化关区进口政策类布控查验率。进口原油、涂料、再生金属、煤炭等商品取样送检比例均有不同程度下降。

（何乐伟）

第六篇

政务及后勤保障

政务管理

【概况】2022年，杭州海关聚焦深入学习宣传贯彻党的二十大精神主题主线做好内外宣传，探索推进“杭州海关研究中心”运行模式，形成“党建统领整体智治综合应用”整体框架，筑牢关区疫情内防屏障，基本构建基层政务公开标准化规范化工作体系，改进工作作风，完善值班机制，严实档案保密工作管理，持续做好精文简会，文件数量、会议数量实现双减；承接海关总署“践行‘三智’合作理念推动‘安智贸’提质增效研究”等“三智”课题，制订《杭州海关—列日海关新型关际合作方案》并推进落实。杭州海关办公室被国务院办公厅评为2021年度全国信息工作先进单位；杭州海关获评2021年度全省政务信息工作考核优秀单位；2人次获评2021年全国海关信息工作先进个人，3人次获海关总署通报表扬表彰。

（李上莹）

【值班应急】2022年，杭州海关严格执行三级值带班要求，落实“响应、呼应、反应”机制，确保政令畅通。压紧压实值班主体责任，制作值班应知应会指引、值班手册等资料，加强岗前培训，严明纪律要求。重特大突发事件第一时间调度反馈信息，组织报送口岸疫情防控等值班信息323条次，及时、准确报送保障自乌克兰撤侨航班进境、查获可卡因等值班信息6条，为海关总署领导科学决策提供参考。

（马 帅）

【督查督办】2022年，杭州海关围绕海关总署和浙江省委、省政府重大部署、重点工作和署、省领导批示要求，全年督办检查并通报重点工作贯彻落实情况32项。对标年度175项重点工作任务，定期开展“体检”，集中核查检查，督促补短板、强弱项、锻长板。将关党委工作要求纳入督促检查，严实督促措施，严格办理流程，定期“挂账销号”，全年督办批示110件（含机要途径）。加强归口管理、职能监督，制订年度统筹督查检查计划，不定期通报执行情况，切实减轻基层负担。

（徐 恒）

【服务保障】2022年，杭州海关运行研究中心模式，开展重大事项政策研究，提升决策辅助水平。向海关总署报送调研报告、专报6期（篇），向省委、省政府报送专报4期（篇）。完成海关总署署长俞建华，副署长王令浚、孙玉宁，纪检组组长王林，浙江省副省长卢山调研保障工作。与绍兴、衢州、余杭等地方政府以及浙江省交通厅、浙江省卫健委、中国海警局直属第一局、浙江海警局等部门签署合作备忘录（合作协议）。理顺公务接待、会务安排、出差出行等工作流程，明确工作要求，规范机关运行。

（马　帅）

【公文办理】2022 年，杭州海关制定公文处理工作办法，规范公文拟制、办理、管理。推行双轮核稿，加强政治性表述审核，坚持“谁办文谁负责”“谁起草谁负责”原则，实行差错即时抄告、季度评分通报，减少文稿“硬差错”，把好文稿质量关。开展送培训下基层活动 2 次。打造“党建统领整体智治”公文处理应用场景“效能在线”，通过“办文效率”“精简文件”模块展示全关区、各部门（单位）、个人办文效率和发文情况，通过“提示提醒”功能实时监测办文效率，通过客户端、短信等方式进行超时预警，提升公文处理质效。

（庄朝曦）

【保密管理】2022 年，杭州海关统计报送年度涉密人员信息，参与海关涉密人员保密管理实施细则修订。强化涉密文件接收、流转、归档、解密、销毁全流程闭环管理。严格涉密会议管理，规范会议主持词，禁止携带电子智能产品。继续开展微信泄密专项整顿，梳理微信等社交媒体常见泄密隐患及风险点，组织观看微信泄密案例警示录。开展保密自查自评，赴钱江、杭州萧山机场、温州、嘉兴、绍兴、金华海关开展保密管理检查指导。开展密码设备的报废清退更换前核查、新增密码通信点验收，以及公务用车保密安全检查。

（冯　华）

【档案管理】2022 年，杭州海关归档 2021 年度文书档案 3177 件，其中保管期限为永久 789 件、定期 30 年 1296 件、定期 10 年 1092 件。年度文书档案实现 HB 档案系统电子文件归档和纸质档案数字化扫描双套制保存。编写 2021 年度全宗卷。完成 2021 年度海关总署及地方资料类文件分类整理 896 件。收集整理 2021 年度疫情文书档案 423 件，资料 45 件，声像档案视频类 14 个，照片档案 76 张。筛选整理 2021 年度会议类、调研类等照片档案 146 张，纸质照片和电子照片档案实现双套制保存。整理移交金关工程一、二期科技档案 140 卷，完成数字化扫描。挖掘关区红色档案资源，收集整理红色档案故事 16 篇。编制库存历年会计档案案卷目录和卷内目录 14224 条。落实海关档案借阅利用审批制度，年内利用档案 145 人次、3294 卷（件）。开展隶属海关档案业务检查指导，组织第十五个国际档案日系列宣传及关区档案安全专项自查检查。

（汤　辉）

【政务信息】2022 年，杭州海关聚焦疫情防控、RCEP 实施等重点内容，编报海关要情 75 期、海关专报 44 期，被海关总署采用 29 篇，浙江省委、省政府采用 21 篇。聚焦海关监管服务，报送综合信息呈报 34 期，被海关总署采用 9 篇。聚焦重点工作和特色亮点，编报动态信息 248 期，在相关刊物刊发 90 条次。

（叶泰任）

【新闻宣传】2022 年，杭州海关围绕促进外贸保稳提质、推进共建“一带一路”、助力自贸试验区高水平开放等主题，开展海关总署系列举措落地、“十地百团助千企”精准服务、助企纾困、RCEP 实施等多轮策划报道，运用线上媒体通气会、央视下基层、卫视蹲点报道等多种发布形式，在中央、省级、地市级媒体同步开展报道。在各类新闻媒体刊发新闻 3744 条次，其中中央、省级媒体刊发新闻 385 条次，“海关发布”、《中国国门时报》、“学习强国”等媒体刊发新闻 494 条次。

（俞　晶）

【政务公开】2022 年 4 月，杭州海关在钱江、舟山、嘉兴、绍兴、义乌 5 个隶属海关试点基层政务公开标准化规范化建设，9 月在关区全面推行，年底完成建设工作目标。健全关区政务公开工作机制，编制基层政务公开标准目录，明确应对社会公开公示的内容，细化信息发布工作流程和公开审查要求。

（李上莹）

【12360 海关热线】2022 年，杭州海关以 12360 海关热线为载体，回应群众呼声、企业关切，接听处置来电咨询 4.33 万起，平均响应时长 3.6 秒。承接海关总署热线智能语音拟人化人机交互课题试点工作，工作推进情况获海关总署肯定。

（李上莹）

【信访工作】2022 年，杭州海关完善信访工作机制，制发关长接待日工作规程、信访突发事件应急预案等工作制度。制发信访安保工作方案，做好党的二十大等重大活动期间的信访应急保障工作。严格落实属地责任，组织开展关区两轮信访风险隐患专项排查治理，做好重复信访件治理和信访积案化解。

（李上莹）

【建议提案办理】2022 年，杭州海关承办省“两会”建议提案办理件 27 件（主办件 3 件、会办件 24 件），均按要求办理答复，主办件办理面商率、复文率、办结率及满意率均达 100%。开展 2018 年以来建议、提案办理答复件“回头看”，回访代表、委员，确保各项工作举措落实到位。

（李上莹）

【学会工作】2022 年，杭州海关学会在关区范围内开展综合论文、主题论文和缉私论文的征文活动，共征集论文 238 篇，其中总会主题征文 36 篇、综合类征文 160 篇、缉私类征文 42 篇，从中评选出优秀论文 72 篇，其中一等奖 7 篇、二等奖 12 篇、三等奖 17 篇，优秀奖 36 篇。从优秀论文中向中国海关学会推荐“服务新发展格局，更好发挥海关在国内国际双循环交汇枢纽作用”主题征文 10 篇，其中钱江海关报送的《“双循环”视角下海关优化监管赋能重要制造业高质量发展的模式各路径研究》获优秀奖，另有 2 篇获入选奖。

（管　庆）

【“学习宣传贯彻党的二十大精神”系列专题宣传】2022 年，杭州海关多形式、多角度开展“学习宣传贯彻党的二十大精神”系列专题宣传。在《光明日报》《科技日报》等中央媒体，《中国国门时报》、海关总署门户网站、“海关发布”等海关总署新闻平台以及《浙江日报》、浙江卫视等省级媒体发布稿件 30 余篇次。在政务网开设“学习贯彻二十大精神”“奋进新征程”“二十大时光”“我与‘二十大’”等专栏，发布稿件 140 篇次。用好新媒体宣传平台，在“杭州海关发布”开设“非凡十年”

“学习贯彻党的二十大精神”“新春走基层”等专栏，刊发稿件67篇次。运用文字、图片、音视频等多种形式，发布相关视频稿件40条次，提升宣传的鲜活度、可看性，增加亲和力、感染力，持续营造学习宣传贯彻党的二十大精神的浓厚氛围。

（俞　晶）

【“第一议题”督查督办】2022年，杭州海关把督促落实习近平总书记重要指示批示精神作为第一要务，严格执行“第一议题”制度，健全完善工作机制，制发加强贯彻落实闭环管理工作意见，进一步明确主体责任，充分运用传达学习、贯彻落实、督查督办、成果拓展4项机制，做好量化闭环、多跨协同、落地见效，持续释放从严从紧从实强烈信号。全年按期呈报重要指示批示精神落实情况54项次。

（徐　恒）

【疫情内部防控】2022年，杭州海关深入贯彻落实习近平总书记关于疫情防控的重要指示批示精神，抓好疫情内防各项工作。强化组织领导，疫情内防工作纳入关长办公例会、形势分析会、疫情防控例会必研事项，组建内防工作专班，加强形势研判和统筹调度。落实海关总署和属地疫情防控要求，动态调整优化工作措施，从严从紧落到实处。完善疫情内防应急指挥体系，建立内部人员感染新冠病毒“1+8”应急指挥和处置体系，3月15日，开展部分办公区被划为“管控区”应急处置桌面推演。建设“杭州海关疫情内防精密智控平台”。健全常态自查、视频抽查、重点排查“三位一体”的检查监督机制。

（叶泰任）

【“最多填一次”改革】2021年3月，杭州海关启动“最多填一次”改革，这是为基层减负、为群众办实事解难题的务实之举。2021年8月11日，发布杭州海关报表“正面清单”管理制度和“正面清单”报表目录，各部门、隶属单位及个人填报的报表从219张减少到149张，梳理报表每个字段的数据标准、数据来源和业务逻辑，形成2385个数据“字典库”，解决数据标准不规范、不统一问题。借鉴“分布式记账”理念，开发“最多填一次”应用系统，推动来自系统的数据自动采集、系统外数据一口录入。2022年7月1日，“最多填一次”改革系统1.0版上线试运行，“正面清单”报表数量进一步缩减到107张，创新数据填报和报表输出方式，实现基层报表数据“只填一次”，部门报表输出“一键生成”。2022年11月20日，“最多填一次”改革系统1.0版本正式上线运行。截至2022年年底，“最多填一次”系统1.0版本活跃用户达1014人。

（朱国东）

【加强保密管理专项活动】2022年，杭州海关制订加强保密管理专项活动实施方案，共3个方面、15项具体活动。开设政务网专栏，开展网络保密安全周宣传教育，组织关区签订保密承诺书和密码安全保密责任书，开展“4·15”全民国家安全教育日/密码安全宣传教育活动。召开保密委会议，关领导讲授保密专题课1次。开展“保密故事大家讲”主题讲述活动，拍摄保密微视频7部，钱江海关报送的视频作品获中央保密办（国家保密局）“优秀讲述人”奖项。组织开展2023年度保密公益宣传片创意文案和保密公益宣传

▲2022 年 6 月 23 日，杭州海关关长王伟专题听取机关智治和“最多填一次”改革工作汇报 （陈颖 摄）

海报征集评选活动，宣传海报被海关总署推荐参加国家保密局评选。组织参加全省保密教育实训平台现场培训和关区保密培训，1674 人获得证书。赴隶属海关现场授课，开展遴选人员保密教育培训，普及保密常识。

（冯　华）

【杭州海关新闻中心成立】2022 年 1 月 13 日，杭州海关新闻中心正式成立，负责关区新闻舆论工作的组织领导、统筹推进、协调落实和考核评价等，牵头落实关区新闻舆论重点工作，实现关区宣传主题的统一策划、传播资源的统一调配、人员队伍的统一指挥。内设文稿组、影像组、新媒体组、舆情组和内网组 5 个编辑小组，设专业编辑和特邀编委，动态调整编辑人员，建立项目化管理、主题策划、特邀编委会商、重点攻坚 4 大机制。按照“外树形象、内聚能量”的工作目标，发挥职能指导作用，逐步构建网上网下一体、内宣外宣联动、全员参与的关区新闻舆论工作新格局。改版政务网平台，突出热点、影像、互动，通过开设专栏、设置热点新闻、多媒体投放，聚焦关区重点工作，讲述一线关员、集体故事，传播正能量，营造良好氛围。

（俞　晶）

【传播矩阵建设】2022 年，杭州海关持续优化重构关区自主媒体平台格局，组建内容互补、协同传播的媒体矩阵。“杭州海关发布”作为官方微信公众号，紧扣主题主线，开设“RCEP 实施”“保护知识产权海关在行动”“助力外贸保稳提质”“奋进开新局”“学习贯彻二十大精神”等 20 个专栏，发布稿件 158 篇次，打造关区对外发布新闻的新平台，做好媒体报道的补充和延伸。微信公众号“关潮”作为文化阵地，突出“温暖、分享”，增开视频号，加大视频报道力度。在政务网开设“专项教育活动”“抗疫日记”“疫情防控进行时”“奋进开新局”“抗击疫情（影像记录）”“强岗尖兵”“促外贸保稳提质”“关注通关时长”等专栏，刊发各类动态 4417 条次，其中视频类 513 条次、图片新闻 378 条次、关区动态 3526 条次。

（俞　晶）

财务管理

【概况】2022年，杭州海关坚持落实“过紧日子”要求，以省署合作备忘录签订为契机，强化与地方政府部门工作对接。推进“海关重点项目和财物管理以权谋私”专项整治，开展食材采购、资金管理2个专项治理。制订实施方案，推进“三中心一基地”建设。修订节约能源资源管理、涉案财物管理、事业单位监督管理等7项制度。2022年10月，杭州海关和12家隶属海关建设节约型机关获得国家机关事务管理局、财政部等四部门认定。

（方向明）

【综合保障】2022年，杭州海关建立纸质单证传递登记制度，严格保证金业务办理时限，规范税收入库管理。全年税收入库872.19亿元，同比增长28.94%，再创历史新高。10月试运行“公务之家”出差报销系统。推进事业单位业务整合，构建与社会主义现代化海关相适应的现代国有资本管理机制。注销4家检验检疫处理企业，采取股权转让方式办理杭州海关后勤管理中心持有的中国检验认证集团浙江有限公司49%股份脱钩手续。

（谭　洁　蒋霄奇　徐学智）

【预算管理】2022年，杭州海关举办2023—2025年支出规划和2023年部门预算编制视频培训，落实预算编制要求，强化财务业务指导，科学编制项目储备、支出规划和年度预算。开展预算调整、绩效自评、重点项目绩效评价，实施绩效运行监控，强化预算执行和情况通报。编制2021年度部门决算、政府部门财务报告和内部控制报告，做好预决算公开工作。开展预算管理一体化系统业务培训，强化预算编制人员对预算管理一体化新系统的适应性及操作能力，9月正式启用预算管理一体化新系统编报部门预算。

（胡伟丽）

【资产装备和基建采购管理】2022年，杭州海关落实常态化疫情防控要求，持续做好防疫物资保障工作，全年统筹防控物资339.79万件，确保口岸一线和内部防控需要。完成杭州海关2023—2025年度招标投标代理机构遴选。运用政府采购政策，组织预算单位采购脱贫地区农副产品，持续支持乡村产业振兴。制定政府采购需求管理工作指引（试行），规范政府采购需求管理。杭州国际旅行卫生保健中心移动P2+实验室场地改建、杭州萧山机场海关负压隔离留验室改造、嵊泗海关马迹山二期取制样设备维修、温州海关执勤武警部队营房、杭州萧山机场海关综合业务用房及附属设施维修改造5个项目通过海关总署验收。

（胡徐钢　梁　侠）

【涉案财物管理】2022年，杭州海关开展19个涉案财物仓库安全检查140余次，防范安全隐患风险。定期开展库存超2年涉案财物预警，及时处置符合条件涉案财物。采用“产权移交、委托保管”模式向林业部门移交罚没穿山甲鳞片10余吨；首次通过互联网平台对1批多次流拍的皮夹、手表等物品实施无底价拍卖，实现涉案财物依法处置、风险防控、保值增值。全年公开拍卖涉案物品28批次，成交总额1000余万元；移交文物20件；转交罚没侵权货物190余万件，货值500余万元；无害化销毁侵权货物及罚没药品、卷烟等110余万件。

（朱　寻）

科技发展

【概况】2022年，杭州海关持续以数字化改革引领、撬动、赋能改革创新，坚持业务科技一体化，推进“监管过程上链、服务对象赋码”，加快多跨场景应用步伐。完成“2021年大数据通用分析应用（云擎）升级改造”“基于边缘计算的海关监管视频结构化处理和联网应用研究”等署级项目，以及“杭关大脑1.0”“党建统领整体智治综合应用”“跨境电商商品质量安全风险评估应用”等关级项目，并通过验收。全年推动智慧应用建设31个，其中迭代升级18个、启动实施8个、谋划构建5个。加强实验室建设，组织新冠病毒和猴痘病毒检测技术培训，完成入境人员新冠病毒核酸检测19万人份、进口商品新冠病毒核酸检测1万份，完成进出口商品法定检验44万项次、法检自检率为99.6%。

（周　旭）

【“云擎”系统应用】2022年，杭州海关发挥“云擎”应用生态效益，在产品、应用、治理3个方面做好支撑保障。上线部署任务调度中心及建模工厂“测试库”功能，推进“智汇统计”场景建设，做好海关总署“揭榜挂帅”项目“非贸渠道一体化风险分析模式及方法研究”主题表及可视化页面建设，完成海关总署2021年大数据通用分析应用（云擎）升级改造项目验收。

（刘　存）

【一体化智能化平台建设】2022年，杭州海关以一体化智能化平台建设为抓手，提升科技支撑的基础保障实力。更换Hadoop集群低性能服务器扩容资源池，上线分析及预警模

▲2022年11月4日，杭州海关工作人员参观智慧港口解决方案演示模型　（杨睿　摄）

块，搭建事件中心基本框架，编制数据中台数据模型设计规范、数据开发规范，建设杭州海关非贸领域风险地图，完成“杭关大脑1.0”项目验收。

（刘　存）

【科普与宣传】2022年，杭州海关以科技活动周、科普讲解比赛为抓手，深化“我为群众办实事”实践活动，用好抓实“科技人员跟班作业”长效机制，举办2期“研智有悟”学堂，成立“快捷键”新闻工作室，做好科技宣传工作。组织开展关区科普讲解比赛，评选出一等奖2项、二等奖3项、三等奖6项。派员参加2021年全国科普讲解大赛（因疫情原因延期至2022年举办），周梦楚获二等奖，王璐远获优秀奖。

（周　旭）

【网络安全管理】2022年，杭州海关深化应用终端安全管理、APT攻击预警、主机入侵检测等系统，开展网络渗透测试，强化互联网应用安全保护，提升网络安全防护水平。制订网络攻防活动应急处置预案，开展网络安全应急演练。夏天林获评2022年度浙江省网络与信息安全信息通报先进个人称号。开展网络与信息安全保障、信息通报、应急响应等工作。全年未发生重大网络安全事件，所有信息系统运行安全稳定。

（武　彬）

▲2022年9月7日，杭州海关关员周梦楚参加全国科普讲解大赛总决赛　（程国鹏　摄）

【信息化基础资源管理】2022年，杭州海关深化计算资源整合，完成原运行网计算资源与主池虚拟化整合，补强对外接入局域网虚拟化平台计算资源，新增桌面云计算资源。完成关键业务系统存储资源整合、核心存储双活平台一期搭建。开展实机转虚工作，建立虚拟化平台在线数据备份机制，提升业务系统和数据保障能力。

（武　彬）

【信息化项目管理】2022年，杭州海关强化信息化应用系统变更管理，制定信息化应用系统变更任务书操作指引，上线变更任务书申请审批系统，用于修改变更运行中的关级信息系统，适用于工作规模较小、技术架构不变等技术和管理难度较低的信息化建设项目。

（陈震慧）

【科研管理】2022年，杭州海关获得省部级科研项目立项4项，其中浙江省“尖兵”“领雁”研发攻关计划项目2项、省公益研发计划项目2项；承担省部级科研项目通过验收7项，其中海关总署科研项目6项、省公益研发计划项目1项。获省部级科技奖励二等奖2项、三等奖3项。

（于　萍）

【实验室管理】2022年，杭州海关召开关区实验室安全管理视频会议，举办安全教育培训，采用“四不两直”方式对钱江、温州、舟山、台州、金华、嘉兴、丽水、义乌海关和杭州海关保健中心、技术中心实验室开展安全检查；通过视频形式分别对金华、义乌海关开展实验室安全管理抽查，组织隶属海关开展实验室安全管理互查。6月，杭州海关技术中心获印度尼西亚注册食品安全实验室资质。

（程国鹏）

【新冠疫情防控科技支撑】2022年，杭州海关上线并持续迭代“口岸疫情防控在线”，推进AI及机器人技术应用于防护服穿脱AI监督算法，应用机器人开展航空器登临检查。配合浙江省国际航班“一人一码”闭环管理，海关健康申报码自动对接浙江省公共数据平台，与地方联防联控、机场、航空公司等单位多跨协同，形成全流程数据闭环，旅客入境通关、移交转运、隔离点入住凭海关健康申报码“一码通关”，全流程零接触、零填报，动态接收地方境外输入确诊病例回流信息。上线疫情内防“应检尽检”应用，通过浙江省大数据局每日调用关内人员健康码状态、核酸检测情况等数据。加强核酸检测能力建设，组织开展新冠病毒检测实验室技术培训，开展实验室样本溢洒突发事件应急处置实战演练观摩，做好口岸入境人员和进口商品新冠病毒核酸检测，开展新冠病毒基因测序。

（吴苏唯　刘　存　程国鹏）

督察内审

【概况】2022年，杭州海关坚决贯彻落实海关总署决策部署，认真做好内部审计、督察推动重大政策措施落实，不断加强内部控制和执法评估。锻造敢督善审、争先创优、用“成绩单”说话的督审干部队伍。督察、审计、内控、评估“四大职能”履行更平衡更充分，为促进杭州海关制度建设和治理能力提升提供坚实保障。

（郭忠伟）

【重大政策措施落实情况督察】2022年，杭州海关对照海关总署督察清单，统筹“线上督+实地察”，开展口岸检查作业规范落实、支持外贸保稳提质政策落实、税收政策及风险防控措施落实、进出口食品安全监管落实4个专项督察，有效发现工作开展过程中存在的问题或风险，提出针对性整改意见并督促落实。开展全员打私绩效专项督察，移交成案刑事案件率达50.3%，年度打私目标任务按时完成。

（张国明）

【内部审计】2022年，杭州海关聚焦加强“一把手”和领导班子监督，对舟山、嘉兴、丽水、义乌海关和杭州海关培训中心5个单位实施经济责任审计，查证履行“三重一大”责任及执法、非执法等领域问题，促进规范业务运行和内部治理。迭代“经济责任审计+专项审计”机制，畅通从经济责任审计到专项审计转化延伸通道，专项监督经济责任审计发现的普遍性、典型性、倾向性问题“深挖彻查”，开展合同管理、移动作业终端和执法记录设备保管使用2个专项审计。抓好抓实大金额差错报关单、贸易管制措施落实署级专项审计调研，发现并报送相关典型问题、风险，做好预警“吹哨”。

（龚银灿）

【内控机制建设】2022年，杭州海关开展“内控示范科室”创建，推进内控从“建在科上”向“强在科上”蝶变，2个科室成功创建署级“内控示范科室”，12个科室获评关级“内控示范科室”，创建工作获相关刊物报道，在海关总署推进会上作经验交流。做好三级内控前置审核，提出审核意见130余条。参与审核署级制度规范13个。牵头梳理关税领域署级节点，承担关税、食安、商检、缉私4个业务领域督审查发问题内控分析。对湖州、金华、丽水海关3个单位开展内控评价（回访）。加大科技控权，助力常态自查自纠，HLS 2017系统应用绩效走在全国海关前列。

（杨佩裕）

【执法评估】2022 年，杭州海关参与促进跨境贸易便利化、跨境电商海关监管 2 个署级执法评估，承担组织推进、数据分析、梳理研判、报告撰写等工作。联合上海特派办开展世界银行新营商环境评价体系（BEE）前瞻研究，为全国海关作研究型评估专题授课。开展市场采购贸易、保税供油、跨境电商 B2B 出口及进出口退换货海关监管和海关支持综合保税区健康发展 4 个关级执法评估，揭示问题风险，提出工作建议，辅助改进提升。

（郭忠伟）

【督审整改】2022 年，杭州海关落实 2021 年国家审计整改，细化 74 条整改措施，完成 30 个整改事项，问题整改完成率、工作意见采纳率均达到 100%，同步健全制度规范 12 项。开展 2022 年国家审计关注重点及风险自查自纠，研究制定国家审计迎审及整改常态长效运行机制。制定实施内部审计查出问题整改工作操作指引，实现清单管理与闭环落实。

（郭忠伟）

【督帮一体】2022 年，杭州海关跟踪回访“十地百团助千企”精准服务活动企业 350 余家。专项监督海关事业单位所属企业脱钩和转让产权，动态监督事业单位集中转让中国检验认证集团浙江有限公司下属公司产权的转让进度，保障工作合规合法、资产保值增值，助力事业单位高质量发展。

（张国明）

第七篇

隶属海关

钱江海关

【概况】2022年，钱江海关坚持以习近平新时代中国特色社会主义思想为指导，统筹推进疫情防控与促进外贸保稳提质，坚决筑牢国门安全屏障，在优化国际一流营商环境、推进高能级开放平台建设、探索实践智慧海关建设等方面富有成效，为“多彩杭关”建设增添有辨识度的“钱江色彩”。全年，钱江海关审核报关单8.78万份，同比下降3.2%；征收两税入库83.09亿元，同比增长5.7%；监管货运值112.8亿美元，同比下降7.8%；监管货运量223.2万吨，同比下降0.1%；加工贸易备案金额169.6亿美元，同比增长31.8 %；审批减免税货值6.61亿美元，同比增长39.63%；签发原产地证书33.5万份，同比增长0.5%，货值204.8亿美元，同比增长16.4%；新增备案企业3654家。年内共有4个集体、3名个人获得关区、杭州市荣誉。

（林　翰　曹　雯）

【党的建设】2022年，钱江海关深入学习宣传贯彻党的二十大精神。建立完善“六学联动”机制，发挥“钱关讲坛”等9个学习平台作用，各级党组织开展学习研讨1148次。推进党史学习教育常态化长效化，开展“我为群众办实事”“十地百团助千企”活动，获评杭州海关“‘我为群众办实事’十佳案例”2个。深化“强基提质工程”，扎实开展基层党建“双提升”行动，新评“四强”党支部3个、复评通过15个，获评杭州关区五星级党组织7个，驻邮局办事处第三党支部荣获省直机关先锋支部称号。组织支部书记集中轮训，开展党务干部岗位练兵，实现培训全覆盖。在“一支部一品牌”基础上，推广“一书记一项目”，推动基层党建提档升级。

（曹　雯）

【队伍建设】2022年，钱江海关坚持“用成绩单说话”，完善领导班子考核办法和奖惩激励机制，强化及时奖励，营造“比学赶超”氛围。落实“雏鹰孵化、英才培育、头雁培养、人才储备”4项计划，培养“本职领域精通、相关领域熟悉、全领域了解”的复合型人才。探索教学练战一体化实训模式，推进杭州海关保税和通关监管业务实训教学点建设，为海关事业蓄才储能。组建“准军直接负责人”队伍，开展内务规范强化月活动，获评杭州关区准军考评优胜单位称号。严格落实中央八项规定精神，参与“清风国门”活动，广泛征集家风家训，举办廉政专题讲坛，打造廉洁文化。

（陈海鸯　曹　雯）

【中国（浙江）自由贸易试验区杭州自贸片区建设】2022年，钱江海关推进杭州综合保税区、自由贸易试验区和跨境电商综试区政策联动、优势叠加。支持空港综合保税区申建列入署省合作备忘录。跨境电商进口退货商品“上链赋码”项目入选杭州海关整体智治首批应用场景。8月22日，完成跨境电商进口退货商品“上链赋码”实单测试。推广“增值税一般纳税人资格”试点，杭州综合保税区区内“一纳”试点企业完成保税与非保货物入区货值10.3亿元，同比增长127.6%，其中非保入区货值9.0亿元，同比增长181.1%，该试点获评2022年第一批中国（浙江）自由贸易试验区最佳制度创新案例。试点入境特殊物品安全联合监管机制，入选杭州入境特殊物品安全联合监管机制“白名单”企业4家。完善租赁进口飞机多地海关联动监管模式，指导关区货用航空采用“联动监管+保税租赁”模式引进大型宽体全货机，支持民营航空企业引进大型客货飞机6架。围绕省内唯一大型飞机维保基地，探索自贸区内飞机保税维修项目，配套批准航材专用保税仓库并指导开展智慧化仓储建设。2021年度全国综合保税区发展绩效评估中，杭州综合保税区蝉联全国和东部地区双A类，获评浙江省年度先进海关特殊监管区。

（陈佳乐　杨琼林　潘　鹏）

【税收征管】2022年，钱江海关审批减免税表3603份，减免税款4.7亿元。11月25日，为关区某企业办理首票征免性质为“外资研发中心”的减免税确认通知书，减免税款19.14万元，实现“十四五”期间支持科技创新进口税收优惠政策出台后杭州关区“外资研发中心”减免税业务正式落地。围绕高质量共建“一带一路”形势要求，依托原产地签证业务实训教学示范点，设立钱江海关RCEP工作站。设立RCEP现场签证专窗7个，为企业提供优惠原产地证书办理、业务流程、进口享惠等“一站式”咨询和培训服务。新增RCEP经核准出口商4家，签发RCEP等各类原产地证书33.5万份，自贸协定项下进出口享惠71.6亿元，其中RCEP项下原产地证书1.59万份，货值6.6亿美元，享惠超4000万元。

（林　翰　许　凯）

【检验检疫】2022年，钱江海关加强国门生物安全防控，深入开展“国门绿盾2022”行动，针对性地开展昆虫、杂草、病害等外来有害生物监测以及外来入侵物种普查，查获禁止进境物390批次，截获植物有害生物194种次、外来入侵物种173批次；开展“跨境电商寄递‘异宠’综合治理”专项行动，查获“异宠”6批次42只。开展进口食品“国门守护”行动，监督抽检样品115批，检测1864项次，完成监测样品37批，检测303项次。加强铜精矿、旧机电、医疗器械等重点敏感工业品的质量安全检验监管，实施进出口工业品检验6240批。落实进出口商品质量安全风险监测，开展跨境电商、进口羽绒及制品等专项抽样监测工作，推进“口岸危险品综合治理”百日专项行动，梳理危险品企业59家，甄别危险品检验监管风险点25个。

（侯寒黎）

【监管业务】2022年，钱江海关落实口岸疫情防控，开展安全防护培训41次、疫情应急演练22次。试点推广真空包装等高新技术货物协同查验模式，推动纳入协同查验机制企业5家，被布控查验的高新技术产品通关时间平均减少5～7个工作日。深化智能审图应用，在全国海关率先开展智能审图市场采购特色算法研究，通过专项制图支撑自主特色算法研发，提升拦截市场采购易夹藏商品能力。帮扶关区出口盆景企业恢复星天牛寄主植物输欧资格，为企业挽回直接收益近200万元/年。实现邮件监管智能化、协同化，完善“云—机—人”智慧监管模式，完成智能审图机的安装、调试和启用，新增AI智能审图功能。优化邮件监管通关作业流程，推进进境邮件税款信息联网项目落地。11月2日，进境邮件税款信息联网项目正式上线，海关与邮政实现通关作业全流程无缝对接。构建多方共治商品质量新体系，联合杭州市余杭区政府共同打造“跨境电商质量监管服务一体化应用”，入选浙江省数字政府系统首批优秀案例集。

（侯寒黎　郑欣怡　娄万凯　周　烽）

【海关统计】2022年，钱江海关持续跟踪监测浙江省及杭州市货物贸易动态，跟进杭州市外贸份额、重要商品规模及流向变化，做好监测预警分析。全年报送各类进出口形势分析文章、专报50余篇次，为各级政府科学决策、制定发展规划提供辅助支持。积极做好面向社会的海关统计服务工作。摸清企业需求，及时答疑解惑，全年调研企业超1500次。

（林　巍）

【企业管理】2022年，钱江海关促进外贸保稳提质，细化落实22条举措。在“十地百团助千企”活动中，召开企业座谈会、恳谈会81次，调研企业317家，处置问题241个。打造“关企直通车”服务品牌，举办政策宣讲22期，惠及企业1800余家。备案进出口食品企业110家、出口食品原料种植基地7家，办理时限由5个工作日压缩为3个工作日。专项检查境外注册食品企业19家，推荐宠物食品等农产品生产企业境外注册19家，促进地方特色优质农产品扩大出口。为企业开具资信证明375份，提供上市融资便利支持。

（龙浴玉）

【加工贸易提档升级】2022年，钱江海关推进海关总署3项加工贸易改革和试点。承担杭州海关牵头的天然橡胶轮胎加工贸易单耗管理改革试点工作，实现由单耗标准管理向定额参数核销管理的转变，帮助试点企业产品生产效率提升15%，不良率降低40%。推进加工贸易残次品管理改革试点，解决加工贸易残次品折料征税成本高、退运难的痛点问题，全年销毁残次品400余吨，为企业节支135万元。推进企业集团加工贸易监管模式，将多家跨关区企业视作集团整体监管，实现保税料件在集团内企业间自主存放和自由调拨，部分环节减免担保，降低制度性交易成本。

（詹冬梅）

【跨境贸易便利化】2022年，钱江海关推进落实营商环境创新试点改革事项，牵头国家改革事项5项、杭州特色事项3项，均已初步完成。与杭州市跨境电商综试办研究推出涉及海关业务措施12项。推进“两步申报”“船边直提”等业务改革，“两步申报”率达40.5%，进、出口提前申报率分别达30.9%和89.1%。指导企业开展进口货物“船边直提”业务67票。

（林　翰）

【亚运会马术测试赛检疫监管】2022年，钱江海关做好马术项目测试赛参赛马检疫监管工作。组建钱江海关马匹检疫监管团队，全程进驻桐庐比赛场馆，开展“全流程全要素”实战，历时23天，完成“韵味杭州”2022年桐庐马术三项赛邀请赛赛前、赛时、赛后等12个流程节点完整测试。

（邬迎辉）

【“数字监管赋能未来工厂”应用项目建设】2022年，钱江海关引导企业设立数智保税仓，推进供应链系统集成、数据连通，实现申报自动化、智能化。运用“上链赋码”，探索“远程、实时、在线、智能”数字化监管新模式，推动流程再造、制度创新，实现海关精准监管、企业高效运作“双目标”。“数字监管赋能未来工厂”保税应用项目是杭州海关重点建设的智慧海关项目之一，被列入“杭州市创新优化营商环境重点措施项目”和“浙江自贸区杭州片区重点改革事项”，并参加首届全球数字贸易博览会场景展示。

（朱　轶）

杭州萧山机场海关

【概况】 2022年，杭州萧山机场海关坚持使命担当，筑牢国门第一道防线，培育创新思维，聚焦智慧海关建设；立足助企纾困，统筹对外贸易发展。全年监管进出境航空器7493架次，同比下降20.3%；监管货值41.19亿美元，同比下降2.5%；监管货物4.59万票，同比下降3.9%；监管快件30.67万件，同比下降82.98%；监管出口跨境电商清单1.14亿票，同比下降24.25%。刑事案件立案6起、行政一般案件立案46起，其中“两简”案件6起。

（凌　缀　杨　洋）

【党的建设】 2022年，杭州萧山机场海关落实“第一议题”制度，深入学习贯彻习近平总书记重要指示批示精神。学习宣传贯彻党的二十大精神，开展“云端学习”，60余篇信息、微信公众号文章被海关总署、杭州海关录用。完成党支部换届13个，届中调整7个，发展接收预备党员13名。建立健全党支部书记培训、培养长效机制，夯实支部“战斗堡垒”基础。培塑“战疫之星”“身边党员一面旗”先进典型，发挥党员先锋模范作用。统筹推进“学查改”、政治机关建设专项教育和党史学习教育制度化、常态化、长效化。梳理岗位政治要求80项、重大风险隐患18项，制定整改措施49条。

（夏克强）

【队伍建设】 2022年，杭州萧山机场海关深入开展警示教育，组织“传承好家风　涵养好作风”专题分享会，发放家庭助廉倡议书225封，下发警示教育典型案例53起，发送节前廉政短信1300余条。用好巡视巡察工作成果，梳理问题清单、建立长效机制29条。落实关心关爱，举办封闭作业一周年表彰大会，表彰奖励161人次，表彰奖励向抗疫一线尤其是封闭管理人员倾斜，涉及口岸疫情防控表彰奖励占90%以上。建立网格化帮扶机制，开展封闭管理人员一对一帮扶，设立心理咨询热线，推出封闭管理人员远程问诊、家属就医“绿色通道”、“暖心送教”、“暖心送菜”等关爱举措。

（夏克强）

【税收征管】 2022年，杭州萧山机场海关加强入境旅客税收征管，依法征税1240批次、549.6万元。完善税政风险防控体系，成立审价工作小组，定期监控和批量核查归类、价格、原产地等涉税要素。全年税收入库24.27亿元。

（吕梦月　金颖颖　朱素素　王炫妮）

【疫情防控】 2022年，杭州萧山机场海关封闭管理作业保障

▲2022 年 11 月 20 日，杭州萧山机场海关关员开展航班登临作业后对单证进行检查 （周雨亮 摄）

航班 26 轮次，作业关员 491 人次。监管进口高风险非冷链货物，新冠病毒采样 547 批次，采集样品 8698 个，监督预防性消毒 3.86 万件，采集环境样本 98 个，组织实施关区进口货物口岸环节新冠病毒核酸检测阳性应急处置演练 1 次；组织实施旅检现场截获小火蚁、猴痘入境、涉枪爆反恐入侵等各类应急处置演练 12 次。保障接回我国在外公民包机 35 架次，上海分流国际航班 46 架次，商务包机 11 架次。杭州萧山机场海关乌克兰撤侨包机保障小组获得杭州海关集体三等功荣誉称号。

（王炫妮　甘韫文）

【卫生检疫】2022 年，杭州萧山机场海关加强“多病共防”，检出入境旅客疟疾阳性 4 例、甲流阳性等其他呼吸道传染病 6 例。10 月 10 日起，开展口岸猴痘监测工作，检测入境航班 40 架次、5579 人次猴痘核酸。终末消毒入境客运航空器 738 架次，评价效果 3 架次。采集新冠病毒环境样本 1223 份，开展空集装器采样 896 份，检测结果均为阴性。监督口岸日常卫生 972 次，核发《国境口岸卫生许可证》108 份，处置卫生投诉 6 起。

（张　薇　王炫妮）

【动植物检验及食品检验检疫】2022 年，杭州萧山机场海关截获进境植物种苗、有害生物 155 批次。首次普查口岸外来入侵物种，发现外来入侵物种 7 科 11 种。进境食用水生动物疫病监测 45 批，进境农产品安全风险监控 13 批，农产品转基因风险监控 5 批，销毁或退运不合格进境农产品 4 批。通过“附条件提离”，缩短进境货物（如种子种苗、食用水生动物）通关时长，共计 1043 批、

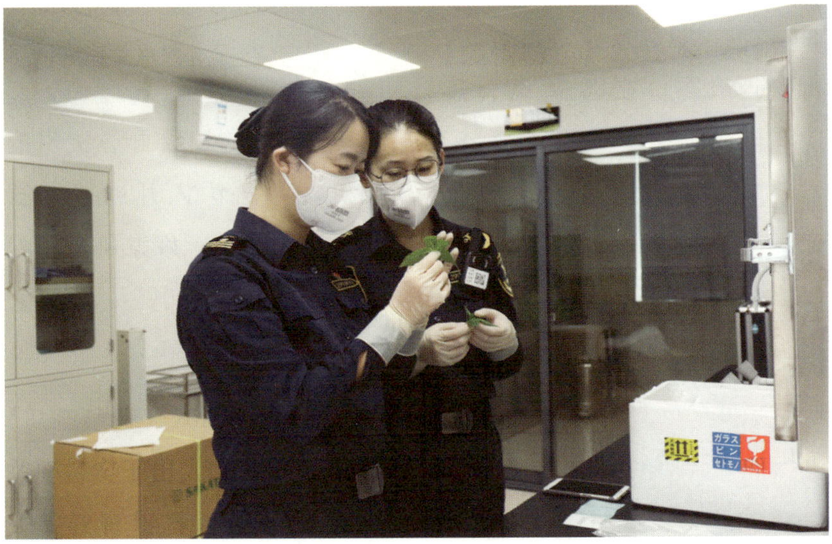

▲2022 年 10 月 14 日，杭州萧山机场海关关员落实“附条件提离”举措助力进境种苗通关　（周雨亮　摄）

4924.71 吨。助力食品企业进口毛燕和婴幼儿配方奶粉，出口松茸、大闸蟹、沙蚕、活缢蛏、草莓等鲜活产品。监督食品化妆品安全，抽检食品化妆品 3 批、样品 14 个。

（甘榅文）

【监管业务】2022 年，杭州萧山机场海关完善“骨干企业联络员”机制，搭建“一站式”沟通矩阵，针对性帮扶处理出口遇阻企业异常清单 23 万余单。建立跨境电商服务专班，助力企业跨境包裹“次日达”，开展跨境“9610”出口混合申报测试，降低企业通关成本。联合多地海关监管进口飞机“保税租赁”，制订“天津入账、厦门改装、杭州入境通关”纳税方案，保障浙江省航空物流企业进口航空器 6 架次。支持包机人和货运代理人拓展国际转运业务，推动 4 家航空公司舱位代码共享，全货机航班全年运行 4568 架次。新增“卡车航班”线路 4 条（银川、无锡、温州、金华），业务量达 6421 票。

（章灿刚　赵瑜璐）

【口岸安全生产】2022 年，杭州萧山机场海关落实落细安全生产 15 条硬措施，开展安全生产专项整治三年行动、安全大检查和岁末年初安全生产重大隐患专项整治。推进危险品综合治理常态化，开展“口岸危险品综合治理”百日专项行动，查获伪瞒报货物 2 批次，其中 1 批次入选海关总署危险品查获典型案例。

（章灿刚）

【政策研究及统计分析】2022 年，杭州萧山机场海关审核商品记录 21.23 万条，发现错误记录并下发通关部门 32 条。完成 2022 年 1—12 月各项业务统计数据上报，向上级海关统计分析部门报送数据变化分析 12 次。参与杭州空港口岸及周边地区研究分析，全年牵头完成关级课题 2 个，参与撰写各类统计分析和政研文章 40 篇次。

（邹仙女）

【查缉走私】2022 年，杭州萧山机场海关查获濒危动植物及其制品 73 件，禁止或限制出境文物 95 件。所查获的伪装藏匿象牙制品案件 2 起，作为典型案例，经验分享全国海关。查获北京冬奥会“冰墩墩”侵权钥匙扣 72 个、卡塔尔世界杯足球赛“FIFA World Cup”侵权纪念币 70 枚，全年查扣侵权货物 6 批次，立案并办结 5 起，同比增长 66.67%。

（郑艺君　王炫妮　甘榅文）

【智慧海关建设】2022 年 5 月 20 日，杭州萧山机场海关口岸

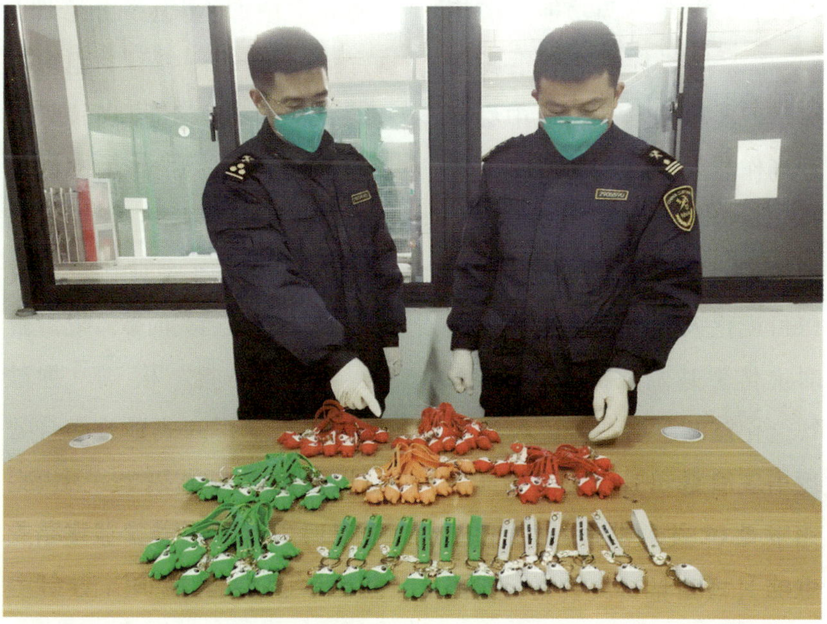

▲2022 年 2 月 28 日，杭州萧山机场海关查获的一批“冰墩墩”钥匙扣经北京冬奥组委确认为侵权货物　（王雅琦　摄）

疫情防控监管全流程、多场景、穿透应用平台上线试运行，单名旅客平均卫检通关时长由20分钟缩短至6分钟。推动杭州萧山国际机场东区货站项目建设，提出东区货站“1+5+7”数字化联网监管方案。依托机场公司“空港疫智控”系统，动态掌握每日疫情情况。

（章灿刚　郑嘉栋　凌　缀）

▲2022年10月12日，杭州萧山机场海关关员通过远程指挥系统实时对出境现场进行指挥　（周雨亮　摄）

【“中心+现场”运行模式探索】2022年，杭州萧山机场海关从单一现场作业模式向“中心+现场”作业模式转变。以“中心”协助旅检通关“现场”开展登临、分流、流调、监督等远程作业监管。利用“中心”统筹协调功能，搭建“二级监控指挥中心—隶属海关运行监控中心—作业中心—现场作业”的指挥体系，实现直属海关、隶属海关与作业一线多向互动反馈与实时感知。以可视化大屏展示、指令无延时上传下达、数据汇总统计、智能化监测预警等功能，提升现场事件感知能力、反馈报告响应能力、协同指挥能力和应急处置能力，形成立体指挥体系。该模式实施后，监管单架航班平均在岗关员由18人减至7人，每100名旅客通关时间压缩至1小时。

（郑嘉栋）

【高新技术产业帮扶】2022年，杭州萧山机场海关打造沟通矩阵，提供全天咨询，建立“关务空中课堂”，举办培训9场。坚持“一企一策”，组织调研7次，切实解决企业问题748个。提出“深港陆运+杭州萧山口岸一体化+提前报关+两步申报”方案，解决高新企业生产核心料件的通关时效难题。推进“协同查验”模式，通过“口岸外形查验+目的地综合处置”联动，完成衢州、上海、重庆、绍兴等多家高新技术企业进口真空包装货物一体化查验。全年保障杭州空港口岸高新技术龙头企业3家，高效通关货物1.22万批次、20.4亿美元。

（葛　翔　甘蕴文）

【T4航站楼建设】2022年，杭州萧山国际机场T4航站楼主体项目正式完工，9月出境试运行。杭州萧山机场海关主动收集整理试运行期间存在的风险隐患和相关问题，就海关集中作业场地设置、海关监管设施设备配置、软件系统开发、监管模式应用、办公业务用房、标识标牌等具体业务加强同机场公司、设计单位的协调配合。通过数字赋能、流程再造，在出境环节落地运用智能协运机器人等智能设备，推行“海关、民航（安检）一次过检”“远程集中判图”等智慧监管方式，将科技引领支撑、科技创新赋能贯穿T4航站楼建设始终。

（郑嘉栋）

温州海关

【概况】2022年，温州海关实施“老关振兴”战略，监管报关单12万份，同比增长33.1%；征收税款19.88亿元，同比增长31.6%；加工贸易合同备案金额2.18亿美元，同比增长9.7%；监管进出口货物总值111.62亿美元、货运量433.93万吨、集装箱30.5万标箱，同比分别增长41.6%、31.3%、11.9%；监管进出境运输船舶721艘次、飞机664架次，同比分别增长20.4%、219.2%；监管进出境邮递及快件物品186.6万件，同比减少59.3%；签发原产地证书11.07万份、货值54.17亿美元，同比分别下降2.7%、增长20.9%；检验检疫进出口货物2.4万批、货值230.7亿元，同比分别增长6.9%、22.7%。全年承办人大代表建议和政协提案主办件1件、会办件14件；办理处置信访件以及对外咨询件107件；开展34项重点工作督查督办；清理现行47个议事协调机构。

（虞小青）

【党的建设】2022年，温州海关深入学习宣传贯彻党的二十大精神，党委理论学习中心组集中学习16次。认真贯彻习近平总书记重要指示批示精神，严格执行“第一议题”制度，制定落实全面从严治党分解任务64项。抓好意识形态工作，掌握队伍思想动态，出台《思想动态分析工作规则》。开展捍卫“两个确立”、做到“两个维护”、强化政治机关建设专项教育活动。加强班子建设，创新党建机制，获评杭州关区“四强”党支部3个。深化“我为群众办实事”实践活动，开展“十地百团助千企”精准服务，对重大项目、重要企业实施“一对一”帮扶，连续4年选派干部驻点龟墩村帮扶，为平阳县晓阳村结对帮扶村落实帮扶资金7万元。制定全面从严治党任务清单，营造风清气正政治生态。开展“海关重点项目和财物管理以权谋私”专项整治，梳理重点项目117项，排查廉政风险和问题3个。用好海关政务服务“好差评”系统，开展机关“万人双评议”，好评率100%。用好监督执纪“四种形态”特别是“第一种形态”，做好以案促改，弘扬清廉家风，开展全员警示教育18次，参加海关总署“清风国门”廉洁文化创意作品征集活动，获二等奖作品2个、三等奖作品1个。抓好党建课题研究，党建业务融合论文获杭州海关学会一等奖，专项教育论文获杭州海关学会二等奖，入选杭州关区十佳微党课1例。

（虞小青）

【队伍建设】2022年，温州海关落实“专博并重”人才培育策略。发挥高职级公务员作用，依托“四高”导师工作室、“温关青年说”讲坛，培养业务人才梯队。加强干部能力建设，开展各类培训70期，参训2631人次。走访慰问离退休干部、困难党员、离休干部遗属39人次；组织“老教青，青帮老”活动，邀请老干部代表与青年关员座谈，分享成长经历与工作经验。

（虞小青）

【通关管理】2022年，温州海关通过“一企一策”“一单一策”“一对一全程指导”“抵港直装”等方式压缩整体通关时间。12月，进口整体通关时长为33.33小时，较2021年同期压缩57.08%；出口整体通关时长为0.39小时，较2021年同期压缩51.28%。试点落地全国海关第一批即决式布控改革，全年即决式布控36票，查获违规进出口货物30票，查获率83.3%。建立查验和风险管理科室两级核查机制，提升目的地查验布控指令执行效能。打造“FTA金钥匙”原产地品牌，设立RCEP工作站、签证专窗，全年签发RCEP原产地证书4225份，为出口企业减免进口国（地区）关税近900万元。

（虞小青）

【税收征管】2022年，温州海关开展税政调研，上报税政建议3条。提供关税技术支持，专业认定商品数据35批次、1151项，计核走私违规案件103起。落实“一企一策”属地纳税人管理制度，建立分层次、多维度属地纳税人企业底账10家。实施“一保多用”（保函额度在各类业务中灵活使用）模式，办理首票以企业为单元税款担保保函，避免企业在担保机构与海关之间多次往返奔波，节省时间成本，提高资金效用。打造减免税审批“量体裁衣”模式，全年审批减免税证明408份，同比增长5.7倍；审批货值6156万美元，同比增长2.9倍；实际减免税款4566万元，同比增长2.5倍。

（虞小青）

【卫生检疫】2022年，温州海关做好人防、物防、内防，坚持“多病同防”，检疫出入境客运航空器104架次、出入境货运航空器568架次、出入境船舶294艘次；检疫空海港出入境人员20677人次。启用“中心+现场”模式，优化作业流程，实现旅客“无感通关”，完成“温州—罗马”等国际客运航班复航等重大检疫保障任务，实现疫情零溢出。完成空港口岸负压隔离舱全面改造和海港口岸负压防护舱配置，提升口岸传染病处置的基础能力。开展卫生监督，制订口岸卫生监督“双随机、一公开”实施方案，办理口岸卫生行政许可审批31起；开展口岸食品安全现场抽检24批次，食品快速检测42批次。开展空海港鼠、蚊类、蝇类、蜚蠊、蜱类日常监测110次，截获禁止进境物酪蝇2只。

（虞小青）

【动植物检疫】2022年，温州海关严防外来物种入侵。监测发现外来入侵物种24种53次，其中淡竹嘎实蝇为杭州关区首次发现、五爪金龙为浙江省首次发现；截获禁止进境物130批次，检出有害生物11种16批次；非贸渠道截获外来物种34种39次；“跨境电商寄递‘异宠’综合治理”专项行动查获“异宠”6批次24只。助推杭州关区出口宠物食品第三批实训教学点落地温州。

（虞小青）

【食品检验检疫】2022年，温州海关开展“国门守护”行动，完成食品监督抽检和风险监测 270 批，实施合格评定 3100 批，检出不合格 12 批；开展食品销售、餐饮服务单位含金银箔粉食品违法行为专项检查 1 次，开展节前食品专项检查 5 次。助力温州（鹿城）获批市场采购贸易方式出口预包装食品试点。

（虞小青）

【口岸监管】 2022 年，温州海关支持温州打造全国性综合交通枢纽、区域性国际航空枢纽和近洋航线中心。支持相关市县区集货拼箱业务发展，解决温州本地散货出运难问题。推动食用水生动物进口业务发展，进口 137 批次、862.2 吨。发展跨境电商“1210”进出口业务，推动“9610”进口业务落地。全年办理转关申报 37121 票。状元岙监管区全年监管进口重箱 3.67 万标箱，进口空箱 16.32 万标箱，出口重箱 19.05 万标箱，出口空箱 8994 标箱，同比分别增长 69.9%、47.7%、50.3%、148.4%；查验 2258 票，其中出口 1704 票、进口 554 票，共查发 138 票。乐清湾监管区全年共监管进出口大宗散货 71 批次、189.95 万吨，重量同比增长 11%，其中进口煤炭 145.41 万吨，货值 2.22 亿美元，同比分别增长 38% 和 86.3%。

空港监管区全年监管进出境货运航班 582 架次，进出境货物 5266.1 吨，同比增长 11.3 倍，货值 7.46 亿元；完成查验 134 票，监管“9610”和邮件转关业务 1041 批次；开通国际航空货运航线 6 条；

▲2022 年，温州海关在海关总署针对跨境电商进口食品开展的风险监测中首次检出违规添加西药成分　（施菲菲　摄）

▲2022 年 1 月 7 日，温州海关关员对新年首批进口煤炭开展查验并取样送检　（林乐　摄）

完成首票跨境电商“9610”进口转关业务，开通“温州—上海浦东机场”进口货物转关。

“义新欧”监管区全年监管出口货物2016个标箱（折合约25列专列），货运量16877吨，价值1.23亿美元，同比分别增长108%和133%。9月28日上午，搭载哈萨克斯坦进口大麦的“义新欧”班列“温州号”回程首次带货落地。全年监管进口粮食698个标箱、9074吨，货值225.3万美元。邮件监管区邮包征税率在45%以上，超过全国平均水平且稳居杭州关区第一。启动进境邮件税款信息联网项目，海关与邮政实现缴库信息24小时全程自动对碰。11月2日起，14379个进境征税邮包实现“秒放行”。打通“温州—宁波—大阪”国际临时邮路，监管504批次、2035件，复航“温州—东京”邮路。

（虞小青）

▲2022年1月2日，“温州—东京”货邮航线成功首航　（盛伟善　摄）

▲2022年10月27日，温州龙湾国际机场首个往返境外国家的定期客运航班“温州—罗马”航线复航，温州海关保障旅客高效安全通关　（高雪萌　摄）

【保税监管】2022年，温州海关助推自贸区经验复制，开展“集中检验、分批出区”，推进温州综合保税区高质量发展及综合保税区二期验收。综合保税区全年进出口总值66.7亿元，同比增长3.6倍；审核报关单5959份，进出境货值8.09亿美元，货值同比增长100.4%；征收税款6.46亿元，同比增长106.31%；审核跨境电商清单1960.25万票，货值59亿元，同比分别增长142.83%和147.24%。开展保税监管“关注力”行动，新增加工贸易企业22家；用好“量体裁衣”动态风险担保模式；创新构建多层次加工贸易监管模式，完成杭州关区首家跨关区企业集团加工贸易监管模式落地温州，年内推广应用该模式企业2家。全年备案手册数505份，备案金额2.18亿美元，金额同比增长9.7%，加工贸易手册项下实际进出口值合计7.27亿美元，同比增长17.47%；保税仓库进出货物8274.2吨，进出货值2204.1万美元。成立工作专班，继续推进温州保税物流中心申建，跟进温州市瓯海区公用型保税仓库建设。

（虞小青）

【商品检验】2022年，温州海关聚焦重点敏感商品和“安卫环”项目，检出不合格工业品并督促整改112批；开展“口岸危险品综合治理”百日专项行动，查获危险品出口伪瞒报2批，检验监管危险化学品及其包装2478批，检出危险化学品及不合格打火机并督促整改56批。

（虞小青）

【企业管理】2022年，温州海关办结注册备案2700起，注销800多起，完成备案信息核查165起，超额完成50%；变更企业信息11家，双失联企业移入异常失联库14家；出具企业资信证明139家；办理失信企业修复12起。落实助企帮扶，解决难点、堵点、痛点问题60个；通过企业协调员，解决关区高级认证企业和政府重点企业问题50个。推进出口食品企业备案，全年进口食品化妆品收货人备案及变更企业52家，出口食品原料种植场备案1家，出口食品企业初次备案10家、重新备案6家、注销备案4家、注销国外注册2家。做好全国海关AEO国际互认观摩对象推荐工作，指导正泰电器股份有限公司入选全国海关AEO国际互认观摩企业名录，该企业成为首批入选的80家企业之一；创新“四式联动”AEO培育模式，建立AEO认证意向企业库，指导10家企业入选温州海关AEO认证重点培育企业库；为重点培育企业定制“一企一策”个性化指导方案，全年通过高级认证企业4家，同比增长44.4%。

（虞小青）

【海关统计】2022年，温州海关聚焦时事热点，全年上报统计分析监测预警文章47篇。派员参加海关总署国际热点日报采编专班，参与起草的专题研究成果被海关总署上报中央。开展县（市）区外贸进出口分析，为内外部提供统计服务200余次。开展11批次涉及98家不实贸易风险较大企业的管控和统计监督工作。做好出口先导指数企业轮换，指导29家新样本企业和27家老样本企业完成填报。申报立项的3个杭州海关关级课题全部获奖；参与撰写杭州海关关级课题文章9篇，获奖6篇。

（虞小青）

【稽查核查】2022年，温州海关推进稽查改革，发挥后续监管作用。全年有效稽查作业28起，办理“简快案件”18起。定期核查涉及跨境电商、加工贸易、动植检、商检、食品等137次，核查查发率提升13%；风险核查涉及加工贸易、统计、企业管理、退运调查60次；查发减免税设备违规案件2起，案值1.3亿元；查发擅自处置加工贸易边角料案件2起。长期未处置属地查检指令实现100%管控。办结主动披露作业17起，同比增长240%。

（虞小青）

【查缉违规走私】2022年，温州海关缉私分局刑事立案49起，同比增长44.1%，占关区总数的30%，立案案值1.45亿元，刑事拘留28人，取保候审87人，批准并执行逮捕

20人，移送起诉27起68人，法院判决案件17起，判决人员76人（其中10年以上有期徒刑15人），追缴违法所得入库1803.12万元。上报一级挂牌管理案件1起、二级挂牌管理案件3起，获批二级挂牌案件1起。立案调查行政违法案件61起，同比增长103.3%，立案案值9186.39万元，其中刑事转行政案件22起、违规案件39起，罚没入库400.59万元。强化多警联合，完善大数据平台的建设和应用，进一步推进海上智治平台迭代升级，发挥温州市反走私智慧综治指挥中心作用，提升全员打私能力，实施“国门利剑2022”专项行动，严厉打击武器弹药、毒品、海南离岛免税“套代购”、“水客”、“洋垃圾”、象牙等濒危物种及其他重点领域走私，全年查获“洋垃圾”进口1批次、象牙等濒危物种及其制品走私违规案件14起、枪支弹药3起、侵权货物和物品400批次。超额完成“简快案件”处置128件，完成率115%。

（虞小青）

【信息宣传、理论研究】2022年，温州海关编报各类信息稿件249条，刊发各类媒体稿件197条，其中中央电视台采用1条；征集年度论文35篇，其中3篇在中国海关学会上海分会获奖、8篇在杭州海关学会获奖、1篇论文被《海关研究》2022年第四期刊用，温州海关学会中心组被评为中国海关学会上海分会2022年度“优秀学会小组”，1人被评为中国海关学会上海分会2021年度“优秀学会工作者”，1人获得2021年度《温州年鉴》“菱华杯”文字奖。

（虞小青）

【科技管理】2022年，温州海关发挥海关科技引领作用。改造政务网系统、开发“温关导图”系统、迭代升级核酸采样管理系统、开发邮件总包转运物流监管辅助应用及邮件后续处置信息共享应用系统，研发远程监督机器人，实现消毒监督作业“机器换人”；提升实验室专业水平。加强科研项目管理，制定行业标准SN/T 5337－2021、心水病检疫技术规范等；“一种蜱虫巢式PCR特异性引物及蜱虫巢式PCR鉴定方法”获批国家发明专利；与塔里木大学等单位合作申报的“南疆重要家畜虫媒及其虫媒病检测与防控技术研究及应用”获得新疆生产建设兵团科技进步奖二等奖。

（虞小青）

【财务管理】2022年，温州海关完善财务管理内控体系。多途径筹措资金，拓展地方补助资金来源，落实“过紧日子”要求，完成节约型机关创建；处置涉案财物船只40艘、各类车辆20辆，涉案财物存放仓库从19处减少至6处，销毁涉案财物7批次，移交穿山甲鳞片10.65吨。

（虞小青）

【政务管理】2022年，温州海关召开以“增强档案意识　规范内部管理　聚力老关振兴”为主题的档案专题会议，规范档案管理，完成职工房改档案清理建档。深化拓展关地合作，印发《温州海关进一步增强工作合力推进关地合作的意见》，先后与龙港、洞头、乐清、平阳4个县市区以及温州市工商联、贸促会等部门签订深化战略合作协议。推进法治海关建设，行政复议案件经复议决定维持1起；行政诉讼案件2起，一审二审都取得胜诉。建立督审内控工作常态化机制，开展动植检、税收征管

2个领域的专项督察，申报关区内控示范科室2个，获批1个。事业单位发展开创新局面，实现与浙江省检验检疫科学技术研究院的融合发展，瓯江口实验室投入使用，龙港检测中心建设按计划推进，与相关企业签署共建液化天然气（LNG）实验室合作协议。实施暖心工程，出台关心关爱防疫一线人员10方面28项举措，加强封闭作业人员心理疏导。举办首期暑期“关爱托班”，打造“幸福食堂”，改善全关人员工作生活条件。

（虞小青）

舟山海关

【概况】2022年，舟山海关凝聚发展合力，打造一流强关，持续擦亮社会主义现代化海关“重要窗口”的窗口。监管进出口货运量1.5亿吨，货物总值799.7亿美元，集装箱79.5万标箱，同比分别减少2.8%、增长27%、增长42.0%；监管进出境船舶1.5万艘次，同比增长10.7%。两税入库482.4亿元，同比增长40.3%；受理报关单（接单）12.3万份，同比增长3.2%；签发原产地证书8258份，金额16.2亿美元，同比分别下降5%和增长19.97%；检验检疫进出口货物1.98万批，货值4644.4亿元，同比分别增长0.2%和7.0%。

（陈吉浩）

【党的建设】2022年，舟山海关深入学习宣传贯彻党的二十大精神，捍卫“两个确立”、做到“两个维护”，坚决执行“第一议题”制度。用好红色资源，将习近平总书记到舟山14次调研指导作为宝贵政治财富，组织开展“追随总书记足迹 学习二十大精神”主题活动。党委理论学习中心组学习14次，各党支部以“三会一课”、主题党日活动等形式开展专题学习75次。制订全面从严治党任务分解方案和党建责任清单，推进政治机关建设专项教育，落实巡视巡察集中整改。深化清廉海关建设，开展“海关重点项目和财物管理以权谋私”专项整治。做实做细日常教育监督，开展警示教育月活动，短视频《不负初心》、短篇小说《攀越》分别获评海关总署廉洁文化征集作品一、二等奖。开展党建“双提升”行动，深化“强基提质工程”，巩固“我为群众办实事”实践活动成效，开展“党旗下的海关人初心日记”主题党日活动。全年新增“四强”党支部2个，上报培育品牌7个，“党建冲锋舟”连续4年获评全国海关系统基层党建示范品牌。

（刘莺莺）

【队伍建设】2022年，舟山海关坚持严管厚爱，提升队伍整体水平。加强准军事化纪律部队建设，推广“工作场景”应用，获评杭州关区纪律作风强化月考评优胜单位。争创文明单位，获评浙江省青年文明号单位2个、浙江省青年岗位能手称号1人。落实干部交流工作机制，交流干部32人次。为想干事、敢干事的干部职工搭舞台、递话筒，举办“舟关工作讲坛”2期。发挥高职级公务员作用，建立“专班化+项目化”工作模式，全年组建8个工作专班集中攻坚破难。建立导师结对辅导制度，帮助新录用公务员快速成长。

（陈吉浩）

▲2022 年 6 月 2 日，舟山海关举办第一期“舟关工作讲坛”　（张旭东　摄）

【通关管理】2022 年，舟山海关推广“单一窗口”，跨境贸易主要业务 100% 实现线上办理。深化大宗商品进口“两步申报”“两段准入”改革，原油、铁矿等货物以“两段准入”模式报关 1481 票，申报比例提升至 70%。签发出口 RCEP 成员方货物原产地证书 810 份，货值 7941.2 万美元，助企享受进口国（地区）关税减让 500 余万元。研究制定促进外贸保稳提质细化落实举措 16 条。特别贸易关注被海关总署采纳 2 篇。

（陈吉浩）

【税收征管】2022 年，舟山海关实行以企业为单元“一保多用”税款担保政策，为企业节支增收。帮扶确认远洋渔业企业享惠资格，为企业减免两税 6262 万元。落实国家“十四五”能源战略部署，做好进口天然气“先征后返”政策性退税，全年退税 7.3 亿元，同比增长 103.7%。新增属地纳税人试点管理企业 2 家，浙江石油化工有限公司入选杭州海关属地纳税人管理试点十佳典型企业。

（陈吉浩）

【卫生检疫】2022 年，舟山海关精准高效抓好口岸疫情防控。统筹疫情防控和促进外贸稳增长，坚持科学精准、“人、物、环境”同防，从严就高，“多病共防”。监管进出境船舶 8232 艘次、出入境人员 17.9 万人次；发现染疫船舶 30 艘次、染疫船员 90 人。参与的舟山市海上疫情防控组获评全国“人民满意的公务员集体”称号。加强进口冷链食品检疫，获评全省疫情防控冷链食品物防工作先进集体。

（陈吉浩）

▲2022 年 8 月 29 日，舟山海关关员对一批进口大豆实施现场检疫监管　（陈吉浩　摄）

【动植物检疫】 2022 年，舟山海关成立进境粮食检疫监管工作专班，开展“国门绿盾 2022”专项行动，截获检疫性有害生物 1982 批次，同比增长 7.6%，首次检出杭州关区小麦线条花叶病毒。隔离检疫进境种牛 2 批次、1.2 万头。承担海关总署《进出境转基因产品检验检疫管理办法》修订工作。开展“跨境电商寄递‘异宠’综合治理”专项行动，严防“异宠”入侵。

（陈吉浩）

【进出口食品安全监管】 2022 年，舟山海关落实进口食品“四个最严”要求，坚决退运不符合准入条件的金枪鱼 3695 吨。支持远洋渔业发展，远洋自捕水产品进口监管量首次突破 70 万吨，舟山成为全国最大的远洋自捕水产品入境口岸。

（陈吉浩）

【商品检验监管】 2022 年，舟山海关优化“直卸直装”作业模式，助力进口铁矿砂快速通关。建立“5+2”预约零等待服务机制，实现“即达即查、先放后检”，检验监管进口铁矿 988 批次。实施进口原油“先放后检”“两段准入”“附条件提离”等便利举措，即查即放，检验监管进口原油 848 批次。助力老塘山港区重启煤炭接卸业务，保障国内用电高峰期煤炭供应稳定。

（陈吉浩）

▲2022 年 6 月 14 日，舟山海关关员对浙能煤电堆场开展巡查　（陈辰函　摄）

【监管业务】 2022 年，舟山海关成立风险研判工作组，构建

▲2022 年 6 月 13 日，舟山海关在出口货物中查获一批伪瞒报夹藏危险品　（骆跃江　摄）

“分析—布控—处置”快速响应联动机制，综合运用“云擎”分析模型，精准防控货运渠道伪瞒报行为。强化知识产权海关保护，开展“龙腾行动”，全年知识产权侵权案件立案50起，查扣侵权货物386.5万件，同比增长53.5%。加强监管作业场所（场地）日常巡查检查，重点关注涉危场所，巡查企业688家/次。加强进出口危险品安全监管，开展安全生产大检查和“口岸危险品综合治理”百日专项行动，查发伪瞒报出口危险品25起，查获非法出口烟花爆竹3起、67.74吨。加强船舶供退物料单证验核与现场检查，规范物料供应秩序。

（陈吉浩）

【政策研究及统计】2022年，舟山海关围绕“数据+研究”，做细做实政策研究与统计工作。参与海关总署课题5项，牵头杭州海关关级课题2项、参与6项；报送各类专报48篇，其中被海关总署、浙江省政府录用23篇。强化数据审核，审核报关单记录16.1万条，下发核查952条，现场纠错520条。巩固统计数据安全专项行动成果，依法依规共享数据，向地方政府部门提供数据超4万条，为企业调取数据48条。

（陈吉浩）

【企业管理】2022年，舟山海关坚持监管服务并重，深入开展“我为群众办实事”实践活动、“三走进”“三找准”专项调研和“十地百团助千企”精准服务活动，解决企业问题诉求125个，培育高级认证企业1家。推进远洋渔船境外注册，截至2022年年底，获欧盟官方注册的关区渔船总数133艘，占国内渔船注册总数的24.8%。做好境外注册企业涉外迎检工作，协助水产品企业通过韩国官方远程视频检查1家。推进“多证合一”改革，全年“多证合一”备案企业225家，占注册备案企业总数的54.5%。

（陈吉浩）

【稽查核查】2022年，舟山海关稽查核查企业243起。开展减免税货物专项稽核查行动，排查企业78家，实地作业减免税企业11家。开展加工贸易及保税监管领域“百日大排查、大起底”专项行动，下厂核查关区保税仓库58起。探索实施“互联网+稽核查”工作模式，提升稽核查作业有效性。首次开展保税混矿核查业务，联合市场监管部门抽查企业11家，整合抽查事项3类。

（陈吉浩）

【打击走私】2022年，舟山海关保持打击走私高压态势。扎实开展“国门利剑2022”联合专项行动。严密防范冻品等重点商品海上走私渠道漂移，严厉打击成品油等重点涉税商品和敏感商品、毒品走私以及“水客”走私等违法行为。持续推进反走私综合治理，形成打私合力。全年立案侦办刑事案件7起，立案调查行政案件32起，获评海关总署缉私局督办精品案件2起。舟山海关缉私分局获评舟山市反走私先进集体。

（陈吉浩）

【督察内审】2022年，舟山海关立足“科技+制度”，深化内控机制建设，排查防范业务风险。组建“啄木鸟”工作组，依托信息化系统，归集大数据，联动处置风险。坚持问题导向，开展“海关重点项目和财物管理以权谋私”专项整治，关注高风险领域和重要项目节点，清查问题全覆盖、无死角。建立问题和责任清单，逐条整改，对账销号。开展口岸疫情防控与安全防护专项监督检查；落实即决式风险布控试点，有效提升风险布控效能。

（葛晓峰）

【综合保障】2022年，舟山海关强化精细管理，提升运行效能。做好督查督办、信息宣传、值班值守，落实台风"轩岚诺""梅花"影响期间应急处置保障。推进民生暖心工程，制定落实关心关爱疫情防控一线干部职工实事举措51条，统筹推进智慧食堂建设、办好暑托班等民生实事。深化文明创建，开展扶贫结对帮扶、学雷锋做好事、慰问自闭症儿童、无偿献血等志愿服务。加强节能机关建设，获评全国新一批节约型机关称号。

（陈吉浩）

【智慧海关建设】2022年，舟山海关强化科技防疫，作为海关总署首批试点单位，率先探索无接触式检疫，建设"口岸疫情防控在线（海港版）"，搭建"人行闸机智能管理系统"，通过多系统穿透，实现疫情内部防控严防"智"守。创新多跨场景应用，推动"智慧化一站式口岸监管服务平台"应用场景建设，完成"海事服务在线"一期建设并试运行，正式上线保税商品登记系统，推进"船加油平台""两仓"管理系统建设。积极探索"中心—现场"运行模式。运用进境粮食"船舶数据库"和无人机技术，精准高效鉴定数重量，误差率缩小到0.06%，鉴定时间缩短至半小时以内。运用"无人机远程图传+放射性远程数传+物流远程监控"，开展远程辅助查验，提升离岛查验工作效能。参与杭州海关"最多填一次"系统测试，研提优化建议100余项。开发完成"采购在线"1.0版本并试运行，实现采购业务线上全流程办理。

（刘莺莺）

【中国（浙江）自由贸易试验区舟山片区建设】2022年，舟山海关加强浙江自贸试验区舟山片区监管制度创新。"国际航行船舶转港数据复用模式"经海关总署评审在全国复制推广。支持油气全产业链建设，打造保税油跨关区直供无纸化系统，供油效率提升25%；升级完善"一口受理"平台，供油全流程效率提升42.85%。舟山油企实际供油同比增长6.9%，舟山口岸跃升全球第五大供油港。支持绿色石化基地建设，办理进口货物税款担保232亿元，为企业节支1.65亿元。支持舟山口岸6个港区扩大开放，推进普陀山机场开放验收。舟山海关获评浙江自贸试验区建设工作业绩突出集体。参与完成的"创新江海联运模式"获浙江省改革突破奖银奖，"成品油综合智治监管改革"获铜奖。

（刘莺莺）

【助力宁波舟山港打造世界一流强港】2022年，舟山海关推进"船边直提""抵港直装"试点，放行可供直提进境空箱29.3万标箱，监管直装货物312标箱。在杭州关区率先实行进口转关"离港确认"模式，转关时间比原来节省2/3以上，以该模式办理进口转关货物2.1万标箱。助力甬舟集装箱码头拓展新增国际航线10条，截至年底开通国际航线29条。

（陈吉浩）

【舟山大宗商品储运基地建设】2022年，舟山海关落实"提前申报”“两步申报”“两段准入”等通关模式，深化运用“先放后检”检验监管举措，进口原油整体通关时长由原来的5～7日缩短为2日以内。支持国际矿石中转基地建设，鼠浪湖矿石中转码头接卸铁矿石3544万吨，同比增长2.6%，有效保障铁矿石供应链安全稳定。监管保税混矿1651.4万吨。监管进境粮食743.1万吨，货值307.9亿元。

（刘莺莺）

台州海关

【概况】2022年，台州海关以习近平新时代中国特色社会主义思想为指导，统筹口岸疫情防控和促进外贸稳增长，守正创新、真抓实干，为坚定走好“第一方阵”、全面建设“多彩杭关”、奋力打造社会主义现代化海关“重要窗口”贡献台关力量。全年审核报关单5.77万份，同比增长4.5%；征收两税入库26.2亿元，同比增长67.1%；监管货运值112.4亿美元，同比增长46%；监管货运量1069.9万吨，同比增长1.6%；加工贸易备案金额7.8亿美元，同比增长32.5%；审批减免税货值4971.7万美元，同比下降2.4%；检验检疫10万批次、货值312.1亿元，同比分别下降14.5%、增长20.4%；签发原产地证书66514份、货值37.5亿美元，同比分别下降18.6%和9.3%；新增备案企业1812家。连续第三年获评市级单位工作目标责任制考核优秀单位。

（王静宜）

【党的建设】2022年，台州海关深入学习宣传贯彻党的二十大精神，举办各类专题培训班、专题学习、研讨交流68次。认真贯彻落实习近平总书记重要指示批示精神，严格执行“第一议题”制度，全年召开党委会15次，党委理论学习中心组学习14次。推进政治机关建设，落实“学查改”，开展政治机关建设专项教育，对标对表海关总署党委“年中6问”和“15字工作要求”、“12个必”、“38个深入思考”，不断提升政治判断力、政治领悟力、政治执行力。

（陈　雅）

【队伍建设】2022年，台州海关坚持实干出人才，加强年轻关员教育培养。推荐优秀干部公派留学，鼓励关员参加专业资质能力考试。落实关心关爱，举办封闭管理人员及其子女暑期夏令营。跟进养老制度和工资改革，完成在职人员养老保险清算。统筹群团力量，组织兴趣小组，开展读书会。加大民生保障力度，提升后勤服务水平。举办退休人员荣退仪式。全年，干部职工获集体三等功1次、个人三等功3人次，受到上级奖励11人次。

（张　璇）

【疫情防控】2022年，台州海关召开新冠疫情指挥部会议、专题会和碰头会20余次，制发加强内防通知15个，开展应急处置演练10次。6月，以零不符合项通过海关总署“百名科长百日督查”现场检查。加强口岸疫情防控，2名关领导带头参加集中封闭管理；登临检疫进境船舶316艘次、人员6746人次，被全省海港口

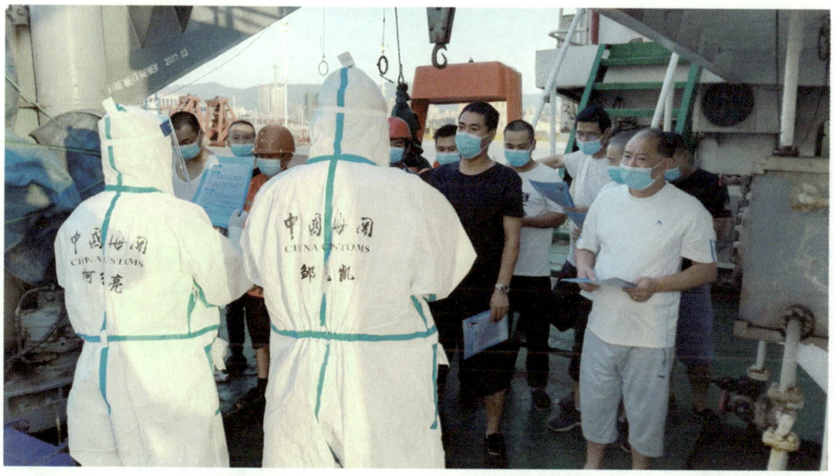

▲2022 年，台州海关关员登临检疫进境船舶　（常佩亮　摄）

岸疫情防控工作会议通报表扬案例 1 个。

（郑传彬）

【监管业务】 2022 年，台州海关加大“洋垃圾”打击力度，查获退运“洋垃圾”7 票、686 吨。严格检疫高风险冷链货物，监管进口猕猴桃 860 批，取样送检 107 批；监管远洋自捕水产品 26 批、3.79 万吨，货值 3680 万美元。严把进出口商品质量关，查获不合格进出口食品化妆品 2 批次；检出进口再生金属原料不合格 34 批。严防加工贸易风险，健全落实“月查月报、季度例会”机制，常态化开展加工贸易业务风险排查整改。提升后续监管效能，稽查发现问题 27 起，案值 2.7 亿元。

（王海滨）

【服务发展】 2022 年，台州海关出台 20 条促进外贸保稳提质细化措施，开展“十地百团助千企”、“三走进”“三找准”活动，走访地方政府 27 次、调研企业 211 家，解决疑难问题 147 个。支持中欧班列“台州号”首发、大麦屿港与越南近洋直航航线开通。培育 AEO 企业 3 家。帮助 25 家企业完成知识产权海关备案。支持仙居杨梅、临海蜜橘、西兰花、三门小海鲜等特色农产品优进优出。

（张巧玲）

【安全生产】 2022 年，台州海关落实监管作业现场、口岸卫生检疫、口岸危险品综合治理、进出口食品检验检疫监管等安全生产工作。全年开展口岸食品生产经营企业卫生监督 14 次，监督检查国际航行船舶供应饮用水 52 批次，检查结果均符合要求；查获危险品伪瞒报情事 3 批；检出出口危险化学品、出口危险货物包装不合格 43 批；查发国外通报出口食品问题 1 起。

（蒋鹏程）

【查缉走私】 2022 年，台州海关缉私分局聚焦主责、深耕主业，开展“国门利剑 2022”联合专项行动，着力深化全员打私和反走私综合治理，密切与海关部门联系配合，不断完善线索移交反馈沟通机制。持续加强对简易和快办案件的指导力度，提高主动发现、专业打击和规范执法能力。紧紧围绕海关通关环节、货运渠道，加大走私违规风险的联合研判力度。立案走私违法违规案件 79 起，案值 1.9 亿元。其中，刑事立案 16 起，案值 1.47 亿元；行政立案 63 起，案值 0.43 亿元。

（徐灯钢）

【台州口岸获批全国首个再生金属进口转关检验试点】 2022 年 3 月，海关总署发布再生金属进口新政，自 2022 年 10 月

1 日起，进口再生黄铜原料、再生铜原料和再生铸造铝合金原料须在第一入境口岸实施检验，海关不再受理转关申请。台州是“中国再生金属之都”，拥有国内规模最大的金属资源再生产业基地，但台州口岸尚无海运直达集装箱国际航线，台州相关进口再生金属企业迫切希望进口再生金属原料能运抵台州口岸实施检验。台州海关多方调研，研究应对方案，积极争取全国首个再生金属进口转关检验试点。9 月 30 日，海关总署商品检验司复函杭州海关，同意海运全程提单显示目的地为台州的集装箱装运的进口再生金属原料在台州口岸实施检验试点。

（郑传彬）

▲2022 年，台州海关关员查验进口再生金属原料　（杨奔　摄）

▲2022 年 7 月 31 日，杭州海关与台州市政府签订战略合作框架协议　（蒋鹏程　摄）

【杭州海关与台州市政府签订战略合作框架协议】 2022 年，台州海关发挥职能作用，贯彻落实海关总署促进外贸保稳提质十条措施和杭州海关“十地百团助千企”精准服务细化举措，助推杭州海关与台州市政府签订战略合作框架协议。7 月 31 日，杭州海关与台州市政府签订战略合作框架协议，在高能级开放平台建设、优化跨境贸易营商环境、促进贸易新业态发展、维护国门安全、加强反走私综合治理等领域开展深度合作，助推台州市打造“长三角高能级、双循环节点城市”。

（蒋鹏程）

【大麦屿口岸成为全国最大新西兰猕猴桃进口口岸】 自 2022 年 4 月大麦屿港进口水果指定监管场地首次开展进口业务以来，台州海关梳理流程环节，明确提前审核内容及现场查验重点，制订专项登临检疫方案。加强与船方联系，及时掌握船舶动态、船员旅居及健康监测情况，指导船员健康申报并提前核验，尽可能前置需现场查验的书面材料。开展“7×24 小时”登临查验，严格实施体温监测、医学巡查、病媒生物监测，助力船舶快速通

▲ 2022年5月8日，台州海关关员查验进口猕猴桃　（常佩亮　摄）

关。全年保障进口新西兰猕猴桃15船次、6.9万吨、货值19.6亿元高效通关，助力大麦屿口岸从“零起步”跃居成为2022年全国最大的猕猴桃进口口岸。

（符雨诗）

嘉兴海关

【概况】2022年，嘉兴海关扛牢“红船边的海关”使命担当，统筹疫情防控和经济社会发展，实现口岸疫情疫病零输入、关员零感染，推动全省首个区外保税维修项目落地，完成海关总署署长俞建华、副署长孙玉宁等多位署领导在嘉兴调研的保障任务。全年审核报关单15.9万份，同比增长4.3%；征收税款99.36亿元、同比增长19.6%，其中关税10.23亿元、同比增长14.5%，进口环节税89.13亿元、同比增长20.2%；加工贸易合同登记备案金额22.2亿美元，同比下降2.6%；监管进出口货物总值223.2亿美元，货运量1322.7万吨，集装箱49.8万标箱，同比分别增长23.1%、下降2.3%、增长3.5%；监管进出口运输船舶2076艘次，同比增长8.6%；签发原产地证书11.6万份，货值66.3亿美元，同比分别下降4.8%、增长13.5%；检验检疫进出口货物11.4万批，货值759亿元，同比分别下降23.1%、1.5%。

（黄　虎）

【党的建设】2022年，嘉兴海关坚定坚决践行“两个维护”，“红船边的海关”护旗手形象更加立体饱满。深入学习宣传贯彻党的二十大精神，党委班子带头赴嘉兴南湖沉浸式学习；科级以上领导干部共答“提升两级想问题、下沉一级抓落实”思考题；掀起学习热潮，引导干部职工准确把握党的二十大精神的核心要义、精神实质、丰富内涵、实践要求。强化政治机关建设，建立党史学习教育常态化长效化“四维”机制，以“四聚焦四淬炼”深化“学查改”和政治机关建设专项教育，走好“两个维护”“第一方阵”。实施党务干部能力培养和党支部品牌展示评比工程，新增“四强”党支部2个，推动基层党组织向“全面建强”发展。更新完善党建文化、关史陈列“双展厅”，擦亮“红船护旗手”党建金名片。

（王丹月）

【队伍建设】2022年，嘉兴海关开展“建设清廉海关　强化纪律作风”“八个一”系列活动，探索完善全面从严治党“四责协同”机制，以“严”的纪律作风淬炼过硬队伍。落实“关长谈心日”“关长接待日”活动，掌握干部队伍思想和廉政动态，倾听和解决基层干部和群众诉求；推进准军事化纪律部队建设，落实全员队列训练和队列会操，通过实地督察、视频检查、随机暗访加强内务规范检查。组建各业务领域专业组和专家组，充分发挥四级高级主办、专业技术人员作用，通过“引航”青年讲堂、专家讲堂、梧桐讲堂等平台常态化开展研讨、交流，全年多人次参与海关总署议定书修订、检验检疫监管体系评估审查、工作指引制定等重点专项工作，牵头研究成果获关级课题评审一等奖1篇、杭州海关学会征文一等奖1篇。抓好全国文明单位创建工作，细化实施“细胞工程”。扎实推进全国青年文明号复评工作，嘉兴海关报关厅、嘉兴海关驻乍浦办事处报关厅被认定为一星级全国青年文明号。嘉兴海关被国家机关事务管理局、中共中央直属机关事务管理局、国家发展改革委、财政部四部门联合认定为节约型机关。

（王丹月）

【风险防控和法治建设】2022年，嘉兴海关健全完善风险管理机制。成立风险管理委员会，推进内控节点岗位清单制管理，参与创建内控示范科室，被杭州海关列为重点培养科室1个，并申报参加署级内控示范科室评选。落实国家审计整改、脱钩阶段审计自查、大金额差错报关单专项审计调研、口岸检查作业规范情况督查自查、督察审计自查等工作，并完成后续整改。修订嘉兴海关民事合同法律审核管理办法，编写上报海关总署立法建议4条，入选海关总署行政执法典型案例1个；建立健全嘉兴海关业务工作例会制度，征集上报各类改革问题8个。

（黄　虎）

【税收征管】2022年，嘉兴海关持续加强进出口环节实际监管，深入推进综合治税，主办“杭州海关审价工作室”。办理征免税证明211份（同比下降55.9%），审核货值1.71亿美元（同比下降56.8%），减免两税9103.2万元（同比下降60.4%）。落实RCEP关税享惠、特定减免税、税政调研、政策性退税、多元化担保等政策，帮助企业减税降本33.7亿元：自贸协定进出口享惠27.1亿元；对美加征关税排除减免税款3.2亿元；落实石脑油先征后返等政策性退税2.3亿元；煤炭零暂税减免关税2097.6万元；滞纳金减免24.4万元。签发RCEP原产地证书11725份，签证金额5.7亿美元，享惠企业444家，享惠金额3819万元。指导嘉兴地区企业利用RCEP累积规则申领原产地证书898份，涉及货值4925万美元。

（黄　虎）

【疫情防控】2022年，嘉兴海关坚决贯彻落实习近平总书记“疫情要防住、经济要稳住、发展要安全”重要指示精神，落实疫情防控各项措施。全年开展船员换班检查6艘次，59人次；采集船员鼻咽喉拭子294人份；开展口岸疫情应急处置演练12次；召开疫情防控例会24次；制修订嘉兴海关口岸新冠疫情防控安全防护工作制度和嘉兴海关口岸新冠疫情防控工作人员个人防护作业指引；开展个人防护、样品采集、应急处置以及检疫处理监管等疫情防控专题培训讲座22次；开展个人防护装备穿脱考核评比12次；口岸无接触式检疫设备实现试运行。“天使2号”轮疫情处置工作组获集体三等功。“红船边的抗疫突击队”获海关总署政治部通报表扬。

（黄　虎）

【动植物检疫】2022年，嘉兴海关做好非洲猪瘟、红火蚁等重大疫病疫情防控，抓好木材、生皮、原羊毛等高风险动植物产品检疫查验及后续监管，全年截获有害生物107种、1371种次，种次同比增长84%，其中检疫性有害生物13

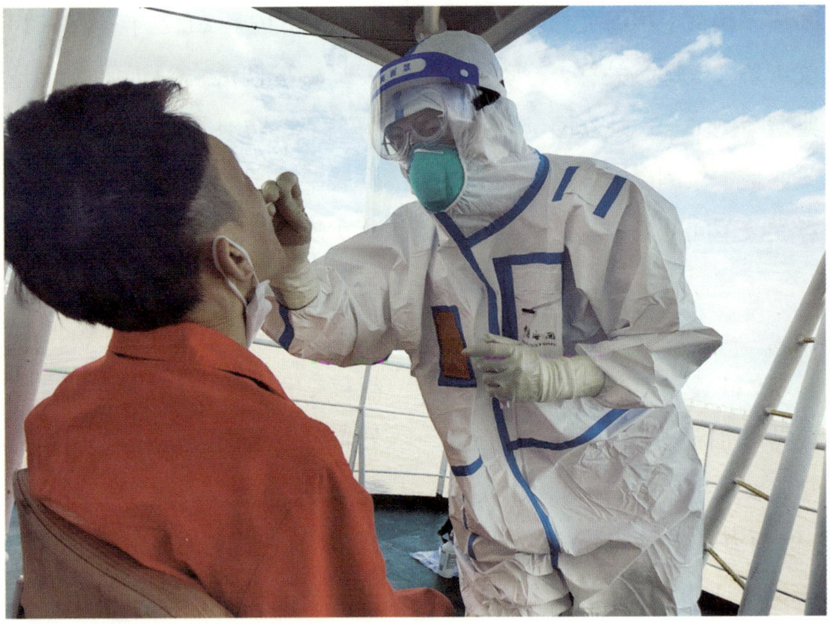

▲2022年10月2日，嘉兴海关关员对靠泊嘉兴港的外籍船舶船员进行核酸采样（杨森　摄）

种、218种次，同比分别减少45.8%、增长18.5%。关区首次截获小蠹科 *vicinus* 种和星吉丁属 *Chrysobothris rugosiceps* 种。开展口蹄疫、红火蚁等国门生物安全监测及外来入侵物种普查，6月，在进境种苗隔离苗圃监测到重要入侵物种美国白蛾。优化竹木草制品检验检疫电子底账签发，通过视频方式创新开展“云查验”。设立进出口鲜活易腐农食产品查检“绿色通道”，实行进出境活动物、种子种苗“优先查检”和“5+2”预约查检。

（黄　虎）

【商品与食品化妆品检验】 2022年，嘉兴海关检验监管进出口工业品5.4万批，货值151.9亿元，同比分别下降25.9%、49.0%；查获进口机电设备以旧充新1起，监督销毁禁止进口旧医疗器械产品1批，查获夹带旧液晶显示器3批、夹带旧压力容器2批、无证煤气瓶1批、甲醛及挥发性有机化合物超标涂料2批，责令退运氟含量超标铜矿砂1批，判定不准出口不合格防护物资（口罩）5批、砷含量超标化肥4批。全年检验监管进口食品化妆品2013批、2.5亿元，同比分别下降5.2%、51.8%，完成进口食品化妆品安全监督抽检89个样品、1044项次，检出1个不合格大豆组织蛋白样品，监督销毁；检验监管出口食品化妆品1.1万批、24.1亿元，同比分别增长5.9%、39.9%，完成出口食品化妆品安全监督抽检53个样品、355项次，无不合格检出。全年核查进出口食品企业50家。监管啤酒出口“一带一路”共建国家（地

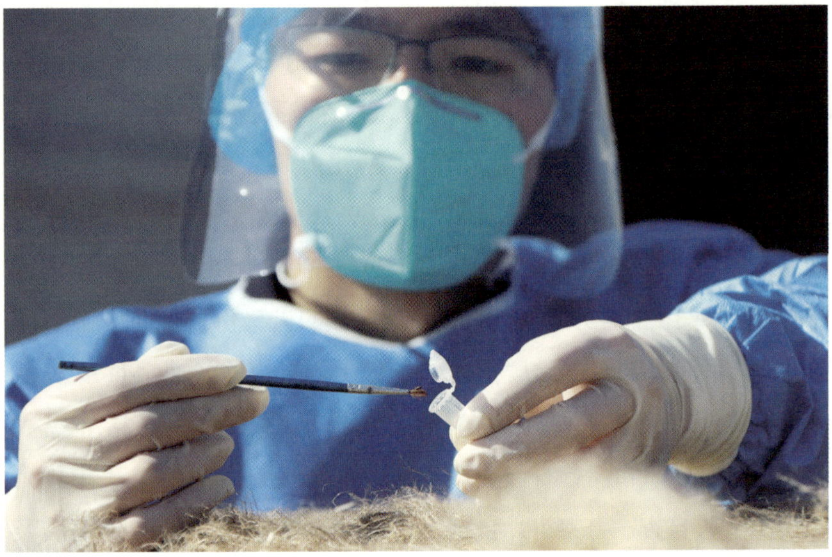

▲2022年5月12日，嘉兴海关关员在口岸对入境集装箱中截获的有害生物进行取样（吴晓茵　摄）

区）约 1261.6 万罐，货值 2320.7 万元，同比分别增长 131 倍和 240 倍。

（黄　虎）

【监管业务】2022 年，嘉兴海关助力关区首家 LNG 码头设立海关监管场所，码头启用后完成船舶装卸 5 艘次，进口 LNG 11.2 万吨、24.8 万立方米。推动“联动接卸”“离港确认”等业务改革与创新，全年进口“船边直提”1697 标箱，出口“抵港直装”946 标箱，“联动接卸”2648 标箱，进口转关“离港确认”3.2 万标箱。嘉兴港乍浦港区一二期码头进境原木指定监管场地完成建设并通过验收。开展“口岸危险品综合治理”百日专项行动，查获危险品伪瞒报案件 2 起，关区监管作业场所在场危险品平均未放行时长由 4.5 天缩短到 0.8 天，平均放行后未提离时长由 19.3 天缩短到 1 天。

（黄　虎）

【海关统计】2022 年，嘉兴海关围绕国际热点，开展外贸形势分析，积极调研能源、物流、劳动密集型产业等重点产业，参与撰写各类统计分析、专报 65 篇，牵头杭州海关关级课题 3 个，其中“发挥综合保税区枢纽作用打造浙江产业集群研究”获得一等奖。做好统计调查，完成出口先导指数样本企业转换和进口景气指数落地工作，先后纳入新一轮出口先导指数样本企业 38 家，纳入第一批进口景气指数调查样本企业 20 家。持续做好数据安全管理，严格落实业务数据分类分级和使用安全管理有关要求，严把数据“出口”关，为企业提供数据服务 322 次。

（沈　斌）

【企业管理与稽查】2022 年，嘉兴海关精细化管理企业，新注册企业 1403 家，培育高级认证企业 2 家，注销企业 508 家，核实双失联企业 112 家，完成出口食品企业对外注册推荐 5 家（次）。严密后续管理，办理贸易调查 12 起，办结主动披露业务 33 起。强化稽核查及属地查检，稽核查有效率稳步提升，办结稽查作业 62 起，实现稽查作业“互联网 +”全覆盖；实施核查作业 267 起（“互联网 + 核查”47 起），其中定期管理类核查作业 235 起、风险类核查作业 32 起；实施企业联合抽查 11 家次。

（黄　虎）

【查缉走私】2022 年，嘉兴海关缉私分局开展各类联合专项

▲2022 年 5 月 9 日，嘉兴海关关员在乍浦港对进出口集装箱货物实施监管　（吴晓茵　摄）

行动，刑事案件立案13起，抓获犯罪嫌疑人12人。其中，涉税案件5起，案值4470余万元；非涉税案件8起，其中走私武器弹药案件1起，走私淫秽物品案件1起，查证淫秽书籍5000余册，走私毒品案件6起，查获涉毒巧克力及其他列管类精神药物共计554.27克。移送检察院审查起诉案件3起4人，完成各类协查31起，协助抓获嫌疑人13人。普通行政案件立案28起，案值2.66亿元；办结37起，案值2.3亿元。全年未发生行政复议和诉讼案件。

（黄　虎）

【业务改革与对外开放】2022年，嘉兴海关推动浙江省首个区外保税维修项目落地。在杭州关区率先落地水运进口转关“离港确认”业务。嘉兴港进境原木指定监管场地通过验收；口岸液态化工品检测时间由4小时进一步压缩至2小时以内，进、出口整体通关时间同比分别压缩52%和47%。完成海关总署边角料网上拍卖平台试运行测试、电线电缆行业加工贸易单耗管理模式等改革任务。完成嘉兴港口岸乍浦港区D3和独山港区A7等9个泊位对外启用。海盐经济开发区爱礕达保税仓库通过验收。复制推广自贸区创新制度达21项。支持京东、菜鸟、亚马逊三大物流项目落户嘉兴综合保税区。

（黄　虎）

【对外贸易措施应对】2022年，嘉兴海关运用WTO技术性贸易措施有关规则，对3起国外不合理技术性贸易措施提起特别贸易关注。其中关于“马来西亚对自中国进口杭白菊要求进行熏蒸处理”的特别贸易关注，经海关总署推荐列入WTO/SPS委员会第84次会议双边磋商议题，并受邀派员出席会议。评议国外SPS通报7起，评议意见被海关总署采纳，2个评议意见获外方回复；开展技术性贸易措施影响调查，涉及关区外贸企业199家；编写《对外贸易措施应对指南》3期。

（黄　虎）

【长三角生态绿色一体化发展示范区建设】2022年，嘉兴海关联合青浦、吴江海关共同研究支持长三角生态绿色一体化发展示范区建设。开展联合稽核查作业及相关课题研究，牵头举办示范区国门生物安全科普展、安全生产线上云宣讲、知识产权海关保护等活动。“嘉兴海关创新‘联动接卸’叠加‘离港确认’试点保障长三角地区物流供应链稳定”获评嘉兴市推进长三角一体化发展最佳创新案例。

（黄　虎）

绍兴海关

【概况】 2022年，绍兴海关以社会主义现代化海关“重要窗口”“丰富拓展年”和强关建设“提档加速年”为抓手，全面推进各项事业高质量发展。全年审核报关单9.3万份，同比增长42.0%；征收税款11.5亿元，同比增长1.5倍；监管货物142.0万吨，同比增长50.2%；签发原产地证6.9万份，同比增长1.5%；新增备案企业2721家，同比增长16.1%。

（俞羽童）

【党的建设】 2022年，绍兴海关深入学习宣传贯彻党的二十大精神，组织开展“大学习大宣传大培训大调研大落实”，“越雁学堂”头雁领航，“周一夜学”雁阵齐飞，党史学习教育常态长效，党委理论学习中心组带头开展理论学习42次，党支部“每日一学”跟进学习300多次。坚决贯彻落实习近平总书记重要指示批示精神，严格执行“第一议题”制度，召开形势分析会12次，批示督办600余项。强化政治机关建设，扎实推进“两个专项”，梳理岗位政治要求62条，排查整改风险隐患20个。分解落实全面从严治党、党风廉政建设、意识形态重点工作任务55项，巡视巡察整改任务111项清零见底。推进“强基提质工程”，扩容“1+17”党建品牌矩阵，“四强”党支部比例突破40%，选送思政课获海关总署展播，选送党课获评杭州关区“十佳”。

（钱丹颖）

【“忠正实廉”系列活动】 2022年，绍兴海关深入开展政治机关建设专项教育活动，创新用好“越雁学堂”“周一夜学”等学习平台，依托“先枫课堂”“诗路新声”“娥江讲堂”等学习品牌，开展“忠正实廉我带头”大讲堂、“我的岗位我来说”大讨论、“政治三力我先行”大交流、“政治机关我建设”大宣传系列活动。组建“越青说”学习讲堂，举办“担当实干铸忠诚　政治建关青年说”主题演讲比赛，组织“书记委员谈忠诚、谈廉政、谈实干”等微党课视频展播，通过“一学一讲一论”深入领会“忠正实廉”的政治标准。制作微党课视频16期，征集学习体会160余篇，廉政文化作品获海关总署二等奖，廉政家风故事、廉洁文化论文被海关总署刊发、在杭州关区展播。

（钱丹颖）

【队伍建设】 2022年，绍兴海关坚持“用成绩单说话”，用好各年龄段干部，畅通职务职级双向通道，出台高职级公务员管理办法，开展新录用公务员“导师结对”。举办“稽山学堂”12期，开展稽查业务、新闻宣传和党建信息比武。优化事业单位管理，完成事业单位转岗、职级晋升、职称评选等工作。深化准军事化纪律部队建设，隔月开展队列会操，严格内务轮班督察，强化规范场景应用，持续流动红旗评比。

（邓　蕾）

【新时代“枫桥经验”运用实践】2022 年，绍兴海关发挥“枫桥边的海关”示范引领作用，全力争创新时代“枫桥经验”基层示范点。强化在海关行政争议领域运用新时代“枫桥经验”，建立绍兴海关行政争议化解中心，制订《绍兴海关践行新时代“枫桥经验”加强行政争议化解工作方案》，创新“小事不出科、大事不出关”调处模式和“逢罚必谈”温馨提示，梳理行政争议化解案例 100 余个。积极打造“枫桥式”报关厅、监管点，开展“8・8”海关法治宣传日活动，派员参与杭州海关“枫桥经验”相关课题研究，做法经验被“学习强国”、《中国国门时报》等媒体录用。

（夏　怡）

▲2022 年 12 月 27 日，绍兴海关关员在该关“枫桥式”报关厅指导企业人员办理相关业务　（李晓斌　摄）

【疫情防控】2022 年，绍兴海关科学精准防控疫情，迭代更新防控措施 148 条。完善应急指挥体系，开展桌面推演和应急演练 4 次，妥善应对上虞、柯桥等本土疫情，接受海关总署“百名科长百日督查”实地督查，相关助企纾困事迹被中央电视台报道。严格执行疫情防控措施，抓实抓细新阶段疫情防控各项工作，围绕“保健康、防重症”，统筹调配人员、药品、物资，有序实现疫情防控平稳转段。

（俞羽童）

【海关监管】2022 年，绍兴海关开展“国门绿盾 2022”、“跨境电商寄递‘异宠’综合治理”等专项行动。强化进境粮食、原羊毛和木质包装等重点货物检疫查验，截获检疫性有害生物 8 种 17 批，在杭州关区首次截获检疫性有害生物细茎野燕麦、平滑苍耳、不实野燕麦等。开展“口岸危险品综合治理”百日专项行动，检出不合格危化品 91 批。严格落实食品安全“四个最严”要求，连续 5 年获评绍兴市食品安全工作优秀单位。市场采购贸易渠道查发涉嫌濒危物种制品出口案件 1 起、危险品瞒报案件 2 起、侵犯知识产权 7 起。办结稽查作业 36 家次，查发杭州关区首起伪造出境货物木制包装除害处理标识案，研提多晶硅行业性稽查建议被海关总署稽查协作区采纳。

（俞羽童）

【业务改革与发展】2022 年，绍兴海关着力推进业务改革与发展。提升绍兴综合保税区、跨境电商综合试验区、市场采

▲2022 年 8 月 24 日，绍兴海关关员赴关区企业开展出口危险品及包装现场检验（邵湘水　摄）

购贸易方式试点、自贸区联动创新片区 4 个省级以上开放平台能级。“一体两翼”市场采购平台出口 302.5 亿元，同比增长 1.1 倍；跨境电商平台出口 45.2 亿元，同比增长 1.7 倍。指导分期纳税、企业集团财务公司担保业务落地绍兴，加工贸易监管改革推广至 2 个集团 5 家企业，知识产权案件接入绍兴“两法衔接”平台，“海关自画像”完成可视化一二级界面。

（俞羽童）

【促进外贸保稳提质】2022 年，绍兴海关持续释放 RCEP 政策红利。签发 RCEP 原产地证书6750 份，获经 RCEP 核准出口资格企业 2 家，助力企业境外享惠约 1800 万元。提升通关便利化水平，进、出口整体通关时间优于全国、全省平均水平，“多证合一”比例提升至 60% 左右。深入推进“十地百团助千企”精准服务活动，打通政策落地“最后一公里”，迭代升级促进外贸保稳提质“20 + 18 + 10”项措施，深化绍兴市“开放型经济服务联盟”作用，推动出台海关高级认证企业“优先检测”等便利化举措，推进杭州海关支持绍兴开放型经济发展 8 项事项落地。绍兴海关获评 2021 年度浙江省稳外贸成绩突出集体，并在绍兴市外贸稳进提质工作会议上作经验交流。

（俞羽童）

【查缉走私】2022 年，绍兴海关深入开展“国门利剑 2022”等专项行动，保持打击走私高压态势，立案侦查走私犯罪案件 14 起，立案数同比增长 27%；行政立案调查案件 25 起，同比增长 39%，2021 年侦办的涉嫌走私烟弹案升格为一级挂牌管理。坚持靶向发力，依托数据赋能、多警种合成、全员打私、地方综治等丰富手段，持续强化反走私多元共治。

（叶继盛）

【综合保障】2022 年，绍兴海关坚持发展成果共享，优化群团工作，出台机关编外职工严管厚爱若干措施。首次举办“传承荣光　赓续奋斗”荣退仪式。用心用情办好职工之家、暖心食堂、驻外人员体检加项等民生实事 29 件，后勤服务满意度显著提升。认真开展安全生产月、“除险保安”等专项活动，排查化解风险隐患 54 条。实验室完成 CMA（检验检测机构资质认定）资质变更 94 项，通过能力验证 12 个，受理委托检测业务金额同比增长近 9%。圆满完成“海关重点项目和财物管理以权谋私”专项整治工作，梳理

"19+1"项主要问题，落实整改措施67条，完善制度机制5项。绍兴海关获评绍兴市年度考核优秀单位、绍兴市行风评议综合排名第二名、全国节约型机关称号、杭州关区纪律作风强化月考评优胜单位等荣誉。

（俞羽童）

▲2022年3月3日，绍兴综合保税区正式封关运作　（范晶　摄）

【绍兴综合保税区（一期）封关运作】 2022年3月3日，绍兴综合保税区（一期）正式封关运行，杭州海关、绍兴市委主要负责人为绍兴综合保税区揭牌，并共同开启封关运作"金钥匙"。4月28日，首票业务办理，标志着绍兴综合保税区（一期）正式服务绍兴全市产业。入区提前退税、分送集报、即进即出、网购保税进口等业务平稳落地，区内首家外资保税加工企业顺利投产，多新业态融合发展、"最优"营商环境打造、"数字综保"建设有序推进。全年一线进出口实现18.9亿元，二线监管货值19.6亿元。

（范　晶）

【柯桥铁路口岸海关监管作业场所验收启用】 2022年8月，柯桥铁路口岸海关监管作业场所正式启动建设。绍兴海关参与新型"十"字铁路卡口设计和全链条智慧调度、智能监测系统研发，11月，柯桥铁路口岸海关监管作业场所通过杭州海关验收。11月18日，首列"义新欧"中欧班列"柯桥号"满载着50个集装箱、价值450万美元的面料，从绍兴钱清货运站鸣笛启航，经霍尔果斯奔赴乌兹别克斯坦。

（苏盼盼）

【输非茶叶质量安全专项治理】 2022年，绍兴海关加强输非茶叶监管。举行食品安全监管政策宣传贯彻会议2次，走访调研企业60余家，召开茶叶行业协会座谈会，承办杭州海关走进中国出口茶叶之乡"十地百团助千企"精准服务活动，为19家茶企现场答疑解惑。组织开展企业质量安全风险自查，与企业逐一签订质量安全承诺书。严格落实布控指令，对860批需出证的输非茶叶100%实施现场查验，对现场查验的眉茶100%进行筛糖检验，发现20批次出口眉茶含白糖颗粒，判定不合格。开展2轮全覆盖突击检查，出具整改通知单19份，督促企业完成整改，约谈企业10家次，撤销不符合备案要求的种植场16个、75180亩。

（李炳强）

湖州海关

【概况】2022年，湖州海关统筹推动口岸疫情防控和外贸经济发展，立足“绿水青山就是金山银山”理念发源地，持续推进内河港口强关建设。全年审核进出口报关单7.8万份，同比下降4.4%；监管进出口货物238.1万吨，同比下降22.2%；监管进出口集装箱24.5万标准箱，同比下降3.9%；税收入库12.3亿元，同比增长2.4%；检验检疫货值240.9亿元，同比下降19.0%；原产地证签证5.5万份，同比下降19.3%；新增海关注册企业1227家，同比增长0.6%。监管湖州保税物流中心（B型）、德清保税物流中心（B型）进出区货值7.03亿元，同比增长275.1%。

（林炜杰）

【党的建设】2022年，湖州海关深入学习宣传贯彻党的二十大精神，打造“党委带头，党员紧跟，全员覆盖”学习矩阵，党委理论学习中心组集中学习15次，交流发言25人次，专题宣讲4次，举办科级领导干部学习宣传贯彻党的二十大精神培训班，各党支部学习13次，团委领学3次。完成13个党支部换届选举，选优配强党支部书记、支委委员。深化机关党委“苕溪竞帆”品牌的引领力。“绿水青山　国门守护”“阳光”“钉铆先锋”3个“四强”党支部通过杭州关区复评。“绿水青山　国门守护”获评全国海关党建示范品牌。

（林炜杰）

【队伍建设】2022年，湖州海关落实新进人员一对一“导师制”，选优配强科级领导干部。整合人力资源，打破科室壁垒，保税监管一科与保税监管二科合署办公。推进“专业资质三年提升计划”，取得专业资质45人，通过执法资格考

▲2022年2月，湖州海关开展队列训练　（谢颖　摄）

试13人。开展纪律作风强化月和警示教育月活动。

（林炜杰）

【税收征管】2022年，湖州海关税收入库12.3亿元，同比增长2.4%，其中关税1.8亿元，进口环节税10.5亿元。减免进口关税6800万元。参与属地纳税人管理司级课题研究，建立维护属地纳税人试点企业底账10家。试点企业税收覆盖度较2021年年底提升10%，覆盖度达40%。优化特殊关系和特许权使用费企业价格台账管理8家，特殊关系企业、旧设备审价事后验估有效率100%。加强减免税后续管理，企业年报完成率100%。

（林炜杰）

【口岸监管】2022年，湖州海关监管进出口货运量238.1万吨，同比增长5.5%。开展“国门绿盾2022”行动，截获角二痕长蠹等进境有害生物25种次、19种类。检出进出口不合格机器设备、食品、危险化学品67批次。开展“口岸危险品综合治理”百日专项行动。完成进口粮食监管19批次。成立湖州海关口岸疫情防控“挑毛病”工作小组，制作工作联系单13期，发现问题16个，全部落实整改。规范场所防疫，设置三区两通道脱卸场所，严格视频管理和单兵作业，落实场所巡查和公示制度。组织进口货物口岸环节新冠病毒核酸检测阳性应急处置演练、进口货物查验环节个人防护实战暨高非冷货物新冠病毒采样演练各1次。

（林炜杰）

【企业管理与知识产权保护】2022年，湖州海关解决企业“疑难杂症”61家次。推行“多证合一”改革，办理企业备案662家次，占同期企业备案总数的64%。核查指导企业防疫除害处理、自检自控计划落实、溯源管理100余家。联合市场监督部门抽查企业9批次。牵头关区比利时（欧盟）AEO互认措施效益评估，推进“审批改备案”，压缩出口食品生产企业备案办理时限，备案或变更出口食品企业62家次，完成杭州关区首家出口禽蛋原料养殖场和进境中药材指定存放企业备案考核。落细“注销便利化”，运用“云擎”企业注销“一键查询”功能查询279家次。保护湖州“浙江出口名牌”企业知识产权32家，办理知识产权案件3起，1起查发案件入选湖州市知识产权保护十大典型案例。

（林炜杰）

【优化营商环境】2022年，湖州海关出台促进外贸保稳提质12条措施。设置“通关领航员”，对全市61个乡镇开展“十地百团助千企”精准服务，解决各类问题60个。指导企业用好RCEP等原产地政策，助力企业享受关税优惠约6亿元。参与长三角海关保通保畅协调机制，“提前申报”“两步申报”应用率上升，“两段准入”见效落地，整体通关时间得到压缩。

（林炜杰）

【查缉走私】2022年，湖州海关保持打击走私高压态势。深入开展“国门利剑2022”联合专项行动，共立案查处违规行政案件35起，其中一般案件20起、“两简”案件15起。参加杭州海关缉私局开展的夏季治安打击整治“百日行动”，在杭州海关缉私局职能处室立刑事案件9起。联合湖州市公安局经侦支队、湖州市税务局稽查二局、中国人民银行反洗钱中心立案公安部二级督办

▲2022 年 8 月 4 日，湖州海关关员在机械制造企业开展 RCEP 原产地政策指导　（谢颖　摄）

"1·07 骗取出口退税案"。积极协助宁波海关缉私局、南京海关缉私局、厦门海关缉私局、贵阳海关缉私局对关区内违法犯罪分子进行打击。

（林炜杰）

【"绿水青山就是金山银山"理念转化实践】 2022 年，湖州海关推动"绿水青山就是金山银山"理念转化实践项目 19 个。撰写关级课题研究报告《"绿水青山就是金山银山"理念在海关转化实践的思考》，刊发在《绿水青山党旗红》第 16 期。录制"绿水青山就是金山银山"理念转化实践实训课程 2 期，分别被海关总署政工办评为优秀党建培训课程、纳入习近平新时代中国特色社会主义思想海关特色课程。杭州关区政治教育实训点通过验收。

（林炜杰）

【数字化改革】 2022 年，湖州海关探索智慧海关建设微创新。上线无纸化会议系统，搭建彩云公车管理平台。开展加工贸易保证金管理数字化应用场景研究。发挥"数里观势"品牌影响力，报送统计研究报告 12 份、外贸形势专报 23 篇，为各级决策服务。

（林炜杰）

【内河港建设发展】 2022 年，湖州海关参与推动长三角生态绿色内河中心港建设，完成安吉上港进境原木监管场所、德清多功能港区年审，启用织里万联市场采购出口监管场所。创新深化长三角海关"联动接卸""直装直提""离港确认"协同监管模式，做好内河口岸和上海港、宁波—舟山港对接，该模式下监管集装箱进出口 1.4 万标箱。

（林炜杰）

【新业态发展】 2022 年，湖州海关组织市场采购业务研讨会 6 次，探索"市场采购＋"模式，量身定制通关监管方案，助力市场采购出口 88.6 亿元。推动跨境电商业务做优做强，跨境电商网购保税进口模式落地，全年包裹出区 48.2 万个，跨境电商"9710""9810"出口 297.1 亿元。指导海外仓点对点备案，新增海外仓备案 13 个。

（林炜杰）

【保税物流中心发展】 2022 年，湖州海关支持综合保税区申建，有关意向被纳入署省合作备忘录。推动 2 个保税物流中心（B 型）统筹协调发展，助推拓展保税仓储业务，全年出口货值 7.0 亿元，同比增长 2.8 倍。落实加工贸易监管改革，集团加工贸易监管模式首个企业落地。

（林炜杰）

【织里监管作业场所封关运作】2022年1月6日，位于织里镇的湖州万联海关监管作业场所启用，真正实现“家门口”通关，更好地服务湖州童装及日用消费品市场采购贸易等新业态模式发展。首单出口到美国的日用消费品，货值6.4万美元，在该监管场所验放，由上海洋山港装运出口。

（林炜杰）

金华海关

【概况】2022年，金华海关稳外贸、防风险、促开放，为打造"浙中国际枢纽城"贡献海关力量。全年征收两税40.07亿元，同比增长43.4%；受理进出口报关单22.94万份，同比增长0.5%；监管进出口集装箱51.83万标箱，同比增长4%；办理加工贸易备案8.65亿美元，同比下降7%；审批减免税设备价值4350.7万美元，同比增长37%，减免税费2032.4万元；新注册企业1547家，高级认证企业12家；检验检疫出入境货物2.73万批，货值58.22亿元，同比分别下降14.4%、29%；签发产地证书7.95万份，货值42.06亿美元，同比分别下降18%、增长1%；办理行政案件427起；侦办刑事案件8起。金华海关是全国文明单位，并获评2022年金华市优秀单位。立案调查涉检类案件30起，其中一般案件22起、快办案件8起。立案调查知识产权侵权案件27起，查扣涉嫌侵权货物57.49万件，销毁侵权货物140余万件。

（程　珏）

【党的建设】2022年，金华海关深入学习宣传贯彻党的二十大精神，党委理论学习中心组（扩大）学习4次，组织培训270人次，各党支部开展学习115次，撰写心得体会75篇。开展强化政治机关建设专项教育，落实"第一议题"制度，梳理政治要求100项，制定整改措施46条，完成问题整改20项，建立长效化机制13项。完成19个党支部换届选举，预备党员按期转正2名。培育新增"四强"党支部2个，分别是综合业务四科党支部、督察内控科党支部。"四强"党支部通过复评6个。"智慧党建"数字赋能，动态显示各党支部党建品牌、党员信息、考核得分及所获荣誉，组织各党支部赴红色教育基地开展活动。构建党建工作全链条管理，清理工作依据，厘清岗位职责和政治要求，形成党建工作全流程导图工作节点490项，多维度一体推进。围绕"喜迎二十大　奋进共富路"主题，举办"金话筒"论坛，开展讲书比赛、征集建言献策，营造"爱读书、善读书、读好书"风尚和干事创业氛围，助推青年关员成长成才。保税监管二科获评2022年度浙江省省级青年文明号。

（朱名望　张巧玲）

【法治建设】2022年，金华海关贯彻落实习近平法治思想，统筹法治工作。制订《金华海关第八个五年（2021—2025年）时期法治宣传教育工作实施方案》《金华海关2022年法治宣传教育工作计划》《金华海关2022年度普法责任清单》。打造法治工作数字化平台，设立“金关法治”栏目；加强法治培训教育宣传，设立部门普法联络员；创建特色化普法品牌“金法舟”，寓意乘法律之舟、扬政策之帆，保外贸企业扬帆出海、护海关发展法治之轨。金华海关获评2022年度“法治金华（法治政府）”建设优秀单位。

（徐丽萍）

【税收征管】2022年，金华海关编制《十四五期间自贸协定享惠指南》，搭建RCEP和海关税收优惠直通快享平台。审批减免税货值4350.7万美元，减免税款2032.4万元。推介“一保多用、一地备案、全国通行”征税总担保模式，企业完税后其保函或保单额度可自动恢复并在有效期内循环使用。12月，宁波慈美国际贸易有限公司一批电解铜以征税总担保模式放行出综合保税区，实现首单落地。对已申请汇征税总担保的企业签发优惠原产地证书5.4万份，关税减让约7.6亿元。其中，为224家企业签发RCEP出口原产地证书3402份，关税减让887万元。

（周曙光）

【疫情防控】2022年，金华海关落实疫情防控各项措施，妥善应对多起属地疫情。制订完善疫情防控方案预案7次，开展疫情防控培训7次、演练7次，参训215人次。督查疫情防控88次，领导带队检查22次，开展安全防护自查10次。常态化开展核酸检测216次，检测1.61万人次。完成“百名科长百日督查”迎检工作。选派朱东升、管磊剑参加杭州海关疫情防控集中工作。钟杰雷获评杭州海关政治部颁发的“战疫之星”荣誉奖章。

（王　涛）

【检验检疫】2022年，金华海关组织开展出入境人员体检2218人次，检出艾滋病、病毒性肝炎等传染病19例；预防接种1616人次。截获有害生物2种次，监测发现普查名录内外来入侵物种22种，其中截获检疫性有害生物石榴螟、检出桃形李叶片样品梨火疫病菌 *Erwinia amylovora* PCR阳性，均为杭州关区首次。检验监管进出境食品化妆品1.75万批，货值114.1亿元，同比分别增长25.9%和47.97%。进出口食品安全监督抽检和风险监测完成率100%，检出不合格5批次。梳理进出口食品监管工作依据101条，修订完善作业指导书9份，推荐海关总署食品业务专家库专家1名。开展“进口食品安全社区行”、走进“行风热线”活动。检出进出口工业品不合格85批，同比增长49.1%，其中进口儿童牙刷不合格案入选海关总署进口婴童用品质量安全不合格典型案例。制定《出口危险货物（UN3171电动车）包装使用鉴定作业指导书》，护航电动车企业安全出口。参加海关总署进出口危险货物及其包装检验监管人员培训考核12人，考核通过率100%；入选杭州海关进出口商品检验工作专业组3人。金华海关获评2022年度金华市食品药品安全工作评议考核优秀等次。刘招财获评浙江省食品药品安全委员会2022年度食品安全工作成绩突出个人。

（王　涛）

【即决式布控试点】2022年，金华海关开展即决式布控试点。按照“选、查、处”分离原则，合理设置风险布控实施岗位，修订《金华海关现场即决式风险布控操作指引》。加强分析研判，完成杭州关区首票现场即决式风险布控，全年

▲2022年7月13日，金华海关关员对浦江葡萄进行病虫害监测 （曹利骥 摄）

现场即决式风险布控89票，查获27票，查发侵权、夹藏和伪瞒报行为26起。查获商品总值216.8万元。

（章旭文）

【企业管理与稽查核查】2022年，金华海关备案新注册企业1521家，其中“多证合一”备案企业966家，占比63.5%。新增AEO认证企业2家。实行差别化的加工贸易企业分级分类管理，现场监管企业94家，规范整改20家，发起核查2家。稽查企业26家，涉及再生金属、减免税设备、商品归类、检验检疫等领域，查发有效作业22起，自主办理“一简一快”行政案件10起。核查企业172家，追补税款1起。实施竹木草制品企业出口逃检专项稽查18起，形成“出境竹木草制品涉检疫风险行业性稽查建议”报送海关总署获全国推广。联合地方监管部门执法检查企业11家。

（潘英帅）

【知识产权保护】2022年，金华海关探索建立“海关+市场监管+行业”的知识产权保护模式，与金华市市场监管局签订《知识产权保护战略合作协议》。设置知识产权海关保护咨询热线，指导关区“浙江出口名牌”企业申请备案知识产权海关保护，备案率从2021年的6%提升至2022年的45%。金华海关获评2022年浙江省知识产权保护工作成绩突出集体，陈君被评为浙江省知识产权保护工作成绩突出个人，“新一代查验管理系统移动端集成知识产权商标智能识别应用”获海关总署备案，入选省级制度创新评选最佳案例。

（徐丽萍 蔡胜武）

【外贸监测预警】2022年，金华海关加强外贸统计监测预警，充分利用进出口贸易数据和海关业务数据深入开展“分析+调研”“数据+研究”。根据“快、广、深”的工作要求，加强对外贸高质量、外贸新业态、涉及产业链供应链安全的重点敏感商品等开展分析，对RCEP、中东欧等新热点，对民营经济、非洲贸易等常规专题开展跟踪分析。强化对重点行业的分析研判，对关区化妆品、危险化学品、太阳能电池、食品等重点行业开展调研。每月开展外贸形势分析，实施动态监测，及时发布预警信息，为政府、企业提供有针对性的统计监测服务。更好地支持外贸企业参与国际市场竞争，推动产业转型升级，增强其在全球产业链供应链创新链中的影响力。全年报送地方党委及政府各类监测分析专报28篇。主笔/参与杭州海关报浙江省委、省政府的监测分析专报中，6篇获得省委、省政府领导13人次批示。6篇分析报告获得海关总署进出口监测预警专题采用。

（王　展）

【助企纾困】2022年，金华海关推出促进贸易便利化18项加13项措施，建立金华海关企业诉求问题收集处置工作机制。开展“十地百团助千企”精准服务，调研企业229家，走访政府部门74次，召开座谈会46个，涉及企业1500余家，解决问题284个。7月19日，“十地百团助千企”精准服务走进金华电动车行业专场。推动“铁路快速通关”在浙江开启，促进中欧班列有序发展，中老班列实现每周常态化运行，新开通至意大利米兰、荷兰芬洛线路，境外线路增至22条，辐射欧亚大陆50多个国家（地区）、160多个城市。金东平台开行班列700列，货运量5.7万标箱，同比分别增长11.5%和10.0%。

（王　展　周曙光　陆正阳）

【查缉走私】2022年，金华海关缉私分局深入开展“国门利剑2022”联合专项行动。全年，共立案侦办刑事案件8起；立案办理行政案件427

▲2022年11月4日，金华海关关员巡查监管场地　（高恒　摄）

起，其中一般案件51起，“两简”案件376起。

（吴东哲）

【打击涉毒涉枪爆百日行动】2022年，金华海关缉私分局开展“护航二十大，忠诚保平安”行动，立足缉私业务实际，研究工作方案，全方位持续排查辖区内涉枪涉爆领域安全隐患，积极推进落实“百日行动”，加大相关案件查处侦办力度。全年，共侦办涉枪案件5起，抓获嫌疑人4人，查获疑似气步枪1支、自制铅弹52颗、铅模具2副；核查并处理涉毒涉枪爆线索6条，协助外关区直属局抓捕2人。

（吴东哲）

【打击“水客”走私和海南离岛免税“套代购”走私】2022年，金华海关缉私分局聚焦国内货主委托“水客”走私风险，依托线索智能分析，对内强化统筹协调，对外深化执法合作，借助大数据工具，对资金、通信、物流等各个链条开展分析研判，实施精准打击。全年，共立案侦办“水客”走私案2起；立案侦办海南离岛免税“套代购”走私案1起；抓获犯罪嫌疑人2人，采取刑事强制措施2人。

（吴东哲）

【打击精神药品走私违法行为】2022年，金华海关缉私分局克服疫情影响，采取视频问话的办案新形式，第一时间确定人员信息，联系地方公安对当事人涉毒、涉刑情况进行排查，全面开展案件调查，形成“快查、快鉴、快移”处置良性循环。全年共立案办理违规邮寄精神药品案9起，查获精神类药片516.12克，汉麻精油129瓶、3075毫升；依法依规销毁10起已办结精神药品案件所查获的精神类药品938.23克。

（吴东哲）

【打击留抵骗税和出口骗税专项行动】2022年7月，金华海关缉私分局严格执行相关部门打击骗取退税合作机制，发挥海关行业公安优势，对涉案企业进出口数据开展筛选和分析，联合地方公安共同侦破骗取出口退税案1起，抓获犯罪嫌疑人2名。双方合作落实全国六部门联合打击留抵骗税和出口骗税工作交流推进会精神，实现对相关犯罪团伙的全链条打击。该案受到地方公安致信感谢，被选为警务合成作战典型案例上报公安部。

（吴东哲）

【反走私综合治理】2022年，根据杭州海关缉私局反走私综合治理的统筹与部署，金华海关缉私分局主动联系森林、治安、禁毒、技网侦等公安警种，以开展打击走私及其关联犯罪为合作平台，共享案件线索，整合互补资源，成立联合分析研判小组，发挥合成作战优势。全年，金华海关缉私分局与地方公安开展联合执法行动12次，移交线索并由公安立案案件10起。依托与检法部门签署的《办理走私刑事案件协作配合办法》，多次与法院、检察院等相关部门开展沟通交流，针对案件疑难问题共同磋商解决，形成常态化协作配合办案模式。牵头协调应急管理局和生态环境局，依法依规及时销毁海关监管场所查获的烟花爆竹等涉案危险品。

（吴东哲）

【工作依据数字化】2022年，金华海关召开数字化改革专题会议20余次，全力落实“金智”工程。细化“3+1”清单，从智慧监管、机关智治两个大方向，选取丝路驼铃、数智云海、未来工厂、智享平台4个智慧监管应用场景以及党建一屏展示、食堂改造、会议室改造、出入系统4个机关智治项目，开展方案评估。为深入贯彻习近平总书记关于应急管理、科技创新、信息化重要论述，统筹推进应急管理信息化发展，提高应对突发公共事件的快速应变能力和科学决策水平。12月建成视频会议中心，建设符合本地实情的图像视频管理系统，实现数据汇聚，打造全媒体矩阵。梳理金华海关现有工作依据，明确管理权限和责任，2月完成金华海关政务平台工作依据管理项目。通过该项目构建了更为科学、高效、实用的工作依据管理体系，推动形成业务运行管理的长效机制。目前已上传各类工作依据超过1000条，为海关规范化工作提供了有力保障。

（杨振宇　杨　刚）

【财务内控示范科室创建】2022年，金华海关结合“海关重点项目和财物管理以权谋私”专项整治工作，从财务的规章制度、岗位职责、办事流程、套用模型等深入分析，结合ISO 31000风险管理标准、HACCP（危害分析及关键控制点）管理理念和内控示范科室建设要求，以“三保”（集中财力优先保民生、重点保运转、精准保发展）、“一紧”（坚决落实“过紧日子”要求）、“零风险”为目标，坚持系统观念，强化责任担当，切实防范财务领域重大风险，提升财务管理质效。通过排查日常财务工作中管理、廉政风险以及内控薄弱环节，构建财务内控管理总体框架，通过思维导图形式梳理财务管理风险点，全面细化落实217个科级财务执行控制节点，确定财务基础（资金、经营活动管理）、事业单位财务管理、采购管理、国有资产管理和涉案财物管理5个关键控制点，以财政部、海关总署明确要求确定风险控制关键限值，明确该5个关键控制点的节点描述、文件要求、风险提示、岗位设置等，形成《金华海关财务管理操作流程和岗位清单》，制定财务报销、采购管理、资产管理等10个操作流程和指引等"靶向式"内控措施，常态化开展风险研判，精准防范化解风险，构建长效财务内控风险管理机制。经杭州海关督审处和财务处推荐，金华海关财务科作为杭州海关非执法领域唯一的内控示范科室，拟报送海关总署参评。

（杨振宇）

【科研成果丰硕】2022年，金华海关综合技术服务中心1项科技成果"生物医药精准分子识别用高效色谱材料关键技术创新及应用"获得2022年杭州海关系统内唯一的浙江省科技奖励二等奖，为金华海关首次获得省部级科技奖励。全年获得国家专利授权3项，发表科技论文3篇。金华海关综合技术服务中心获评金华市计量与检验检测协会先进单位，2人获得协会先进个人荣誉称号。

（曹　丹）

【"晓慧"归类工作室惠及企业】2022年，金华海关"晓慧"归类工作室坚持"慧归类，惠企业"理念，为关区企业提供归类服务180余次，出具归类认定书23份、归类联系单9份。在"十地百团助千企"精准服务中，与杭州海关关税处联合开展线上归类培训，惠及杭州关区企业600余家。上报税政建议4条，其中降低CVT压力钢带进口关税税率议题获国务院关税税则委员会采纳，每年可为企业减负降本500万元。"在品目87.11项下为电动滑板车增列子目"的建议被纳入世界海关组织议题，为杭州关区唯一被采纳议题。"晓慧"归类工作室获评2022年度金华市市级青年文明号。

（周曙光）

【金义综合保税区发展】2022年，金华海关助力金义综合保税区着力打造大宗生产资料商品保税物流分拨中心，定制"场站落柜系统"，推出"堆场落柜查验""保税快速转非保""非保露天堆场"服务，保障大宗商品快速通关。金义综合保税区全年进口未精炼铜等大宗生产资料商品突破200亿元，同比增长超30%。10月，海关总署公布，金义综合保税区绩效评估在全国综合保税区综合排名跃升至第五十二名，位列杭州关区第二，仅次于杭州综合保税区。其"质量效益""辐射服务""业态创新"3个核心指标评估均高于全国平均水平。

（蔡胜武）

【跨境电商"9610"项目落地】2022年2月，金华市获批跨境电商综合试验区。金华海关围绕自贸试验区建设，开通跨境电商"9610"出口业务。9月14日，金华海关金义跨境电子商务监管中心（以下简称"跨境监管中心"）首票跨境电商"9610"空运出口业务试单。12 月 9 日，跨境监管中心正式获批并实施常态化运营。12 月 16 日，跨境监管中心首票跨境电商“9610”海运出口业务试单。全年，“9610”出口业务实现清单 20.3 万票，金额 463 万美元。

（赵锦治）

衢州海关

【概况】2022年，衢州海关认真学习贯彻党的二十大精神，统筹疫情防控，促进外贸保稳提质，聚焦重点工作，推进“美好衢关”建设，为坚定走好“第一方阵”、全面建设“多彩杭关”、奋力打造中国特色社会主义现代化海关“重要窗口”贡献衢关力量。全年审核报关单1254份；征收入库税款1.98亿元；监管进出境货运量4.6万吨；新增海关进出口收发货人备案336家，其中现有高级认证企业5家；稽查作业21家次；办理加工贸易手册75份；缉私行政立案13起；办理快办案件6起；检验检疫出入境货物1.72万批，货值71.6亿元；签发各类原产地证书1.51万份，货值19.59亿美元；签发各类检验检疫证书8653份。完成“海关重点项目和财物管理以权谋私”专项整治，其中梳理重点项目工程建设类4个、实验室建设类8个、疫情防控保障类12个，针对自查和督导反馈19个问题，制定整改措施54项，整改率100%。

（郑龙仙）

【党的建设】2022年，衢州海关深入学习宣传贯彻党的二十大精神，制订学习宣传贯彻党的二十大精神工作方案，组织全关干部会议1次，党委理论学习中心组研讨4次，党委书记上党课2次，党委理论学习中心组（扩大）学习16次。全年召开党委会17次，其中，专题研究全面从严治党工作5次、意识形态工作2次，印发全面从严治党工作会议重点任务分工方案与主体责任清单，撰写《关于基层海关政治机关建设的思考》党建课题论文。深化“强基提质工程”，综一保税党支部“三融三合”党建品牌获评杭州海关党建示范品牌。开展警示教育专题培训。

（周　澄）

【队伍管理】2022年，衢州海关坚持实绩原则，选拔干部，配置人才。深化“导师制”助推新关员成长成才。制订年度干部教育培训工作方案，选派党务干部参加杭州海关培训7人次，实现党支部书记3年轮训全覆盖。搭平台、递话筒，举办“衢关工作讲坛”3期。开展“六治六提作风建设”、内务规范强化月、纪律作风强化月活动，成立队列训练小组6个，抓实准军训练。

（周　澄）

【疫情防控】2022年，衢州海关严格执行两级海关和属地疫情防控工作要求，与地方卫健委等部门落实联防联控工作机制。有效应对衢州市多轮疫情冲击，第一时间通报信息、研究部署、全面排查、动态调整防控措施、实时掌握人员情况，保障单位正常运行。12月，因时因势优化完善疫情防

▲2022 年 4 月 20 日，衢州海关开展队列训练　（郑小文　摄）

控措施，合理排班实现最小化作业单元运行；动态安排核酸检测服务，降低内部感染风险；及时发放防疫应急包，保障单位正常运行。

（吴昕莹）

【通关和保税】2022 年，衢州海关深化通关一体化改革，优化外贸营商环境，“两步申报”率持续保持在 60% 以上，整体通关时间列关区前列。规范税费管理，用好优惠政策，办理减免税业务 224 份，同比增长 98.2%。指导 3 家高级认证企业获批 RCEP“经核准出口商”。实现进出口收发货人备案、电子口岸 IC 卡“一窗办理、一地办理”。备案加工贸易手册金额 2.77 亿美元。设立首份以企业为单元的加工贸易账册。支持跨境电商贸易新业态发展，全年“9610”出口金额 4.8 亿元，“9710”出口金额 12.9 亿元，“9810”出口金额 4113.9 万元。推动衢州市综合保税区申建，该工作已纳入《海关总署与浙江省人民政府共同推进浙江省高质量发展建设共同富裕示范区合作备忘录》。

（徐国群　余旭恒）

【动植物检疫和食品检验】2022 年，衢州海关落实“四个最严”要求，全面抓好动植物检疫和进出口食品安全工作。检验检疫出口动植物及其产品、食品化妆品 8930 批。在进境木质包装中截获一般性有害生物鼠妇。开展有害生物监测和外来物种普查，首次监测到长芒苋、毒莴苣、红火蚁 3 种检疫性有害生物。开展安全风险监控

▲2022 年 6 月 8 日，衢州海关开展 RCEP 政策宣讲培训会　（王慧　摄）

监测和监督抽检，完成抽样检测92批，涉及饲料添加剂、蜂产品、水产品等商品，均未发现超标情况。设立查检“绿色通道”，确保鲜活农产品、冷链食品快速通关。强化食品农产品基地和源头管理，督促企业完善质量管理体系，保障辖区进出口食品农产品质量安全。

（李玲玲）

【商品检验】2022年，衢州海关加强进出口商品属地查检，全年检验出口危险化学品6592批、同比增长19.7%，检出不合格97批、同比增长546.7%；完成进口目的地查验74批，涉及医疗器械、化工、机电、奶粉等商品。疫情期间开辟进口设备验放“绿色通道”，保障进口货物顺利通关。6月，完成衢州地区真空包装等高新技术货物一体化布控查验模式试点首批业务。12月，办结危险化学品检验模式改革试点首票进口业务。在杭州关区率先开展跨境电商出口商品质量安全风险监测，完成《2022年衢州市跨境电商质量监管报告》。

（李玲玲）

【理论研究与海关统计】2022年，衢州海关撰报各类分析研究45项，其中牵头课题“在日趋复杂的国际地缘政治形势下促进我国电子特气产业发展研究”获杭州海关关级课题评选二等奖，参与课题2个，分别获评2022年度杭州海关关级课题二等奖、三等奖；政研文章被杭州海关采用，转化论文获2022年学会征文优秀奖；参与海关总署国际热点动态采编7期；编报衢州地区进出口情况快报11期、分析专报8篇。参与撰写RCEP实施对我国外贸出口影响的调研报告。完成外贸数据分县区统计工作，解决县市区外贸数据滞后问题。实施贸易异常情况动态监测，及时向地方商务部门发送预警、通报信息。全年共向地方政府部门、企业提供各类查询服务200余次。

（余灵婕）

【督察内控】2022年，衢州海关落实内控机制建设要求，稳步推进各项内控工作。调整内控领导小组成员，按季度召开内控工作例会。完善内控管理制度建设，印发内控机制建设工作计划。加强内部审计，印发内部审计管理办法，实现审计全覆盖。强化HLS 2017预警分析应用，处置异常数据1273条，被海关总署平台录用内控信息2篇，完成监控分析报告22篇。制定前置审核制度5项，创建内控示范科室2个。开展督察审计10次，其中内部督察3次。派员参与杭州海关审计1人次，参与专项工作集中工作1次，牵头督审条线视频宣传工作1次。

（余灵婕）

【企业管理和查缉走私】2022年，衢州海关管理备案企业营业执照注销吊销状态38家次；培育高级认证企业3家，新增海关高级认证企业1家；备案企业注册登记40家次；引导企业主动披露6家次；实现行政许可、行政审批事项100%线上办理；一次监管多项联办，减少下企次数21家次。核查企业126家次，核查有效率66.1%，督促企业100%整改；推进稽查业务改革，开展进口多晶硅、特许权使用费等专项稽查；新增稽查作业18家，办结作业17家，有效作业14家。立案调查一般行政案件13起，同比增长62.5%，创历年新高。

（胡智明　冯　特）

【关地战略合作框架协议“清单化+专班化”落实】2022年2月21日，杭州海关与衢州市政府签订战略合作框架协议。次日，衢州海关召开党委（扩大）会议，按照“清单化落实推进、专班化对接服务”要求，围绕杭州海关支持衢州“13+4”年度重点工作，制定落实关地战略合作框架协议年度项目清单；建立月例会、季通报、年总结推进落实机制，全年落实完成重点工作32项。

（郑龙仙）

【网格化服务机制建立健全】2022年，衢州海关制定出台促进外贸保稳提质18条措施，实施网格化服务。结合“十地百团助千企”精准服务，纳入网格管理企业420家，组建网格化队伍7支，走访调研企业239家、政府部门13个，组织涉企培训12场、座谈会21次，解决难题58个。编印促进外贸保稳提质海关政策指南，编制衢州海关网格化服务工作动态6期，其中被杭州海关《“十地百团助千企”精准服务活动信息通报》录用29条。

（徐国群）

【浙江省首个进出口危化品及包装检验检测实训教学点建成】2022年12月16日，在杭州海关商检处、教育处指导下，衢州海关联合杭州海关技术中心建设的浙江省首个进出口危化品及包装检验检测实训教学点通过验收。设立在衢州海关的杭州海关进出口危化品及包装检验检测实训教学点，依托所在地企业资源优势，根据实训教学需要编制教材、配备教具、设置课程，可满足参训学员“线上+线下”“实景+模拟”的学习需要。

（李玲玲）

丽水海关

【概况】2022 年，丽水海关主动服务浙西南革命老区共同富裕先行示范区建设，聚焦产业链、创新链、供应链协同推进，奋力书写“红绿生金”融合发展新画卷。全年审核报关单 2858 份，同比增长 16.5%；征收两税入库 1.4 亿元，同比增长 2.2%；监管进出口货物总值 2.5 亿美元，同比增长 32.7%；监管货运量 9.2 万吨，同比下降 10.2%；监管集装箱 4690 标箱，同比增长 14.8%；检验检疫出入境货物 14886 批，货值 417.1 亿元，同比分别减少 12.3% 和增长 12.5 倍；加工贸易备案金额 4546.2 万美元，同比增长 161%。签发各类原产地证书 9521 份，货值 12.3 亿美元，同比分别增长 3.7% 和 44.9%。新增备案企业 349 家；培育高级认证企业 1 家。专题开展“丽水外向型经济发展情况”调研和“十地百团助千企”精准服务活动，出台促进外贸保稳提质细化落实举措，形成专题调研材料为地方党委政府决策提供参考辅助，获市领导批示肯定 3 次。建立“关地企”政策直连、诉求直通、服务直达的精准助企工作机制，组建调研团队 10 个，覆盖丽水 9 个县（市、区），累计走访各级各部门 30 次，调研企业 181 家（次），解决困难诉求 169 个。

（叶　航）

【党的建设】2022 年，丽水海关学习宣传贯彻党的二十大精神，开展集中学习宣讲、基层工作调研、心得感悟分享等“五个一”活动。组织追寻习近平总书记在丽水调研指导的足迹实地教学 4 次。推进政治机关建设，落实“第一议题”制度，开展党委理论学习中心组学习 13 次，专题研讨 12 次。深化基层党组织建设，查检二科党支部的“411”工作法代表杭州海关参加浙江省直机关优秀党支部工作法评选并荣获第二名，综一查四党支部书记林冠英代表杭州海关参加浙江省直机关第五届“千名支书上党课”宣讲活动，荣获“优秀支部书记宣讲员”称号。巩固党史学习教育成果，制定《2022 年丽水海关党委“我为群众办实事”重点民生项目清单》，开展调研 12 次，完成项目 23 项。

（胡　俊）

【队伍建设】2022 年，丽水海关以干部梯队建设为抓手推进队伍建设，制订年度干部教育培训方案及培训计划表，通过多元化、多角度、多方式的培训，提升干部综合能力水平。举办“青蓝结对”仪式，为年度新录用的 2 名公务员结对一线执法经验丰富、岗位经历丰厚的导师，以老带新开展“传帮带”。关心关爱干部职工，制订关领导蹲点调研工作方案，深入基层了解和掌握干部队伍思想状况，解决干部职工合理诉求。出台干部轮岗工作实施细则，轮岗交流干部6人次。

（叶　航）

【税收征管】2022年，丽水海关征收两税入库1.4亿元，同比增长2.2%。落实海关经核准出口商管理相关规定，成功培育经核准出口商2家。做好属地纳税人管理工作，优化“一企一策”纳税服务方案，开展汇总征税、电子保函和“单一窗口”等政策专题宣讲12次。加强涉税要素合规申报引导，引导关区企业对租赁贸易租金预提所得税、特许权使用费等涉税费用主动进行补充申报。发挥海关税收征管职能作用，从改善人民生活品质、促进产业链优化升级等角度入手推进税政调研，关于药用硼硅棕色玻璃管降税的税政调研报告被协作区海关采纳。

（叶　航）

【通关监管】2022年，丽水海关深入开展“FTA金钥匙”原产地品牌建设，做好RCEP实施工作，开展各类培训15次，参加人员2000余人次，发放享惠指南500份，持续落实原产地自助打印、智能审单、信用签证等便利化措施，原产地证书自助打印率97.5%以上。签发各类原产地证书9521份，货值12.34亿美元，同比分别增长3.7%和44.9%。助推省级重点贸易平台建设，保障第五届华侨进口商品博览会暨青田进口葡萄酒交易会第一批展品通关，成立工作专班，开通“绿色通道”，办理各类进口参展红酒通关5批次409款。

（叶　航）

出入境人员传染病监测和预防接种工作，完成出入境人员健康体检551人次；预防接种187人次，同比增长19.1%；检出传染性疾病9例，同比增长28.6%。落实动植物检疫职能，完成17家竹木草出口企业注册备案，2家出境货物木质包装除害处理标识加施企业延续注册登记，办理浙江省第一家出口刀剑企业注册备案，助力龙泉宝剑世界文化遗产名片打响声誉。

（叶　航）

▲2022年11月1日，丽水海关关员对第五届华侨进口商品博览会首批展品开展现场查验　（陈蓓　摄）

【卫生检疫和动植物检疫】2022年，丽水海关完善疫情防控周例会制度，召开例会62次，加强内部防疫工作，以实操提能力，开展桌面推演和实战演练2次，组织开展口岸疫情安全防控培训16次。加强

【食品检验检疫和商品检验】2022年，丽水海关完善进出口食品安全监管机制，检验检疫进出口食品化妆品货值9.6亿元，同比增长11.2%，检出不合格食品化妆品4批，获2022年丽水市食品安全工作评议考

核优秀等次。严把进出口商品安全关，检验出口危险化学品378批，同比增长90.9%；实施危包使用鉴定600批，同比增长12.2%；帮扶缙云钜丰智能科技有限公司完成危包企业备案，实现关区“零”的突破，并成功出具首份含锂电池整车出口危包使用鉴定。进口葡萄酒查验和监督抽检作业流程操作视频被选为杭州关区食品安全监管业务培训课程。加强进口高风险消费品、儿童用品检验监管，共检出不合格7批，查处销毁1批磨毛不合格儿童牙刷成为典型案例，被海关总署采纳并通过媒体集中发布。受理1起违规地图案件移送丽水市自然资源和规划局后续办理。

（傅　达）

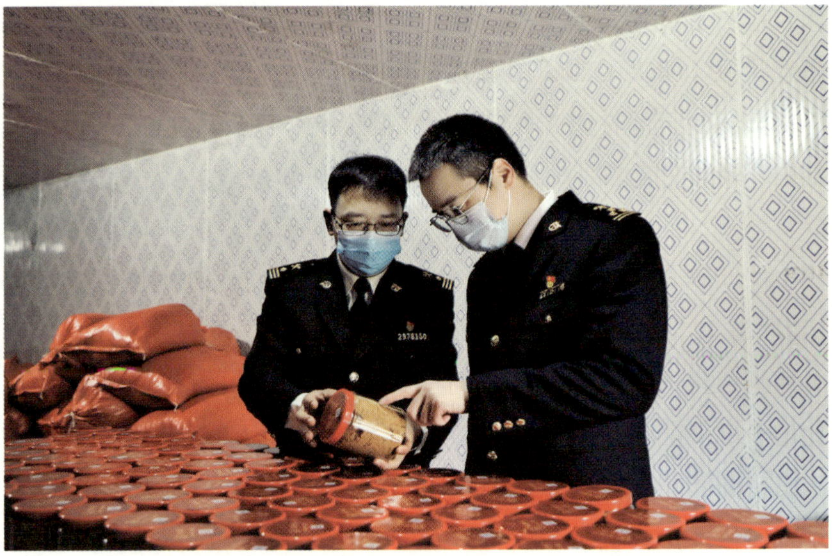

▲2022年1月25日，丽水海关关员赴青田县祯旺乡对关区首次出口的红糖进行监管（陈蓓　摄）

【统计分析】2022年，丽水海关关注贸易热点开展监测专题分析研究，报送统计分析36篇次。紧盯丽水市区域外贸和特色产业发展动态，开展统计分析，向地方政府报送专报13篇次。制订“丽水外向型经济发展情况”调研活动方案，编发23期稳外贸暨“三服务”工作通报。着重强化政策分析研判能力，参与撰写“三不腐”调研报告，主题征文获评海关总署研究中心贡献论文，牵头课题获关级课题三等奖，参与的1篇课题获海关学会三等奖，报送的预警案例被海关总署技术性贸易措施导刊第34期录用刊发。

（叶　航）

【稽查和打击走私】2022年，丽水海关落实稽查改革要求，在出口食品、竹制品、汽配件

▲2022年6月21日，丽水海关调研组赴景宁畲族自治县开展“三走进”“三找准”专项调研　（周奕　摄）

等领域开展专项稽查行动，办理稽查作业20件，查办各类案件线索15件，涉及总货值达6670万元。坚决迅速落实习近平总书记重要指示批示精神，开展“洋垃圾”入境专项稽查行动，完成关区合金钢再生钢铁原料调查任务，共计578.15吨、41.5万美元。深化全员打私工作，开展打击走私濒危动物制品查缉行动，查扣疑似高鼻羚羊角、象牙等制品；与丽水市打私办联合侦破“4·25”涉嫌走私冻品案，涉案金额800余万元。

（叶　航）

【财务及后勤保障】2022年，丽水海关推进科技海关建设，优化调整无纸化会议系统和政务内网部分模块。完成大楼基建改造，按时按质完成防雷线路架设、值班室改造、遮阳车棚新增、消防安全维保等项目，新增办公大楼进出智能测温门，改造防控物资储备专库。开展固定资产盘点工作，梳理固定资产2358条记录，推进资产实物规范化管理。科学推进事业单位规划发展，完成PCR实验室改造升级工作，对接大数据管理局，完成保健中心系统升级政务云扩容。获评国家级节约型机关。

（叶　航）

【督察内审】2022年，丽水海关充分运用督审内控和巡察整改“组合拳”，开展年度督察审计自查，累计发现6个方面16个问题，制定19条措施并完成整改。开展巡察整改集中清查工作，根据19个问题65项措施整改内容清单，完善整改台账，梳理整改长效机制，强化建章立制工作，废止规章制度2个，新制定规章制度1个，修订规章制度3个。开展强化政治机关建设专项教育活动，排查风险隐患11个，拟定整改措施27条，梳理政治清单27项，并完成整改。

（胡　俊）

【地方高新技术产业发展】2022年，丽水海关融入丽水市革命老区共同富裕先行示范区创建大局，主动服务外商独资项目肖特玻管设备进口，开展“一对一”减免税申报指导，办理29票减免税证明，减免税款100万元。支持丽水经济技术开发区芯片半导体企业高端设备进口，办理设备进口17批次、货值2.47亿元。指导浙江旺荣半导体有限公司完成高新技术货物一体化布控查验模式试点备案。

（叶　航）

【山区特色农产品出口】2022年，丽水海关助推“丽水山耕”等生态精品农产品出口，新增出口食品种养植基地备案

▲2022年11月28日，丽水海关关员赴松阳县大木山茶园实地查看出口农产品原料种植情况　（叶航　摄）

12家，同比增长140%；新增出口食品生产企业备案9家，同比增长200%；新增出境注册果园4家。完成首次出口油焖笋、油焖茭白抽样检测，设立出口鲜食查检“绿色通道”，帮扶出口杨梅8.83吨、货值116.38万元。赴企业实地了解产品生产流程，指导企业完善食品原料质量管控体系，与青田县革命老区祯旺乡建立合作机制，指导备案红糖加工厂1家、食用菌出口基地3个，助推实现红糖、鲍鱼鸡汁罐头等产品首次出口海外。助力“共富工坊”建设，帮扶景宁县九龙乡千峡谷地瓜专业合作社扩大规模，专属联络员对农业投入品控制、疫病监测、溯源记录有效性等进行追踪指导，新增1个出口产品番薯干，甘薯种植面积达2000余亩，番薯丝累计出口欧洲超700万元，带动1000多户农民增收。

（叶　航）

义乌海关

【概况】2022年，义乌海关统筹疫情防控和外贸稳增长，高质量参与“世界小商品之都”建设，全年共受理进出口报关单78.5万份，同比增长24.4%；征收两税入库39.90亿元；监管“义新欧”班列1569列，同比增长22.9%。签发各类原产地证书25.4万份，签证金额48.9亿美元，同比分别增长2.9%和5.9%。签发自贸协定原产地证书24.3万份，签证货值43.5亿美元。监管进出境航班474架次、进出境人员3423人次，检出传染病4例。监管进出境邮件478.99万件，查获濒危动植物及其制品2批，其中象牙制品65件1266克，邮递渠道截获禁止进境动植物制品90批。开展“国门绿盾”专项行动，截获外来有害生物21种类30种次，截获外来物种14种类15种次。检出不合格进出口食品及化妆品16批。查办知识产权侵权案件107起。

（李均悦）

【党的建设】2022年，义乌海关深入学习宣传贯彻党的二十大精神，召开党委（扩大）专题学习、党委理论学习中心组学习9次，关党委委员专题宣讲14次。组织党支部“七个一”学习活动，各党支部专题学习65次，撰写心得体会140篇。开展“学查改”和政治机关建设专项教育，组织“我心中的政治机关”大讨论，各党支部专项教育126次，梳理72个岗位的政治要求129条，整改措施全部落实。推进基层党建“双提升”行动，调整设置党支部4个，完成党支部换届选举12个，发展党员4名。擦亮“徽映丝路”党建品牌，完善“11+X”党建考核评价体系，打造党支部品牌矩阵，新增党支部品牌3个，新增“四强”党支部1个。制定年度全面从严治党工作重点任务分解表，明确6个方面48项重点工作。落实巡视巡察整改措施，推进“海关重点项目和财物管理以权谋私”专项整治，排查2012年以来的108个重点项目，查出的问题均整改到位。开展“三不腐”课题研讨，“徽映丝路·廉韵”廉洁文化品牌获评全国海关一等奖，“清风国门”廉洁文化创意作品获评全国海关二等奖。

（潘马骏）

【队伍建设】2022年，义乌海关统筹机构编制和人事人才工作。以“义关第一课”模式，实行新录用公务员一对一导师制，签订“师徒结对责任书”。做好干部转正定级、选拔任用、职级晋升、关衔调整、教育培训和考核工作。组织轮岗交流24人次。安排新录用关员2人参加中共中央组织部举办的2022年全国新录用公务员初任培训班。组织在职警示教育专题培训7期、“义乌海关执法一线关员能力培训班”2期，参训40人。办好监管一科、知识产权科2个教学实训点。优化事业单位合同管理、工资薪酬、职称评聘工作。

（潘马骏）

【疫情防控】2022年，义乌海关更新完善疫情防控制度23项；组建疫情防控“挑毛病”工作组，发布检查通报174期；组织疫情防控安全防护培训考核15次，参加214人次；开展疫情防控桌面推演和实操演练11次；采集新冠病毒环境监测样本713个，进境邮包新冠病毒核酸检测采样11批次。入境人员卫生检疫岗位工作人员集中封闭管理24组81人次。

（楼丹萍）

【动植物检疫监管】2022年，义乌海关开展“国门绿盾”专项行动，截获外来有害生物21种、30种次，截获外来物种14种、15种次。开展入境口岸外来入侵物种普查、境外动植物疫情监测、检疫性实蝇和红火蚁等国门生物安全监测。实施进出境食用农产品和饲料安全风险监控，监控饲料安全风险3批、监测外来杂草8次、鉴定国门生物安全1批。开展“跨境电商寄递‘异宠’综合治理”专项行动。组织国门生物安全进校园、进口岸、进跨境电商宣传活动7场，发布普法信息5篇。

（朱劲超）

【商品检验和监管】2022年，义乌海关完成进出口工业品检验1747批次，检出各类不合格55批次。严格进出口危险化学品及其包装检验监管，共计完成出口危险货物包装检验7285批次。根据统一部署，落实危险化学品及其包装检验监管资质要求，组织参加海关总署危险化学品及其包装检验监管上岗资质考试2次，累计15人次参加并通过考试。结合义乌市场采购进出口商品实际情况，完成海关总署进出口商品质量安全风险一级监测点监测任务，开展出口仿真饰品、出口食品接触材料和学生用品3个专项监测。完成法定检验商品以外进出口商品抽查检验6批次，无不合格情况。

（丁　锦）

【市场采购出口监管】2022年，义乌市场采购出口3264亿元，同比增长12.7%，占全国市场采购出口总值的36.7%。义乌市场采购对“一带一路”共建国家（地区）出口1347.0亿元，占同期义乌市场采购出口总值的41.3%，同比增长6.1%。义乌海关查发伪瞒报危险品案件14起，涉及冷烟花、打火机、蓄电池、高音气罐喇叭、气雾剂等危险货物，其中铅酸蓄电池、气雾剂伪瞒报案例被海关总署录用并转发。作为首批试点海关，推动海关总署开展的“先查验后装运”监管模式落地，当年完成首单测试。市场采购贸易方式出口预包装食品改革获评2022年第一批中国（浙江）自贸区最佳制度创新案例。

（项荣杰　叶杰芳）

【“义新欧”中欧班列通关查验模式优化】2022年，义乌海关持续推进“7×24小时”预约通关、100%提前申报及全时段预约查验等模式，强化监管查验设备机检、集中审像及现场人工查验等多种查验模式运用，完成“铁路快速通关”模式浙江省内首次进出口双向测试，协调推进“义新欧”中欧班列第18条线路“义乌—卡德柯伊”顺利开通。全年，“义新欧”中欧班列（义乌平台）

▲2022 年 3 月 24 日，“义乌—宁波舟山港”全程提单海铁转关专列成功首发（杜晶晶 摄）

往返 1569 列，进出口货物总值 330.5 亿元，同比分别增长 22.87%、5.70%。

（杨津锋）

【邮件监管】2022 年，义乌海关监管进出境邮件 478.99 万件，其中进境邮件 9.99 万件、出境邮件 469 万件。推进“国门利剑 2022”“清邮”行动，查获濒危动植物及其制品 2 批，其中象牙制品 65 件 1266 克；核辐射有害因子超标物品 1 批。邮递渠道截获禁止进境动植物制品 90 批。上线行邮税征管应用系统，启动进境邮件税款信息联网试点，初步实现海关与邮政缴税信息互联互通。

（朱劲超）

【保税监管】2022 年，义乌海关发挥“保税 + 中欧班列”优势、促进“B 保 + 综保”联动发展、创新集拼转口等新模式作用。义乌保税物流中心累计监管进出境货物货值 60.5 亿元，同比增长 72.36%；义乌综合保税区现场共监管进出口货物总值 344.24 亿元，保税电商进口 43 亿元。开展跨境退货中心仓模式试点，实现退货“一站式”作业。上线跨境电商进口商品促销报备功能模块，开展跨境进口商品条码应用试点，跨境电商网购保税进口业务 3829.5 万票。开展跨境电商零售进口商品条码应用试点、新业态监管改革课题、“保税监管 + 跨境电商业态”叠加监管风险、加强三单真实性验核等一系列探索研究。

（黄兆建　贾赛男）

【企业管理和稽查】2022 年，义乌海关关区新增进出口收发货人企业 2948 家，新增进口食品进口商备案企业 118 家，注销企业 963 家，清理已注销或被吊销企业 71 家。调整信用等级企业 15 家，其中一般信用调整为失信 7 家、失信上调为一般信用 8 家。因纠正失信行为，消除不良影响且符合《中华人民共和国海关注册登记和备案企业信用管理办法》条件，信用修复 8 家。新增海关高级认证企业 1 家。开展“市场采购价格申报不实”“竹木草制品逃漏检”“危化品逃漏检”稽查，查发违规情事 12 起。打击“洋垃圾”走私，开展再生金属进口企业专项稽查，后续监管进口可再生金属 4.36 万吨。办结核查作业 68 个，查发问题作业 47 个，其中以“进一次门，查多项事”方式稽查企业 11 个。

（吴王子晗）

【航空口岸监管】2022 年，义乌海关监管出入境航班 474 架次、货邮量2500.51吨、出入境人员3423人次，查获禁止进境物12批次。抽样检测食品39批次、生活饮用水63批次、空气质量和微小气候4次、集中空调通风系统1次，检出饮用水不合格2批次；监督检查食品、饮用水、公共场所、固液体废弃物处置日常卫生54次。支持义乌机场出境免税店于2月通过验收，并于12月正式开业。推动浙江省首票“市场采购+空空转关”业务于8月完成。

（楼丹萍）

【口岸营商环境优化】2022年，义乌海关推广“单一窗口”海关功能，运用“单一窗口”逐步实现监管证件电子签发、自助打印，关区内89%原产地证书签发实现自助打印，全年共签发各类原产地证书25.4万份，签证金额48.9亿美元，同比分别增长2.9%和5.9%。开展“十地百团助千企”精准服务活动，调研企业241家，走访政府部门17次，召开座谈会46次，集中助企4次，收集助企案例36个。“‘关、港、地’联合高质量建设宁波舟山港‘第六港区’”项目（第六港区：义乌国际陆港与宁波舟山港一体化发展，打造宁波舟山港“第六港区”）入选浙江省义甬舟开放大通道建设“十大最佳实践案例”。

（叶杰芳）

▲2022年8月2日，浙江省首票“市场采购+空空转关”出口业务顺利完成（汪孜　摄）

【知识产权海关保护】2022年，义乌海关开展“龙腾行动”“蓝网行动”“净网行动”，货运渠道知识产权案件立案107起，向公安机关通报侵权刑事犯罪线索15起，推动公安机关立案侦查案件3起，协助司法部门调查案件30余次；处置货物10批次，转交红十字会衣服鞋帽等货物82.8万余件。中国海关知识产权保护展示中心（义乌）接待各类参观群体1000余人次。指导关区企业在海关知识产权保护系统完成新增自主知识产权备案1176项，同比增长51%；服务义乌国际小商品（标准）博览会、中国国际电子商务博览会等大型展会，巡查展位8000余个（次），接受咨询100余次，处理投诉6次，下架侵权商品10批次。创建杭州海关新时代“枫桥经验”首批示范点，成立“义知园”知识产权争议化解工作室，构建行政争议多元化化解机制，工作成效及经验写入海关总署践行新时代“枫桥经验”报告。查办的“杭州、兰州、天津、昆明海关加强行刑衔接查办出口侵权货物系列案”，获评2022年中国海关知识产权保护典型案例，为义乌海关第十一次获评全国海关知识产权保护典型案例。李虹瑶被浙江省打击侵犯知识产权和制售假冒伪劣商品工作领导小组办公室评为2022年度浙江省知识产权保护工作成绩突出个人。王昊齐被浙江省打击侵犯知识产权和制售假冒伪劣商品工作领导小组办公室评为2022年度浙江省市场监管执法工作成绩突出个人。

（王昊齐）

【打击走私】2022年，义乌海关缉私分局共立刑事案件13起，其中走私普通货物案件4起、走私武器弹药案件6起、走私假币案件1起、走私假烟案件2起，案值1.7亿元；共办理一般程序行政案件立案125起（其中走私行为案件2起），指导"两简"案件立案342起，案值1963.01万元。其中，查办仿真枪案件1起，查获涉案仿真枪4310把；立案濒危物种类案件2起，查获象牙1.266千克、西洋参1.413千克；立案违规出口禁止出口货物类案件2起，查获淫秽图片17280张、淫秽扑克14688副；立案跨境电商违规案件16起，案值1679.27万元。

（骆静萍）

【综合管理】2022年，义乌海关下发各类工作督办102项，完成率100%，撰写年度工作会议主题报告等重要材料20篇次。更新政务公开展板6次，公开各类政府信息276条，依申请公开事项1起，指导办理"浙里访""96150"等地方信访投诉平台事项15条。处理收、转、退保证金，总金额1.34亿元，两税入库33.16亿元。自查2012年以来的重点项目和2017年以来的财物管理重点数据，形成"一项目一清单""一岗位一清单"，上报重点项目32个、财物管理重点数据400余条。开展2022年节能宣传周和全国低碳日活动，继续开展海关总署节约型机关示范单位建设，获评节约型机关。李月被国务院办公厅评为2022年度全国信息工作先进个人。

（姜雪鸿　李均悦）

嵊泗海关

【概况】2022年，嵊泗海关坚持“思政立关、借力发展、特色竞争”，打造社会主义现代化海关“海岛风景线”。全年共审核报关单377份，同比增长7.41%；征收入库税款29.88亿元，同比减少23.95%；监管进出境货运量3088.89万吨，同比增长10.67%；检验检疫出入境货物613批、同比增长1.66%，货值33.13亿美元、同比减少28.15%；签发各类原产地证书103份、货值626.53万美元，同比分别增长25.61%、60.39%；签发各类检验检疫证书1184份。获评全国节约型机关。

（赵　鹏）

【党的建设】2022年，嵊泗海关深入学习宣传贯彻党的二十大精神，制订学习宣传贯彻党的二十大精神工作方案，举办党委理论学习中心组（扩大）学习暨科级主要负责同志学习贯彻党的二十大精神培训班，组织“回望海岛发展　矢志不渝国门建功——礼赞二十大”党建沙龙、“感言二十大　奋进新征程”活动，教育引导党员干部深刻领悟“两个确立”的决定性意义，坚决做到“两个维护”。强化政治机关建设，落实“第一议题”制度。优化“党委—总支—支部”三级管理模式，组织完成嵊泗海关第二届机关党总支换届选举，积极创建“四强”党支部，深化“1+6”党建品牌建设（即机关党总支和6个党支部党建品牌），打造“守护金色关徽先锋队”党员示范队伍，新增“四强”党支部1个，“四强”党支部比例达到50%；获评杭州关区五星级党组织1个。强化理论武装，全年组织党委理论学习中心组扩大学习会17次，各党支部集中学习83次。推进全面从严治党，用好监督执纪“四种形态”，开展各类教育提醒谈话9人次。培育“海上廉关、‘泗’纪清风”国门廉洁文化，建设廉政文化长廊。开展警示教育月活动，建立家庭助廉工作机制，筑牢“八小时以外”监督防线。

（赵　鹏）

【队伍建设】2022年，嵊泗海关以思政工作为抓手，打造具有海岛边关特色的准军事化纪律部队。每月召开思政工作例会，建立思政文化展厅、边关文化长廊等宣传阵地，搭建“书记夜谈”“青年夜学”“泗海关语”讲坛等富有边关特色的研学载体。坚持“思政立关、党建引领、准军标杆”管理理念，创新流动红旗、“红黑榜亮相”评比机制，扎实开展纪律作风强化月活动，获杭州关区考评优胜单位。坚持严管厚爱，落实落细支持艰苦地区边关22条措施。

（赵　鹏）

【疫情防控】2022年，嵊泗海关全面落实“工作要严格、流程要严密、作风要严谨、关员要严管”要求，坚持“人、物、环境”同防、“多病共防”，严防疫情叠加风险，全面筑牢口岸检疫防线。强化疫情内部防控，因时因势优化完善疫情防控措施，有效应对嵊泗“3·17”疫情，平稳实现疫情转段，确保各项工作运行顺畅。落实关心关爱举措，组织“关长走进封管区”活动3轮次，研究出台“暖心九条”，疫情防控经验建议获海关总署“百名科长百日督查”工作组采纳推荐。

（赵　鹏）

【通关管理】2022年，嵊泗海关全面落实海关总署促外贸保稳提质10条措施和杭州海关细化落实举措，结合辖区实际出台6条办法，保障宝武集团等国家特大型钢企供应链稳定。推广实施“两步申报”“两段准入”“提前申报”等新型通关监管模式，口岸物流运作效率提升近六成，整体通关时间27.35小时。完善进口铁矿监管查验机制，落实“先放后检”，进一步优化“水水中转”作业流程，实行24小时全天候通关服务，马迹山港从2011年起连续12年吞吐量超6000万吨，自2002年5月开港以来进口铁矿石中转量累计超10亿吨。

（赵　鹏）

【税收征管】2022年，嵊泗海关加强重点税源企业沟通联络，与宝武集团、马钢股份等大型央企国企建立“一企一策”互动模式，跟踪了解企业进口铁矿交易价格波动和数量变化，提高价格风险防控能力。推动税收征管方式改革，推行以企业为单元的税收担保，全面推广汇总征税、自报自缴新模式，引导企业合规自律申报。严把审价重点环节，强化贸易合同公式定价海关备案管理，实施口岸抽采样及检验检测查验监管，关注进口铁矿砂价格调整风险，加强二次结算价格审核和事后验估管理，确保完税价格精准无误。

（赵　鹏）

【进口铁矿检验鉴定】2022年，嵊泗海关强化进口铁矿检验鉴定，检出不合格铁矿63批次，不合格率达16.03%，为企业挽回直接经济损失529.14万美元。加强进口固体废物监管，进口铁矿放射性项目检测覆盖率100%，对固体废物夹带、检疫风险因子以及有毒有害元素监测覆盖率100%。

▲2022年8月25日，嵊泗马迹山港开港以来进口铁矿石中转量累计突破10亿吨大关（赵鹏　摄）

着力提升实验室综合能力，完成《嵊泗海关关于打造高层次检测服务机构助力舟山亚太铁矿石分销中心建设的调研报告》，国家级重点实验室建设项目被纳入嵊泗港口产业发展三年规划。

（赵　鹏）

【水产品属地查检】2022 年，嵊泗海关加强出口水产品申报前质量监管，守牢进出口食品安全底线。落实“监管上链”要求，健全追溯召回管理，指导企业完善从原料到成品的全程可追溯体系，严格执行半年度核查机制，确保产品全过程可追溯。加强与地方海洋渔业部门风险监控信息互通制度，每半年通报出口水产品安全风险信息。与海岛小微水产企业建立“1＋1”党建联盟，指导企业共建联合实验室，帮助企业完善质量安全管理体系。持续加强对外注册推荐力度，助力嵊泗贻贝开拓海外市场，年内新增出口水产品备案企业 1 家。监管水产品出口 5258.58 吨、1341.9 万美元，同比分别增长 14.22%、12.83%，连续两年创历史新高。

（赵　鹏）

▲2022 年 4 月 28 日，嵊泗海关 5 个党支部与关区 5 家出口水产企业举行“关企 1＋1”党建共建签约仪式　（赵鹏　摄）

▲2022 年 6 月 21—22 日，嵊泗海关开展“三走进”“三找准”专项调研　（赵鹏　摄）

【政策研究与统计】2022 年，嵊泗海关围绕关区外贸进出口和地方政府关心关注问题，深入开展政策研究与统计工作。牵头杭州海关关级课题 1 项。发挥海关“智囊”作用，与嵊泗县政府建立沟通机制，每月编发关区外贸形势分析快报，为地方党委政府决策提供意见建议和数据支撑。

（赵　鹏）

【督察内审】2022 年，嵊泗海关深化“制度＋科技”运用，完善内控机制建设。围绕“内控强在科上”要求，加强对权力集中、资金密集等重点领域监督，排查防范业务风险。坚持问题导向，完成“海关重点项目和财物管理以权谋私”专项整治，梳理重点项目工程建设类 8 个、信息化建设类 1 个、实验室建设类 5 个、财物管理类 6 个，针对自查和督导反馈 32 个问题，制定整改措施 85 项，整改率 100%。

（许　立）

第八篇

事业单位

杭州海关后勤管理中心

【概况】2022年，杭州海关后勤管理中心（以下简称“后管中心”）以“管理更精准、服务更细致、保障更有力”为目标，秉持“后勤不后、奋勇争先”工作理念，敢于担当、为民实干，守护疫情防控和安全生产两条底线。保障重要会议和综合服务活动；落实杭州海关事业单位发展大会精神；拓展“五心后管”内涵外延；办好办公环境优化等民生实事；融入杭州海关“三中心一基地”建设；持续强化内控制度建设和内部管理，年度满意度97.65%。

（苏晓春）

▲2022年7月，后管中心参加纪律作风强化月活动　（苏晓春　摄）

【疫情内部防控】2022年，后管中心严格执行“四要”（要授权、要测温、要验码、要追溯）措施，守好内部“小门”；加强对邮包、食材等外包装消毒和公共区域消杀；加强中心全员出差出行管理和健康监管，按要求开展核酸检测，制定外聘人员疫情期间管理办法；加强错峰就餐管理；做好大宗食材和日用品应急储备等物资保障，保障一线抗疫工作用车950台次；配合海关总署督察和杭州海关检查，持续完善内防细节。落实“最小作战单元”，分类管理办公人员；制定保重点、快反应、严换岗等7条措施，保障机关运转；做好各区域消杀，实行分楼层分餐制；加强人员健康监测，强调个人防护，强化返岗核查。

（苏晓春）

【安全生产】2022年，后管中心加强安全责任落实，全面检查办公区、集体宿舍、涉案财物仓库、车辆、施工等场地；开展自有房产、夏季、秋冬季等专项检查，结合工作重点、季节变化，有侧重、分批次关注安全生产各个领域；加强日

▲2022 年 4 月，后管中心加强食堂就餐秩序管理　（陈颖　摄）

常安全巡查、值班值守和制度落实，定期保养、维修各类设施设备；完善应急预案，开展应急演练，提升应急处置能力。

（苏晓春）

【机关保障】2022 年，后管中心完成党的二十大系列学习和关区工作会议等重要会务保障，完成多次海关总署领导调研和“8·8”海关法治宣传日等重要活动保障；综合保障春节、国庆等重要节日，食堂假期不打烊，物业、车辆做好值班值守。全年完成关级采购任务 73 次，完成各类物资出入仓 145 万余件，公务车辆行驶总里程数 22 万千米；连续 3 年解决“停车难”问题；完成新一轮食堂供应商、富春路食堂外包团队等公开招标；排查办公区设施设备并做好维护、修复等工作，持续优化办公环境，做好集体宿舍维修改造工作。

（苏晓春）

【节约型机关建设】2022 年，后管中心助推杭州海关被国家机关事务管理局、中直管理局、国家发展改革委、财政部四部门评为节约型机关；贯彻绿色机关建设工作部署，制订后管中心绿色机关创建工作实施方案；开展机关能源审计工作，宣传倡议环保节日活动，制定共用电动自行车、自行车借用管理办法，提倡短距离公务活动绿色出行，开展新能源汽车充电装置安装工作。

（苏晓春）

【“智慧后勤”建设】2022 年，后管中心持续优化“智慧食堂”平台功能，增加线上预定、疫情期间健康提醒等项目。升级办公区人行道闸系统，

▲2022 年 12 月，后管中心开展元旦前全面安全检查　（余军阳　摄）

对接健康码大数据平台，实现“一屏统览”，同时展示健康码、核酸检测结果、体温、新冠病毒疫苗接种情况，提高“机防”精准度。

（苏晓春）

▲2022年11月，杭州海关被国家机关事务管理局等四部门评为节约型机关　（苏晓春　摄）

中国电子口岸数据中心杭州分中心

【概况】2022 年，中国电子口岸数据中心杭州分中心（以下简称“数据分中心”）抓住数字经济发展新机遇，厚植自身发展新优势。研发推广电子口岸业务准入平台，数字赋能助企纾困，争当浙江外贸领域最有价值的综合服务提供者；加大科研投入，提升技术支撑能力，研发数智产品，争当海关数字化改革“先行军”。全年为 1.51 万家进出口企业提供电子口岸入网服务，制发电子口岸证书 3.89 万张，截至年底，杭州海关关区电子口岸入网企业 22.08 万家；95198 客服热线受理咨询电话 8.21 万个；承接新建信息化应用项目 23 个，变更任务 133 份，由数据分中心负责运维保障的 153 个信息化项目安全平稳运行。

（濮家佳）

【信息化建设】2022 年，数据分中心强化科技引领支撑作用，服务海关业务改革及地方经济发展。落实海关总署与浙江省合作重点任务，承接义乌出口拼箱货物“先查验后装运”整体项目建设，完成首单实单测试。研发区外保税维修系统，推动政策精准落地。推进“监管过程上链、服务对象赋码”，加快多跨场景应用步伐，实现数字赋能未来工厂迭代升级，构建实施“亚运监管在线”“智慧化一站式口岸监管服务平台”，“跨境电商进口商品质量安全治理在线”入选浙江省数字政府系统优秀应用案例集（第一批）。参与绍兴数字综合保税区建设方案设计，跟进杭州萧山国际机场东区国际货站、航空物流平台等项目，多方联动合力推进义乌全球中心仓建设，精准对接高能级平台建设，服务外贸新模式。配合做好杭州海关政务信息网网站迭代升级，研发交付杭州海关 RCEP 智能享惠应用、物防在线、舟山海关门禁管理系统等政务项目，提升政务服务效能。

（朱　辰）

▲2022 年 9 月 28 日，数据分中心调研绍兴数字综合保税区　（张宇　摄）

【网络数据安全与系统运维保障】2022年，数据分中心部署数据库审计和静态数据脱敏系统，启用安全网关，优化安全访问架构及数据备份机制，健全网络数据与信息安全管理体系。优化跨境电商数据交换监控应用，保障“6·18”“双11”跨境电商业务高峰有序通关，助力供应链企业降本增效。全年处理服务器、存储和网络故障82次，项目运维处理故障64次，系统更新上线540次，响应服务请求1174次；为重点信息化系统提供“7×24小时”运维服务，受理项目运维工单365票；负责运维保障的信息化项目153个，其中杭州海关科技应用项目91个、中国电子口岸应用项目2个、数据分中心自有应用项目60个。

（付贤树）

▲2022年11月1日，数据分中心保障“双11”跨境电商监管高峰有序通关 （俞诗蔚 摄）

【综合服务体系构建】2022年，数据分中心以创新驱动发展，实现服务提质增效。做好外贸企业电子口岸入网服务，推动“关银一KEY通”项目实施，设立代理制卡点17个，实现电子口岸业务和金融服务跨平台融合应用；研发上线电子口岸业务准入平台，实现8项电子口岸制卡业务、2项系统服务“线上办”，减少超过10项信息填写、免去8项纸质材料准备，申报时间由原来的平均每单15分钟缩短至最快3分钟。全年受理电子口岸业务申请1.69万票，数据交换接口传输ID申请1653家，加密机证书申请870家。完善95198客服热线功能，提升应答服务效能，全年受理咨询电话8.21万个，“浙江95198”微信公众号全年回复咨询信息

▲2022年10月19日，杭州海关党委纪检组组长周荣球到数据分中心驻杭州市行政服务中心电子口岸制卡窗口调研 （俞诗蔚 摄）

4万余条，公众号粉丝数突破13万人。优化“单一窗口”运维保障，处理“单一窗口”运维服务管理平台工单192票，举办“单一窗口”业务操作等培训8场。

（濮家佳　沈　岚）

▲2022年12月，数据分中心取得ISO 9001、ISO 20000认证　（俞诗蔚　摄）

【能力建设】2022年，数据分中心实现资质“零”的突破，完成全国科技型中小企业及浙江省科技型中小企业认证，取得ISO 9001、ISO 20000认证，建立持续改进的质量管理机制。优化技术架构，形成以快速开发平台为核心、持续集成为辅助的高效开发流水线；加大研发投入，建设杭州海关数据中台电子口岸专网端，搭建底层虚拟化平台，夯实技术支撑保障能力。开展省级重点研发课题研究工作，探索大数据、区块链等技术在海关监管和服务中的应用，实现科研能力升级。围绕新兴贸易业态发展和数字高效协调管理需求，前瞻谋划产品格局和市场布局，探索研发“智慧场站、智联平台、智慧综服”三大核心产品，提升市场竞争能力。

（濮家佳）

杭州海关技术中心

【概况】2022年，杭州海关技术中心（以下简称“技术中心”）聚焦“铸忠诚、担使命、守国门、促发展、齐奋斗”，围绕“做精做优法检业务，做大做强市场业务”，持续在海关执法工作中发挥作用，高质量完成海关职责范围内的检验、检疫、检测、鉴定等工作。以3条赛道为业务发展主线，加强实验室能力建设，深耕传统业务，拓展新业务，保持事业良好发展势头。

（谢　桦）

▲2022年7月，技术中心开展准军事化训练，强化作风建设　（谢桦　摄）

【业务发展】2022年，技术中心在新能源领域，以锂电池为切入口，建成轻量级动力电池实验室。与40余家外向型头部企业建立合作关系；完成4家国内、国际航空运输公司年度审核，形成“检测—鉴定—认证”技术服务链。在生命健康领域，加快功能性纺织品中吸湿发热、接触凉感等功能性检测扩项；新增药品包装材料检测领域，检测能力覆盖率达60%。在战略物资领域，实地调研铁矿石、油品等大宗物资检测需求，重点推进舟山群岛国家重点战略布局；与金华海关在业务整合上取得初步成果，合作中标金华市市场监管局项目。在非检测业务新领域，获得物产环能CCER（自愿减排）项目，这是技术中心进入双碳技术服务行业的首个落地项目；成立杭州立德九捷供应链科技有限公司，联合化妆品企业共同开展功效业务，提供一揽子服务。

（龚晓清）

【科研工作】2022年，技术中心围绕国家、浙江省和海关系统对科技创新的重大部署，聚焦科技创新高地建设。优化科研管理机制，落实国家相关科技管理制度；获得“锂离子电池缺陷检测关键技术研究及装备研制”“跨境电商进口营养

▲2022 年 6 月，技术中心指导帮助广西某丝绸企业提高质检质控能力　（谢桦　摄）

功能食品安全性评估和检测技术研究与应用”2 项浙江省“尖兵”“领雁”项目；获得浙江省基础公益项目立项 1 项；“重要食源性致病微生物检测和溯源关键技术研究与示范”“危险化学品及其包装安全性检测鉴定技术开发”“轻纺产品安全性及纤维含量检测关键技术创新与应用”3 项获浙江省科技进步奖三等奖；启动杭州海关首个国家重点研发计划项目“口岸重要畜禽病原监测的前沿核酸检测装备及技术平台”；自主研发的终末消杀监督机器人正式服务杭州萧山机场海关。

（裘　慧）

【实验室建设】2022 年，技术中心开展实验室扩项评审 7 次，共通过 155 类检测产品、2360 项检测参数、816 个检测标准，以及 2 个检验对象、5 个检验项目、53 个检验标准。开展标准变更 5 次，共变更 305 个标准。开展能力验证提供者 CNAS 换证 + 扩项评审，化妆品检测部在杭州市卫健委病原微生物实验室备案。与舟山、嵊泗两地综合技术服务中心完成资质整合，根据铁矿石、油品等大宗战略物资的检验检测需求，做好铁矿石检测技术保障。改版上线新门户网站，上线实验室检测流程无纸化系统（试点），初步实现“过程记录自动化、检验流程可视化、数据保存痕迹化、结果追溯证据化”；自研物联网数字化系统，在新能源实验室投入使用。

（裘　慧）

▲2022 年 5 月，技术中心承担的首个国家重点研发计划项目启动　（谢桦　摄）

【技术支撑】2022 年，技术中心完成 2 批共 1.2 万头来自乌拉圭、澳大利亚进口种牛疫病检测，是杭州海关单年最大批次，检出阳性动物 23 头；支持亚运会参赛马进境检疫和桐庐无规定马属动物疫病区建设，制定世界动物卫生组织马

▲2022 年 2 月，技术中心与温州海关综合技术服务中心签订检测资源整合框架协议（谢桦　摄）

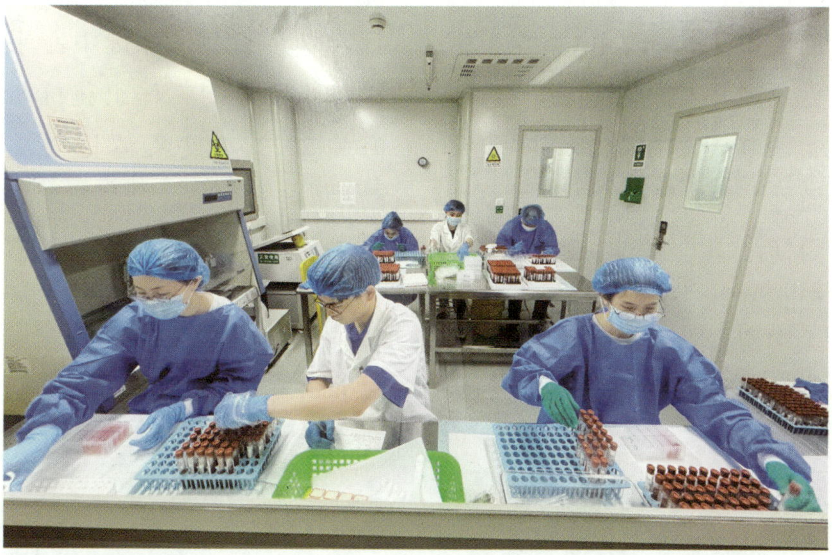

▲2022 年 6 月，技术中心实验室对乌拉圭进口种牛血样开展疫病检测　（谢桦　摄）

病实验室检测标准操作规程，完成对桐庐马病无疫区、保护区和生物安全通道的虫媒种群构成分布、野外监测采样和实验室的鉴定分析。完成濒危物种鉴定 889 项次，其中鉴定为象牙、白犀、缅甸蟒等濒危物种 193 项次；完成固体废物鉴定 32 批。参与海关总署“口岸危险品综合治理”百日专项行动，鉴定进出口危险化学品 4602 批，为海关打击“高危低报、涉危不报”等企业违法行为提供技术支持。在“杭州海关打击消耗臭氧层物质非法贸易执法能力加强项目”中首次查获二氟一氯甲烷。完成海关总署进出口食品化妆品安全风险监测计划、2022 年度法定检验商品以外进出口商品抽查检验等任务 1659 批次。

（谢　桦）

杭州国际旅行卫生保健中心（杭州海关口岸门诊部）

【概况】2022年，杭州国际旅行卫生保健中心（杭州海关口岸门诊部）（以下简称“保健中心”）统筹安全和发展，完善口岸疫情防控措施，进一步加强猴痘、疟疾、埃博拉等口岸传染病的检测能力，实验室顺利通过国家、省、市临检中心17次的室间质评。启动信息化系统改造升级，为出入境人员提供更为优质便捷的服务。开展捍卫“两个确立”、做到“两个维护”、强化政治机关建设专项教育活动，与卫生处党支部联合创建的“国门卫检之星”党建示范品牌通过总署复核。

（蒋雨哲）

【疫情防控】2022年，保健中心保障疫情防控技术，加强实验室管理，继续从严就高防护人员安全，确保实验室生物安全和检测质量。从人、设备、技术三方面持续提升核酸检测能力，应对入境航班大客流检测，在浙江口岸检出首例XBB、BQ.1、BA.5等奥密克戎变异株。快速提升新冠病毒基因测序能力，实验室通过CNAS复评审。做好疫情内防工作，提高采样效率，优化系统、流程，实现“一站式”登记采样。全年共检测新冠病毒样本34.43万例，其中口岸出入境样本14.52万例；采集内防样本200多批、17.7万例。保健中心采样与核酸检测工作组获杭州海关2022年度集体记功奖励，2名同志获评全国消除疟疾工作先进个人，1名同志被海关总署政治部和科技发展

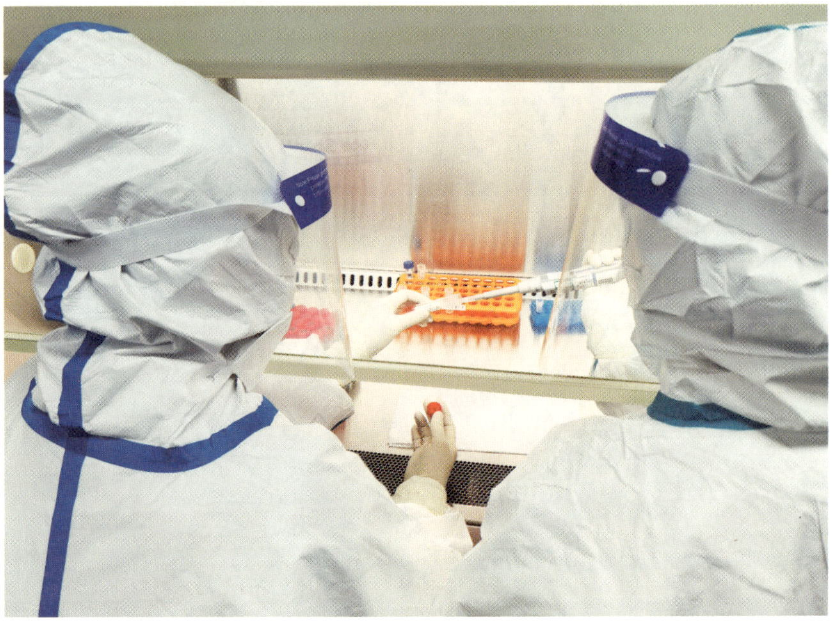

▲2022年3月2日，保健中心实验室人员检测新冠病毒　（蒋雨哲　摄）

司通报表扬。

（蒋雨哲）

【出入境人员健康体检和预防接种】2022 年，保健中心采取出入境人员体检预约制，改造业务受理大厅和采样点布局，实现门诊票据电子化；实施窗口咨询、登记业务一体化改革，做到疫情防控和健康服务“两手抓”。全年为出入境人员健康体检 15083 人次，检出 HIV7 例、疑似肺结核 4 例、传染性梅毒 19 例、乙肝表面抗原阳性 259 例、丙肝抗体阳性 25 例；为出入境人员提供预防接种服务 5156 人次。为赴韩国、比利时、马耳他及加勒比地区人员开展移民体检 757 人次，同比增长 127.3%；为出国留学、劳务、经商人员减免费用 129.7 万元；为入境留学生开展尿毒品检测 2080 人次。为 81 家企业 762 批次出入境特殊物品风险评估开通“绿色通道”，为生物医药企业排忧解难。

（蒋雨哲）

▲2022 年 8 月 3 日，保健中心窗口实现咨询登记业务一体化改革　（蒋雨哲　摄）

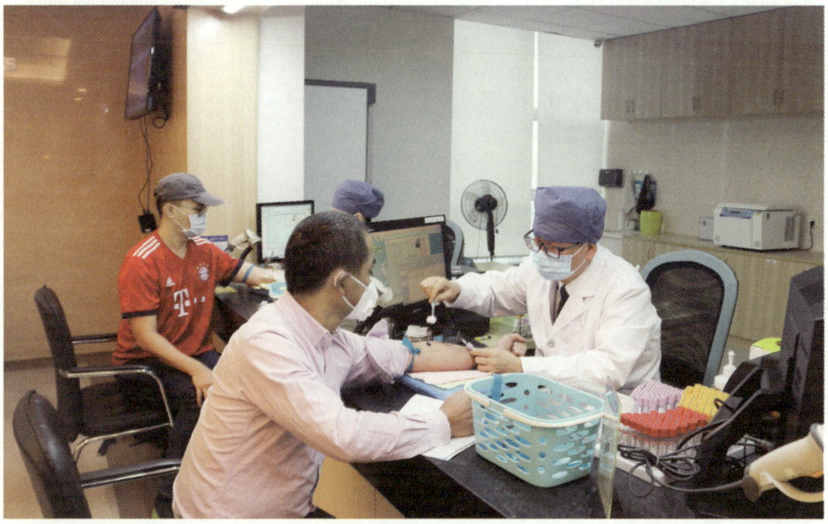

▲2022 年 11 月 2 日，保健中心开展体检服务　（蒋雨哲　摄）

【能力建设与提升】2022 年，保健中心深入开展“海关重点项目和财物管理以权谋私”专项整治工作，查询纸面和电子资料 1532 份，形成专项整治问题及廉政风险清单，建立健全长效机制。立足“三中心一基地”建设，做好生物安全检测科研基地建设调研和规划设计工作。与杭州市、西湖区卫生健康部门沟通商谈保健中心医疗机构注册和预防接种资质备案问题，取得西湖区卫健局成人预防接种备案资质。完成猴痘病毒检测生物安全备案并开展猴痘病毒检测，提升多病共防能力。完成信息化系统招投标，进入开发阶段。修订聘用人员薪酬管理办法，制定市场业务开拓激励办法，探索研究绩效考核方案，完成管理岗人员的提拔转聘、技术人员的等级晋升，表彰和奖励优秀的聘用人员。

（蒋雨哲）

杭州海关检测技术培训中心

【清产核资】2022年，杭州海关检测技术培训中心（以下简称“培训中心”）根据两级海关培训疗养机构改革工作领导小组要求，与中国健康养老集团、浙江元墅养老服务有限公司开展工作对接，先后接待实地考察4次，深入交流取得共识。5月，培训中心配合财政部指定的天职会计师事务所资产清查审计，提供各类资料30余份，确保审计工作按期完成。10月，与资产接收方共同拟定资产交接责任书，明确资产交接工作时间。

（周宁宇）

第九篇

荣誉·名录

2022年杭州海关获评省部级及以上表彰的集体及个人名单

2022年度全国海关党建示范（培育）品牌

（一）复核认定的全国海关党建示范（培育）品牌

舟山海关六横党支部——党建冲锋舟

萧山机场海关第四党支部——智慧党建“融”

卫生检疫处党支部、保健中心党支部联合创建——国门卫检之星

义乌海关知识产权科党支部——義知囡

（二）新评全国海关党建示范（培育）品牌

湖州海关第十党支部——绿水青山　国门守护

2022年度获评一星级全国青年文明号集体（14个）

杭州海关所属杭州萧山机场海关旅检现场

杭州海关所属杭州萧山机场海关报关大厅

杭州海关所属湖州海关报关大厅

杭州海关所属嘉兴海关报关大厅

杭州海关所属嘉兴海关驻乍浦办事处报关厅

杭州海关所属嵊泗海关报关大厅

杭州海关所属台州海关口岸卫生检疫服务队

杭州海关所属钱江海关驻萧然办事处报关厅

杭州下沙园区跨境电子商务海关服务大厅

杭州海关所属钱江海关市民中心窗口

杭州海关所属温州海关综合业务二科

杭州海关所属温州海关驻瑞鳌办事处报关厅

杭州海关所属义乌海关

杭州海关保健中心“奋进队”

2022年杭州海关荣获省部级及以上荣誉表彰的先进集体名单

杭州海关荣获2021年度全省政务信息工作考核优秀单位

杭州海关办公室荣获2021年度全国信息工作先进单位

杭州海关卫检处荣获2018—2020年度健康浙江建设先进集体

杭州海关食安处“进口冷链食品物防体系建设集成改革”获浙江省改革突破奖提名奖

杭州海关商品检验处荣获2021年度浙江省改革突破奖金奖

杭州海关商品检验处荣获中央和国家机关青年理论学习小组“关键小事”调研攻关活动优秀成果三等奖

杭州海关教育处荣获浙江省巾帼文明岗

杭州海关离退休办公室获评浙江省老干部工作先进集体

杭州海关亚运工作领导小组办公室、钱江海关综合业务一处荣获2021年度杭州亚运会、亚残运会筹办工作突出贡献集体

钱江海关报送的视频作品获中央保密办（国家保密局）优秀讲述人奖项

钱江海关驻邮局办事处荣获浙江省文物工作成绩突出集体

舟山海关作为舟山市海上疫情防控组成员单位被评为人民满意的公务员集体

义乌海关荣获2021年浙江省改革创新成绩突出集体

杭州海关技术中心“轻纺产品安全性及纤维含量检测关键技术创新与应用”科研成果、“危险化学品及其包装安全性检测鉴定技术开发”科研成果、“重要食源性致病微生物检测和溯源关键技术研究与示范”科研成果分别荣获浙江省科学技术进步奖三等奖

2022年杭州海关获得扎根艰苦地区边关工作银质荣誉章

王一兵

2022年度杭州海关荣获省部级及以上荣誉表彰的先进个人名单

杭州海关办公室周鑫、马帅荣获2021年全国海关信息工作先进个人

杭州海关教育处周梦楚荣获全国科普讲解大赛二等奖

杭州海关食安处王璐远荣获全国科普讲解大赛优秀奖

温州海关李大春荣获2021年全国“扫黄打非”先进个人

杭州国际旅行卫生保健中心何蕾、吕沁风荣获全国消除疟疾工作先进个人

杭州海关机关党委宋磊获评海关系统“党务之星”

杭州海关食安处吴迪、钱江海关钱志校、温州海关胡浩宇、绍兴海关李炳强、金华海关刘招财

被浙江省表彰为2022年度食品安全工作成绩突出个人

钱江海关袁立、杭州萧山机场海关陈震豪、温州海关叶定庄、舟山海关李鹏荣获2020—2021年浙江省青年岗位能手

钱江海关马国栋被评为浙江省“最美国门护航人”

钱江海关邬迎辉荣获2021年度杭州亚运会、亚残运会筹办工作突出贡献个人

舟山海关周炯林荣获2021年度浙江省稳外贸成绩突出个人

湖州海关黄芳荣获浙江省科学技术进步二等奖

杭州海关技术中心汪洋荣获2022年“浙江青年工匠”

钱江海关袁见、杭州萧山机场海关胡丹荣获2021年度“百名优秀执法一线科长”

温州海关王素华作为项目参与者之一荣获2021年度兵团科技进步奖二等奖

2022年杭州海关获省部级科研项目立项、验收、获奖情况

表 9–1　2022 年杭州海关获省部级科研项目立项情况汇总

序号	项目名称	项目级别	立项单位	研究人员
1	锂离子电池缺陷检测关键技术研究及装备研制	浙江省“尖兵”“领雁”研发计划项目	浙江省科技厅	万旺军
2	跨境电商进口营养功能食品安全性评估和检测技术研究与应用	浙江省“尖兵”“领雁”研发计划项目	浙江省科技厅	蒋沁婷
3	基于 Fe_3O_4@GO 磁性固相萃取–液相色谱串联质谱技术测定纺织品中 7 种禁/限用染料的研究	浙江省公益研发计划项目	浙江省科技厅	潘建君
4	基于荧光光谱鉴定名贵木材的关键技术研究	浙江省公益研发计划项目	浙江省科技厅	尹文秀

表 9–2　2022 年杭州海关承担省部级科研项目验收情况汇总

序号	项目名称	是否通过验收	立项单位	研究人员
1	近红外光谱对象牙的无损鉴定	通过验收	海关总署	吴姗
2	进口车厘子产地溯源分析技术研究与应用	通过验收	海关总署	侯建波
3	生丝进出口中重要指标的智能检测与质量评价研究	通过验收	海关总署	潘璐璐
4	蜱传埃里克体病精准检测技术研究与应用	通过验收	海关总署	王素华
5	基于“边缘计算”的海关监管视频结构化处理和联网应用研究	通过验收	海关总署	毛柯
6	口岸输入性新型冠状病毒高通量基因芯片测序快速溯源和风险分析研究	通过验收	海关总署	齐润姿
7	基于宏基因组测序技术研究失调肠道菌群在诺如病毒引起急性腹泻中的作用	通过验收	浙江省科技厅	常佩亮

表 9–3　2022 年杭州海关获省部级科技获奖情况汇总

序号	项目名称	奖项名称	奖项等次	研究人员
1	生物医药精准分子识别用高效色谱材料关键技术创新及应用	浙江省技术发明奖	二等奖	曹丹
2	南疆重要家畜虫媒及虫媒病检测与防控技术研究及应用	新疆生产建设兵团科技进步奖	二等奖	王素华
3	重要食源性致病微生物检测和溯源关键技术研究与示范	浙江省科学技术进步奖	三等奖	张晓峰、李可、顿玉慧、方莹
4	危险化学品及其包装安全性检测鉴定技术开发	浙江省科学技术进步奖	三等奖	万旺军、何坚刚、王琛、诸静
5	轻纺产品安全性及纤维含量检测关键技术创新与应用	浙江省科学技术进步奖	三等奖	刘海山、吕春华、蒋沁婷、吴俭俭、李丹、奚君阳、汤杭燕

附录

名词解释

12360 海关热线： 中国海关于 2012 年 10 月 1 日对外公布的社会公益服务号码，用于受理海关业务咨询。

AEO： Authorized Economic Operator，经认证的经营者，以任何一种方式参与货物国际流通，并被海关当局认定符合世界海关组织或相应供应链安全标准的一方。

CNAS： China National Accreditation Service for Conformity Assessment，中国合格评定国家认可委员会。

H2018： 新一代海关信息系统，是目前海关办理通关业务的主要应用系统。

IPPC： International Plant Protection Convention，《国际植物保护公约》，是 1951 年联合国粮食农业组织通过的一个有关植物保护的多边国际协议，1952 年生效。中国于 2005 年加入该公约。

LNG： Liquefied Natural Gas，液化天然气。

ODS： Ozone - Depleting Substance，消耗臭氧层物质。

RCEP： Regional Comprehensive Economic Partnership，《区域全面经济伙伴关系协定》。

SPS 协定： 实施卫生与植物卫生措施协定。

“单一窗口”： 参与国际贸易和运输的各方，通过单一的平台提交标准化的信息和单证，以满足相关法律法规及管理的要求。

“两优一先”： 在党的系列中，指“优秀共产党员”“优秀党务工作者”和“先进基层党组织”；在团的系列中，指“优秀共青团员”“优秀共青团干部”和“先进基层团组织”。

“三智”： 智慧海关、智能边境、智享联通。

“四不两直”： 不发通知、不打招呼、不听汇报、不用陪同接待，直奔基层、直插现场。

“四强”党支部： 政治功能强、支部班子强、党员队伍强、发挥作用强支部。

汇总征税： 海关对进出口纳税义务人在一定时期内多次进出口货物应纳税款实施汇总计征。

“两步申报”： 企业无须一次性提交全部电报信息及单证，第一步凭提单概要申报即可提货，第二步在规定时间内完成完整电报。

“两段准入”： 将进口货物准予提离口岸监管作业场所视为口岸放行，以口岸放行为界，根据“是否允许货物入境”和“是否允许货物进入国内市场销售或使用”，分段实施“准许入境”“合格入市”监管。

两用物项和技术进出口许可证： 商务部授权发证机关准予两用物项和技术进出口签发的许可证件。进口两用物项包括监控化学品、易制毒化学品和放射性同位素三大类。出口两用物项包括核、核两用品及相关技术、生物两用品及相关技术、监控化学品，有关化学品及相关技术，导弹及相关物项和技术，易制毒化学品等两用物项和技术。

水水中转：进出口货物办理转关运输的一种方式，水路运输到指定地点，换乘交通工具后，仍然通过水路运输方式运往下一个地点。

"提前申报"：经海关批准，进出口货物的收发货人、受委托的报关企业可以在取得提（运）单或者载货清单（舱单）数据后，向海关提前申报。

"一案双查"：外查走私案件与内查违纪违法问题同步进行。

中欧班列：按照固定车次、线路等条件开行，往来于中国、欧洲及共建"一带一路"各国（地区）的集装箱国际铁路联运班列。

"双特"：特殊经济关系和特许权使用费相关企业。

CVT：Continuously Variable Transmission，无级变速器。

1210：海关监管方式代码，全称"保税跨境贸易电子商务"，境内个人或电子商务企业在经海关认可的电子商务平台实现跨境交易，并通过海关特殊监管区域或保税监管场所进出的电子商务零售进出境商品。

B2B：企业对企业的电子商务模式。

"十百千"：杭州海关为促进外贸稳规模优结构、助力开放型经济高质量发展，在关区开展的"十地百团助千企"精准服务活动。

9710：海关监管方式代码，全称"跨境电子商务（B2B）直接出口"，境内企业通过跨境电商平台与境外企业达成交易后，通过跨境物流将货物直接出口至境外企业。

9810：海关监管方式代码，全称"跨境电商 B2B 出口海外仓"，境内企业先将货物通过跨境物流出口至海外仓，通过跨境电商平台实现交易后从海外仓送达境外购买者。

"四新一无一特"：新业态、新形态、新原料、新工艺、无标准和海关特殊监管区域。

"三单一码六制度"："三单"，出口产品清单、出口国家（地区）清单、出口企业清单；"一码"，市场采购贸易方式出口预包装食品追溯二维码；"六制度"，风险评估制度、集中查验制度、风险监测制度、追溯管理制度、日常监管制度、应急处置制度。

索引

说　明

1. 本索引中文标目按汉语拼音顺序排列，同音字按笔画数多少排列。首字母为阿拉伯数字的主题词，排列在本索引之首。

2. 索引名称后的阿拉伯数字表示内容所在的页码，拉丁字母 a、b、c 分别表示左、中、右栏。

3. 本年鉴的特载、专记、荣誉榜、大事记、海关统计资料、附录均未作索引。

E

F

G

H

J

K

L

M

N

P

Q

R

S

Y

Z

“中国海关史料丛书”
编委会

主任委员　胡　伟　许大纯

副主任委员　黄冠胜　赵增连　杨振庆

编委会委员　翟小元　张　红　吴瑞祥　刘书臣　龙夫春　李海勇
田　壮　詹庆华　陈福升　孙霞云

执行主编　谢　放　詹庆华　郭志华

编　　辑　房　季　王　虎　解　飞　范嘉蕾　李　多　刘金玲
贺　红　邓工栋